MANUAL PARA

ORGANIZAR TU CASA

PÍA ORGANIZA

– TU CASA, TUS COSAS, TU TIEMPO –

Primera edición: octubre de 2018
Primera reimpresión enero 2019

Estilo de Vida • Editorial Arcopress
Directora editorial: Isabel Blasco
Diseño, maquetación e ilustraciones: Maite Nieto
Corrección: Maika Cano

Imprime: Black Print
ISBN: 978-84-17057-71-8
Depósito Legal: CO-1560-2018
Hecho e impreso en España – *Made and printed in Spain*

A mi madre,
de quien aprendí que trabajar en casa
es un trabajo profesional como otro cualquiera.

Índice

«Deberíamos dedicar todo el tiempo del mundo necesario hasta dar con el sistema de organización de la casa que se ajuste a nuestro propio estilo de vida familiar. No deberíamos parar hasta lograrlo. Por lo general hay aspectos comunes a todas las familias, pero hay otros que no, y esos se han de trabajar con exigencia, ilusión y orgullo de pertenencia a la más importante familia del mundo: la propia; y la mejor por tanto».

— *Fernando Alberca*

Agradecimientos

La vida está llena de sorpresas. Nunca pensé que llegaría a escribir un libro y aquí estoy con el *Manual para organizar tu casa* recién terminado. Lo miro y no me lo creo. Desde el inicio he querido compartir mis años de experiencia –más de 25–, dedicada a asesorar en la organización de la casa, con las personas que aspiraran y desearan tener una vida doméstica más armónica y saludable. Y por ellas, estoy aquí.

Escribir un manual nos mejora. He de reconocer que yo misma he podido llegar al fondo de cuestiones que siempre me han interesado y que por falta de tiempo no podía resolver. Al escribirlo parece que te fundamentas más, y eres capaz de ordenar las ideas. Eso es lo que me ha pasado: que he encontrado las razones técnicas y científicas a lo que ya hacía por experiencia. Hoy me siento más segura y estoy muy contenta.

Hay tres personas muy especiales para mí en este recorrido. Mi hermana Maite, diseñadora y refuerzo constante en mis dudas técnicas, ánimo en mis derrumbes y a la que agradezco su mucha paciencia; mi compañera de estudios, Sonia Vicario, la persona que más sabe de técnicas de limpieza y del cuidado de la ropa, y que me ha dedicado tiempo, sabiduría y mucho optimismo; y, por último, agradezco a Isabel Blasco, directora del sello, su apuesta por mí y su delicioso entusiasmo. Las tres, sin quererlo, me han marcado el rumbo con tino. Gracias.

Otro momento especial fue el café con Fernando Alberca en Navidad; dos horas en las que no paró de decirme –con un entusiasmo descomunal– que este libro lo necesitaba la sociedad, los hombres, las mujeres, los colegios, los solteros, los Rodríguez, etc.

Hasta me dio las gracias por haber pensado en él. «Sí, quiero mantener un diálogo contigo. Tenemos que hablar». Y así es como surgen nuestras conversaciones de las cuales unos retazos, se incluyen en este Manual. Luego conocí su libro sobre autoestima y, claro, entendí todo mucho mejor.

Mi agradecimiento también al Centro de Estudios e Investigación en Ciencias Domésticas por su ayuda en estos meses y por su disponibilidad para consultas bibliográficas. Y finalmente, gracias al resto de mis hermanas, Myriam, Amaya y Natalia, que me han apoyado con su cariño y sus sugerencias tan sabias.

Gracias a ti lector, por haberme escogido entre otros libros. Espero, de corazón, haberte sido de ayuda.

Nota importante:
Este manual pretende ser un medio de divulgación de consejos basados en mi experiencia profesional sobre el modo de organizar una casa. Todo lo que leerás aquí se ha escrito de buena fe, contrastándolo en la medida de mis posibilidades y sabiendo que la industria desarrollará nuevas técnicas, productos y maquinaria que simplificarán y mejorarán aún más el trabajo en casa.

Nota inicial al Manual

Hace unos años cayó en mis manos un libro que me gustó muchísimo, uno de esos que te hacen pensar y te dejan huella. Se trataba de *Momo*, de Michael Ende. Probablemente lo conozcas. También es autor de *La historia interminable*, otro gran *best seller*.

Momo era una niña pequeña, iba mal vestida y casi siempre descalza, «solo en invierno llevaba de vez en cuando unos zapatos, pero no eran iguales, sino de diferentes pares, y además le quedaban demasiado grandes. Y esto era así porque Momo, en realidad, no poseía nada, excepto aquello que encontraba por ahí o le regalaban».

Cuando los lugareños se percataron de su presencia, le hicieron muchas preguntas. Ella los escuchaba un poco confusa, «pero enseguida se dio cuenta de que eran gente amable. Ellos mismos eran pobres y conocían la vida». Aquí transcribo el párrafo que me inspiró a escribir este libro.

—Bueno —dijo uno de los hombres—. ¿Así que te gusta esto?

—Sí —contestó Momo.

—¿Y quieres quedarte aquí?

—Sí, me gustaría.

—Pero ¿es que no te esperan en ninguna parte?

—No.

—Lo que quiero decir es que... ¿no tienes que volver a casa?

—Esta es mi casa —aseguró Momo, con prontitud.

—¿De dónde eres, chiquilla?

Momo hizo un movimiento indeterminado con la mano, como si estuviera señalando algún lugar lejano.

—Y entonces, ¿quiénes son tus padres? —siguió preguntando.

La niña se quedó mirando al hombre y a los demás con desconcierto y se encogió levemente de hombros. Los presentes intercambiaron miradas y suspiraron.

—No tienes nada que temer —prosiguió el hombre—, no vamos a echarte de aquí. Solo queremos ayudarte.

Momo asintió en silencio, pero sin estar aún convencida del todo.

—Dices que te llamas Momo, ¿verdad?

—Sí.

—Es un nombre muy bonito, pero nunca antes lo habíamos oído. ¿Quién te lo puso?

—Yo —replicó Momo.

—¿Tú misma te has puesto ese nombre?

—Sí.

—¿Cuándo naciste?

—... Hasta donde me alcanza la memoria, siempre he existido.

—Pero ¿es que no tienes ninguna tía, ningún tío, ninguna abuela, nada de familia en absoluto, con la que puedas quedarte?

Momo miró al hombre y enmudeció durante unos segundos.

Después musitó en voz queda:

—Esta es mi casa.

—Sí, bueno —replicó el hombre—, pero no eres más que una niña. Por cierto, ¿cuántos años tienes?

—Cien —titubeó Momo.

—... Ahora en serio, ¿cuántos años tienes?

—Ciento dos —respondió Momo, aún un poco insegura.

Aquellas buenas personas insisten en dar parte a la policía ya que entonces le llevarán a una residencia donde no le faltaría de nada. Sin embargo, Momo ya había estado y responde:

—No —dijo en un susurro—, no quiero ir allí. Ya estuve una vez. También había otros niños. Las ventanas tenían rejas. Todos los días nos pegaban sin motivo alguno. Así que una noche salté el muro y me escapé. No quiero volver allí.

—Te comprendo —dijo un anciano asintiendo con la cabeza. Y los demás también comprendieron y asintieron.

—Está bien —exclamó una mujer—, pero aún eres muy pequeña. Alguien tiene que cuidar de ti.

—Yo misma —respondió Momo con gran alivio—... no necesito mucho.

Tuvieron que ceder ante la insistencia de la niña y, aunque sabían que no estaría tan bien allí, como en cualquiera de sus casas, decidieron ayudarle para convertir aquella cámara en su verdadero hogar. Cada uno aportó su trabajo: el carpintero, el pintor, el albañil, el herrero. Las mujeres llevaron una cama, un colchón y un par de mantas; aquello estaba mucho más acogedor. Cuando terminaron acudieron todos los del pueblo y los niños para celebrar el nuevo hogar de Momo, y así hicieron «una fiesta tan divertida como solo la gente pobre sabe celebrar. De esta manera empezó la amistad entre la pequeña Momo y los habitantes de los alrededores».

Y exactamente ahí, en Momo, está el motivo que me llevó a escribir este Manual. Momo necesitaba un hogar donde vivir y ser feliz. Pero no solo eso, sino que gracias a los que iban a ser su nueva familia y amigos, encontró el cariño y los cuidados necesarios para tener una vida plena. La pequeña protagonista me enseñó que dedicar tiempo a mi familia y a las personas era bueno. Que si quiero que en casa se esté bien tengo que construir un hogar auténtico y acogedor. Y vi que, para hacerlo, tenía que empezar por lo que había delante de mí en aquellos momentos: cosas y más cosas. Les dediqué tiempo y aprendí a ser organizada. Luego, con más edad y visión, entendí que ser organizada era algo mucho más amplio y que serlo en casa, lo era aún más.

Las ideas descritas a continuación son fruto de mis más de veinticinco años de experiencia. Es un Manual de consulta con quince capítulos en el que se hace un recorrido por todo lo que pasa en una casa a nivel doméstico. Los casos que propongo son todos reales. Conforme lo leas, verás que, en algunos casos, te redirijo hacia otros capítulos relacionados que puedan completar la visión del tema. Al final del todo, he añadido un apartado de anexos, con plantillas, información ampliada, etc.

Quizá no es un Manual para leerlo de un tirón y sea mejor leerlo poco a poco, cuando dudes de algo o simplemente cuando quieras profundizar o aprender algo nuevo. Lo que sí te pido es que, por favor, lo adaptes siempre a tu forma de ver las cosas, porque lo importante, no lo olvidemos, es entender la esencia del consejo.

Hoy se lleva el gusto por las cosas de casa. Y no lo digo yo. Hay revistas, *best sellers*, canales digitales, *influencers*, *youtubers*, programas de televisión por todo el mundo, que explican cómo mejorar los espacios domésticos, doblar la ropa, etc. y cómo eso beneficia nuestra vida. Por fin, estar organizados en casa es tendencia al alza. Los jóvenes de hoy detectan perfectamente dónde y cómo están a gusto; son bastante más selectivos porque necesitan espacios privados con aire hogareño donde recalar y descansar. Les atrae mucho la belleza y la funcionalidad, que son el punto de partida para pensar en los grandes temas del mundo en el que vivimos.

Hacía falta este *Manual para organizar tu casa* y, por fin, ya lo tenemos. Sí, un libro de cabecera que se regale y sea una joya que nos acompañe a lo largo de la vida. Un Manual para siempre.

Bienvenidos todos a este Manual para tener la casa mejor organizada. Si ya estás aquí, eres un triunfador.

Y ahora, empecemos.

1

¿Por qué organizo mi casa?

«Uno de los principales fundamentos del Sistema Toyota es hacer lo que necesitas, en las cantidades que necesitas, en el momento que lo necesitas, y, por tanto, con un costo menor».

—*Taiichi Ohno*

Organizas tu casa por una cuestión de puro rendimiento, como si fueras una empresa persiguiendo su producto final, solo que, en tu caso, se llama comida, lista de la compra, ropa a punto, baños limpios, etc. Y aunque es cierto que no todos tenemos la misma capacidad de organización, sí disponemos del talento suficiente para aprender cada día un poco más, de forma que con menos esfuerzo podamos rendir más.

«Organizar nuestra casa es una cuestión de puro rendimiento»

Organizas tu casa por pura comodidad. Porque al experimentar que ese orden te genera un espacio bien organizado, notas que las cosas salen mejor, la vida fluye, estás cómodo, te sienta bien e, incluso, trabajas con más tino. Y son estos dos primeros motivos, rendimiento y comodidad, los que podrían movernos hacia la organización. Un hijo con una habitación organizada rinde más porque se distrae menos y está más cómodo en ella. Es así siempre.

Organizas tu casa por una cuestión de paz, propia y ajena. Es un hecho incontestable que el ambiente de casa nos influye a todos los niveles: en el estado de ánimo, en el modo de relacionarnos con los demás, en cómo trabajamos, hasta en cómo nos vestimos. Influye en todo. Por eso, estar organizados reduce tensiones, facilita la serenidad en casa y hace que tengas más tiempo.

Organizas tu casa para vivir feliz. La mayoría de las personas ordenadas conservan una actitud positiva ante la vida porque saben que todo les sale mejor si se esfuerzan y terminan las cosas hasta el final. Lógicamente, son más optimistas que los demás. De hecho, los organizados saben cuándo y cómo realizar su trabajo, conocen cuándo se concentran mejor y saben a la perfección en qué son buenos. De ahí que tener la casa organizada facilita que se desarrollen los talentos.

«La organización favorece un estado anímico positivo»

Organizas tu casa para que te guste más. Hay un ambiente que crea exclusivamente quien habita la casa. Si cada día nos gusta más nuestra casa será más apetecible llegar por la noche a ella. Tenerla organizada por nosotros mismos le da personalidad. Es bueno. Ten en cuenta que cuando se diseña una casa, al acabar, el diseñador se va, nos entrega la llave y se acabó. Y ahora, ¿a quién le toca continuar y organizar esa vida? A ti.

Organizas tu casa para descansar. Una de las ventajas de la organización es que te permite descansar y tener tiempo para ti mismo; si no fuera así habría que revisarla porque tendría fallos y habría que pensar en cómo hacerlo mejor. Las personas organizadas descansan, buscan el tiempo para llevar a cabo actividades extras que les ayudan a disminuir el esfuerzo semanal del trabajo.

Organizas tu casa para descubrir talentos ocultos al delegar responsabilidades en otros. No siempre lo puede realizar todo uno mismo, y es mejor pedir ayuda para un mejor funcionamiento, ganando tiempo y descubriendo habilidades y posibles aficiones que, a lo mejor, de otro modo, no hubieran salido a la luz.

El autor de la cita que abre este capítulo entendía el proceso de producción como «un flujo visto desde el producto final acabado, en el cual las actividades finales en la cadena de montaje tiran de los materiales que se requieren en cada uno de los procesos anteriores»[1] . Por eso, si nos paramos y pensamos en cómo queremos ver nuestra vida en casa, encontraremos la forma de ir hacia atrás en nuestras rutinas y encontraremos nuestra organización perfecta. La organización que combine lo personal con lo doméstico.

Este Manual está para ayudarte.

---

1 *El sistema de producción Toyota.* Taiichi Ohno. CRC Press. Nueva York, 2015.

2

Ordenar antes de organizar

«Ordenar es el primer paso para organizarse».

— Geralin Thomas

Dijo Le Corbusier que los hombres necesitamos espacio, luz y orden tanto como el pan o un lugar donde dormir. Y es cierto. ¿A quién no le ha impactado entrar en un salón ordenado en el que fluye la luz natural de forma irresistible? Por mucho que digamos que el orden no es algo que vaya con nosotros, lo valoramos y en el fondo de nuestro ser, lo envidiamos un poco.

Tengamos en cuenta que las ventajas del orden son muchas y que superan a las desventajas del desorden. El orden es previsible, se entiende bien, facilita lo siguiente y transmite armonía tanto para uno mismo como para los demás. Por eso, una persona desordenada sufre innecesariamente, resuelve con menos tino los avatares de su propia vida y suele influir negativamente en la de los demás, en términos prácticos.

Diagnosticar el desorden es relativamente fácil. Y aunque suelo distinguir dos niveles, están bastante relacionados entre sí:

– El desorden en los asuntos personales: cuando una casa está desordenada puede ser porque sus miembros adultos tienen algún problema personal, alguna falta de hábitos o de prioridades, falta de tiempo, o incapacidad organizativa, o los tres a la vez. Analizar las circunstancias de forma pormenorizada puede dar con la clave que ayude a reestructurarlo todo. Por eso, creo que el orden empieza en cada uno.

– El desorden de las cosas: se visualiza pronto porque nadie sabe dónde van las cosas, todo da igual, no hay nada en su sitio, hay hartazgo, pereza y desidia, ves trastos por todos lados y un ambiente de estrés innecesario. Un espacio desordenado es un espacio oscuro, aunque haya ventanales enormes en la casa.

> *«El orden aligera nuestra mente y nuestros espacios dándonos sensación de dominio y haciéndolo todo mucho más fácil»*

Ordenar y mantener el orden exige disciplina, pero sobre todo requiere un planteamiento personal profundo y comprometido. No se entiende que un buen profesional no aplique los mismos criterios de calidad que aplica en su trabajo a su propia vida. Por muy cansados que estemos, debemos desear tener las cosas limpias y en su sitio. De todos modos, es cierto que cada persona tiene su sistema o criterio de orden y lo que a unos funciona para otros puede ser un obstáculo, por eso nos equivocaríamos si juzgásemos solo por lo que vemos.

En este capítulo te hablo de mi experiencia en orden y organización sin querer imponerte mi sistema. Lo ideal es que incorpores lo que te ayude, lo pongas en marcha y seas perseverante. Verás que he pasado el orden de armarios a un capítulo específico detrás de el de ropa porque lo veía más lógico, está muy relacionado con la ropa ya planchada.

Vamos a ver ahora qué se puede hacer para encarar el orden en casa y nos detendremos en esos tres o cuatro espacios más críticos que a todos nos preocupan y que sí o sí necesitamos que mantengan su orden.

— Claves para ordenar cualquier cosa —

Cuando nos ponemos a ordenar se produce una sensación de angustia que crece y crece y que puede llegar a bloquear nuestra mente. No te preocupes, es lo normal al iniciar el proceso hacia lo racional. Ordenar, sintetizar, eliminar, despejar y recolocar con criterio no todo el mundo es capaz de hacerlo. De hecho, en la NASA, hay expertos que se dedican exclusivamente a esto. Y si allí cuentan con expertos, por algo será.

Mis sugerencias para esos momentos de querer ordenar y no saber por dónde empezar son las siguientes:

– Trabaja siempre las categorías: idea brillante que Marie Kondo[2] nos recuerda: evitar ordenar las cosas por espacios cuando aún no tienes orden en las cosas. Para esos momentos, es mejor decirse a uno mismo: «Hoy ordeno todos los libros» en lugar de decir «hoy ordeno el salón». ¿Y por qué empezar por los libros? Se trata de tener una visión completa de lo que está pasando con ellos, localizándolos todos, paseándote por todas las habitaciones y encontrando todo lo que pertenezca a esa misma categoría: libros. Así, si te haces cargo de todo lo que tienes de esa categoría podrás decidir mejor qué hacer. Una vez que hayas terminado con los libros quizá puedas empezar por el salón.

– Haz subcategorías y márcalas con carteles: mientras sacas los libros, siguiendo con el ejemplo, haz montones por temas: novela,

---

[2] *La magia del orden.* Marie Kondo. Debolsillo. Barcelona, 2017.

historia, viajes, biografías, etc. Y recuerda: NO estás ordenando aún, solo estás apilando. Aquí es el momento de hacer Post-it o carteles que luego reubicarás en su destino final.

– Mantén los carteles durante dos semanas ya que te ayudarán a localizar las cosas después de haberlas ordenado.

– La Big Decision te ayuda a saber con qué quedarte y con qué no. La Big Decision va encaminada a reducir en un 30-40% tus pertenencias. Elimina todo lo que no tenga ya sentido y guarda lo que no has eliminado. ¿Fácil verdad? Pues es importante que sea en ese orden y no al revés. No se trata de eliminar por eliminar sino de guardar lo que verdaderamente quieres conservar. Por eso, cuando has terminado con todas las categorías –puedes llegar a tardar un año–, te das cuenta de que al final todas las cosas que has conservado son aquellas con las que te sientes bien.

– Trata de eliminar diez cosas cada mes.

– No tienes por qué tirarlo a la basura, puedes donarlo, regalarlo o reciclarlo. Ser consciente de que puede servir a otros es una actitud madura y social. No dejes este paso a medias, por favor, y culmina llevándolo a algún sitio donde lo puedan volver a usar, cueste lo que cueste ese mismo día.

– ¿Y qué pasa con esos objetos que tienen un valor sentimental? ¿Es práctico tener en el armario zapatos que no te has puesto más de una vez y que no te vas a poner más porque vas a terminar poniéndote el que verdaderamente te gusta y que te pusiste ayer, anteayer y antes de antes de ayer? ¿Merece la pena ocupar espacio con cosas que no vas a utilizar? No.

– Busca un lugar a cada cosa, no te lo inventes. Si algo tiene utilidad real vamos a ver cuál es su sitio y su posición. El sitio más adecuado suele estar relacionado con el uso: por ejemplo, el producto de fregar suelos debe estar junto al grifo desde donde llenas el cubo, aunque no sea el armario de limpieza. Y la posición correcta es la más ergonómica o la que menos le perjudica al objeto. Por ejemplo: la posición de salida es la que me facilita coger cualquier bote o espray agarrándolo por la pistola cómodamente justo para usar.

– Respeta esa decisión y devuelve cada cosa a ese sitio. Una vez que cada cosa tiene su lugar y posición concreta, la devuelvo a su sitio y posición cada vez que la uso. Nuestro cerebro ha de marcar la nueva ruta al menos veintiún veces seguidas; entonces ya habrás cogido el hábito. Procura hacer siempre los mismos recorridos y gestos al colocar las cosas. Tardarás menos en buscarlas y te sentirás más aliviado. Si te levantaras por la noche a oscuras, ¿sabrías ir a tu armario a coger la pastilla que necesitas? Es un buen ejercicio.

– Ten menos. Cuando nos hemos puesto en el «modo orden» y experimentamos la sensación de bienestar tan grande que esto produce, uno siente como vergüenza de sí mismo por haber acumulado tantas cosas inútiles o innecesarias y llega al autoconvencimiento de que quiere continuar así, experimentando esta sensación de libertad y de no estar sujeto a nada; digamos que hace un compromiso de tener menos. Hay que tener fuerza de voluntad para mantenerlo.

– Despeja todas las superficies. Inténtalo. Que no haya cosas ni en las encimeras, ni en la mesa de comedor, ni en la mesa del salón, ni en las auxiliares, etc. Y si las hay, que no sean más de tres y que estén rectas. Verás el cambio.

— Trabájate estos tres hábitos —

– Pensar antes de comprar. A mí me parece que hay que ser muy cautos y prudentes a la hora de comprar. En realidad, no es equiparable comprar una casa, a comprar una bici, un balón de futbol o 1 kg de aguacates. A lo largo del libro, en los capítulos de la compra y del presupuesto, quedan muy claros cuáles son los riesgos de no dar importancia a gastar 1,00 € de más, o lo que es lo mismo, comprar a tontas y a locas. En una casa hay muchos gastos y un euro de aquí y otro de allí son cientos. Una de las mayores alegrías, tras el ahorro, es encontrarte con un pequeño colchón y poder hacer un gasto necesario que no estaba previsto en el presupuesto. Por eso siempre párate y piensa: ¿Es necesario este gasto o puedo esperar a rebajas? ¿Lo puedo conseguir en una tienda de segunda mano? ¿He pedido presupuestos y he comparado? Son cosas sencillas que nos ayudarán a acertar al decidir.

– Aprender a desechar. Cuando nos hemos dado cuenta de que llevamos años comprando sin pararnos a pensar, si lo necesitamos o si ya tenemos algo muy parecido y somos unos acumuladores, entonces es el momento de tomar una decisión importante y mantenernos en ella: «Tengo que aprender a desechar». Y para eso lo mejor es que cada cierto tiempo vacíes tu armario, o cualquier armario de la casa o de tu trabajo y saques diez cosas: lo uso, lo doy, lo tiro. Marcadores a cero. Y hasta la próxima.

– Libérate del perfeccionismo. «Hacer las cosas bien todo el tiempo es más estresante que hacerlo de la manera óptima»[3]. Uno de los modos de conseguir no ser perfeccionista es tener orden a mi alrededor; si en algún momento no he podido dejar una cosa en su sitio, no pasa nada porque lo tiene y a la vuelta lo haré.

— Cómo ordenar las partes más críticas de casa —

El vestíbulo de entrada, tu tarjeta de presentación

El *hall* o vestíbulo de entrada de una casa siempre se ha considerado como la tarjeta de visita de quienes la habitan. Tiene dos funciones básicamente: prepararnos para entrar o salir de casa y dar la bienvenida a quienes nos visitan o se quedan en la puerta. Ten en cuenta lo siguiente:

– Da prioridad a lo que necesitáis todos para entrar o salir de casa: un lugar donde colgar las prendas de abrigo, guardar los paraguas secos, ubicar los bolsos, guardar las llaves, las gafas de sol, recoger la correspondencia, cambiarse los zapatos por

---

[3] *New Order. A decluttering handbook for creative folks.* Fay Wolf. Ballantine Book. Nueva York, 2016.

zapatillas, etc. Hay que pensar en todo ello y analizar la realidad del espacio disponible. Y recuerda que la entrada no es el trastero. Define bien lo anterior y saca todo lo que no tenga nada que ver con esta categoría.

– Decide si quieres que se vea todo o prefieres puertas: está claro que si prefieres todo a la vista deberás hacer un esfuerzo extra de diseño para estructurar bien el espacio que tienes tanto en vertical –percheros y ganchos– como el horizontal –baldas, cajas y asiento o bancada–.

– Cada abrigo debe tener una percha o gancho: asegúrate de esto y si no caben más… no caben más. La ropa debe estar holgada. Los niños deben tener los ganchos a su altura.

– Hazte con algún punto de apoyo: si tienes donde apoyar las cosas, se facilita el orden, ya que quien entra desde la calle con cosas en las manos –paquetes, documentos, cartera, etc.– debe poderlas depositar en alguna parte para quitarse el abrigo.

– Ganchos, ganchos, ganchos: pon ganchos para todo.

– Colgar las llaves: hay muchos sistemas, pero colgarlas individualmente es el mejor, se ven y se cuelgan en su hueco, todos las ven y se detecta rápidamente si falta alguna. Mi consejo es que estén dentro del armario de entrada, es más seguro. También funcionan las cajas o las bandejas, pero es más complicado encontrarlas a la primera.

– Los bolsos: mi experiencia es que si tienes muchos debes hacerte con un armario extra, en el que te quepan cómodamente y así evites meterlos a presión en el de la entrada junto a la ropa de abrigo de todos. En este caso, es cierto que deberías ponerlo cerca de tus abrigos que igual también los has de sacar de la entrada. Todo depende de cuántos seáis y de a quiénes quieras ceder tu espacio. Muchas veces, si hay niños, es prioritario que ellos estén bien organizados nada más entrar en casa.

– Paragüero: ten uno que quepa dentro del armario para que los meses de buen tiempo no esté a la vista. Revisa los paraguas y guarda solo los que funcionan.

– Alfombra para días de lluvia: hay gente que tiene una alfombra finita, de esas de feria, enrollada para los días de lluvia. Guárdala seca y limpia.

– El cochecito del bebé: si tu *hall* de entrada es pequeño, hay que buscar otra solución pues es mayor el desorden que provocas al resto de la familia que lo que ayuda.

– Si tienes mascotas: pon un gancho propio para su correa, no la mezcles ni la metas dentro del armario pues te pasará su olor a todas las prendas. Tampoco en la cocina.

– Dale un toque *chic* al vestíbulo poniendo una pieza interesante, búscala entre lo que ya tienes, puede ser una buena lamparita o una obra de arte o lo que sea, pero encuéntralo y ponlo. Recuerda que el espacio debe ser acogedor. Ilumina correctamente, revisa la pintura y mantén todo en orden. Es tu tarjeta.

Por eso, persevera en el orden.

– Persevera en tramitar la correspondencia.

– Persevera en que no haya bolsas de basura esperando que una mano bendita las deposite en el contenedor.

– Persevera en que cada percha esté con su abrigo y colgadas en la misma dirección.

– Persevera en que huela «rico-rico» y funcione la bombilla de la lamparita tan mona que compraste con tanta ilusión. Persevera.

Al menos un ratito a la semana revísalo. Tira los papeles que sobran, rectifica los abrigos, dale un toque a la zona de guantes y bufandas y ¡ya lo tienes!

El salón: ordenado pero vivido

El salón, junto con el vestíbulo de entrada, son las partes de la casa que todos ven, todos usan y, queramos o no, todos analizan. Por eso, aunque sea de forma inconsciente, invertimos más tiempo y dinero. Las cosas como son. Y, además, cuando ordenamos, nos enfrentamos a dos conceptos algo complicados de mezclar —las necesidades de organización y los gustos en decoración— aunque no imposible de hacer, como nos viene demostrando IKEA.

Para mantener el salón ordenado:

– Crea áreas: para sentarse, almacenar y apoyar. Y si hay niños, para jugar.

> *«Los tres puntos claves de un salón*
> *—sentarse, almacenar y apoyar—*
> *debes tenerlos sin trastos, sin nada encima»*

– Despeja todas las superficies: la mesa de centro, las mesitas auxiliares, el baúl, todo. Un máximo de tres elementos encima.

– Trabájate más las estanterías: quita todo y vuelve a colocarlo de nuevo. Combina libros con diseño de huecos. No te olvides de las partes altas y de las bajas, que también tienen derecho a que haya cosas monas en ellas.

– Retira todo tipo de cestas, cestitas y recipientes sin función. Son agotadores de mantener.

– Ten un cajón o caja de pandora para objetos pequeños.

– Ordena los cajones mientras ves una película, volcándolos y volviendo a meter solo lo imprescindible. Un cajón ordenado dura entre 1-3 meses, según su uso.

– Mundo mando: o junto a la televisión o en su porta-mandos.

– Los cojines: no te pases comprando muchísimos, que luego hay que ponerlos bien y es cansado.

– Las mantitas: son monísimas, sí, no lo discuto, pero no tengas más de una por sofá. Siempre muy bien dobladas o al menos con cierto estilo. «Dejarlas caer en plan diseñadora», no es tan sencillo. Hay interioristas que se pasan un buen rato calculándolo. Y por supuesto, cuando llega el verano lávalas y guárdalas.

– La mesa de centro no siempre se necesita: si tu salón es pequeño, es preferible disfrutar de la sensación de espacio frente a la de agobio. Con las dos mesas auxiliares, bonitas, y sus lámparas tienes de sobra.

– Ojo con que la mesa del comedor se convierta en el «punto limpio» donde dejamos las cosas sin propietario: debe estar siempre despejada y lista para usar, aunque su frecuencia sea menor. Y si no la usas, ¿para qué la has comprado? Por eso, persevera en el orden.

– Persevera en despejar la mesa de centro.

– Persevera en poner las cosas rectas y los cojines en su sitio.

– Persevera en que todos ayuden.

– Ten los cristales limpios. Persevera.

Si consigues crear armonía en el salón, todos seréis más felices. Persevera.

Habitación de adolescente, pura negociación

Cuando uno entra en la habitación de un adolescente –salvo estupendas excepciones– suele caer en una especie de desánimo ante el triplete o *hat-trick* futbolero: mal olor, caos y todo-en-el-suelo. ¿Te suena verdad? Y es que en realidad, la habitación del adolescente es el primer encuentro con su yo, en el que os lanza mensajes del tipo: «No quiero ser como tú». Y eso es bueno, se debe respetar. Pero tener la suerte de usar una habitación propia no es la patente de corso para hacer lo que se quiera. Y ahí es donde empieza la negociación. A ellos les interesa la decoración, la libertad y el pinchar en las paredes y a ti el orden y la higiene. Por eso, procura que perciban que no les tocas su mundo, sino que te enfocas en cosas lógicas, racionales como la limpieza. Les resultará correcto.

Fuente: peanuts.com

La parte que pueden hacer ellos

Dicen los expertos que el *quid* está en la maestría de combinar el cariño que necesitan y la tenacidad para que cumplan sus obligaciones. Por eso pídeles su colaboración en:
– Donar todo lo que lleven un año sin usar.
– Hacerse la cama cada día.
– No dejar nada en el suelo.
– La mesa de estudiar con todo un poco-medio-recto. Y ¡ya está!

La parte que podemos hacer nosotros

Si te fijas, de las cuatro opciones de arriba, en la única que podríamos tener corresponsabilidad es en que no dejen nada en el suelo. Y es que a veces tienen bastante razón, porque las estanterías son estrechas y se vencen, no hay ganchos suficientes detrás de la puerta o los zapatos son más grandes que los propios cajones. En fin. Por lo tanto, para conseguir que no dejen las cosas en el suelo, en mi opinión hay que empezar centrándose en lo estructural:

– Que la cama tenga ruedas. Así podrá correrla para hacerla mucho mejor.

– Diseñar el interior de su armario con el sistema «todo a la vista» para tener acceso rápido a sus cosas. Cuando lo tengas, negócialo y pacta con ellos el orden. Márcalo con carteles orientativos.

– El sistema de colgar en percha no les va: ya sabrás que tienen un gen que no se sabe bien por qué les impide estirar el brazo o esforzarse. Pues ante esa realidad: quita barras y pon estantes.

– El sistema que funciona es el de doblar las prendas: pantalones, camisetas, deporte, etc., todo doblado y apilado. Llévatelos un día a su tienda preferida y pídele a un dependiente que les enseñe a doblar las prendas básicas.

– Las pilas de camisetas como máximo de cinco unidades, por dos motivos: porque será fácil rotar y usarlas todas y, además, porque no se desmoronarán cuando extraigan la de abajo.

– Los cajones de los calcetines: separa claramente los de vestir o uniforme y los de deporte.

– Zapatos y/o deportivas: que el acceso sea fácil y sin dar pie a crear cuevas profundas. Por eso:

• Dentro del armario: procura que vayan a los dos cajones de la parte baja. Haz la prueba para ver si caben, cuántos caben y no metas más de los que se pueda.

• Fuera del armario: es cierto que hay muebles verticales con cajones basculantes que facilitan el orden, pero aun así lo más, más, más, sencillo es comprar un par de baldas de rejilla metálica de media altura –unos 50 cm– y que los dejen ahí al quitárselos. Sí, se ven, pero qué se le va a hacer. Es muy eficaz, limpio y antipereza, pero, eso sí, deben estar ordenados y limpios.

– La loca de los ganchos: pon por todas las paredes y de todos los tamaños. Estudia los hábitos de tu hijo y cuélgalo todo en ganchos. Dos detalles:

• La mochila: pon un buen gancho de bici en la propia mesa y atorníllalo a ella. Y si prefieres en la pared, no lo separes de su mesa de estudio más de 30 cm porque no lo usarán.

• La red de los calcetines: ponle un gancho especial para la red de calcetines justo en el lugar donde suela cambiarse.

– Ropa sucia: dependerá del sistema de cestos de ropa que hayas establecido en casa. Pero si le colocas una cesta de *basket* o similar, verás cómo se trabaja el ángulo de tiro hasta encestar. Te sorprenderá. También te advierto que dura poco.

– Los altillos: no se los des. Aprópiatelos tú desde el minuto cero y guarda ahí su cambio de temporada, su maleta o lo que consideres oportuno. Se trata de ir acotándole el espacio disponible. Si tienen menos, se controla todo mejor.

– Los cajones de las camas nido, tampoco se los des: no los cedas. Guarda ahí la ropa de cama de esa habitación, mantas, edredones, cajas de zapatos de otra temporada, etc. En perfecto orden. Si los abre y ve ese orden, irá aprendiendo.

– Dales buen ejemplo con tu habitación: es lo mejor. Si os ven ordenados entenderán más rápido lo que les pedís.

Por eso, por favor, persevera en el orden.

– Persevera en que tengan pocas cosas.

– Persevera en que no dejen nada en el suelo. Persevera.

¡Trastero de mi vida, de mi alma y de mi corazón!

El *quid* de la organización de un trastero está en armarse de valor y elegir un buen día para sacarlo todo. Hay que ser conscientes de lo que se tiene, de la mugre que hay y de la barbaridad de cosas que guardamos por si acaso algún día...

Una vez que lo has sacado todo, haz una limpieza muy a fondo, de esas que empiezan por atacar vilmente las telarañas de las esquinas, la lámpara parpadeante del techo, las tuberías e instalaciones vistas, la puerta metálica o la ventana. Sí, todo limpio, cambiando el agua mil veces, gastando jabón, sudando a modo de catarsis personal. Sí. Hacer un trastero tiene ese puntito.

– Usa las paredes para poner estanterías o ganchos.

– Usa el techo para poner más ganchos.

– No uses el suelo, por favor. El suelo solo lo tocan las patas de los estantes, soportes de plástico o las ruedas.

– Usa cajas de plástico traslúcidas.

– Agrupa las categorías: todo lo de deporte junto; otra categoría es jardín; o donar; lo del coche todo junto; lo del bebé también junto; la ropa toda en el mismo sector, etc.

– Si se han de almacenar comestibles, que estén elevados y junto a zonas limpias.

– Coloca arriba lo de menor uso.

– Distribuye abajo lo de mayor peso.

– Pon a mano lo de mayor rotación y uso.

– Hazte un listado de lo que has ido viendo que necesitas y cuenta con un viaje o dos a Leroy Merlin o a tu ferretería. No te impacientes si lo que compras no sirve, devuélvelo y aprende. Pregunta a los dependientes y pon en marcha ese sentido de espacio, luz y orden del que hablábamos. Y sí, el trastero pasará a ser un hijo más porque si quieres tenerlo bien, guardar cómodamente las cosas, que no se caigan y que haya un criterio, hay que dedicarle tiempo y creatividad.

– Una vez al año, limpia el trastero de nuevo. Retira lo inservible, saca las bolsas de donar y repón el orden añadiendo alguna mejora. Deshazte de diez cosas cada mes.

– Tira los trabajos de tus hijos en julio. Los dibujitos también.

– Y recuerda dos cosas:

• Es peor un trastero desordenado que un trastero con muchas cosas.

• A tu trastero debe poder entrar cualquier persona, encontrarlo todo a la primera y dejarlo todo también a la primera donde estaba porque los criterios de búsqueda son lógicos y está todo marcado.

– Etiqueta bien y grande: que la gente a veces no ve bien porque no lleva gafas o porque la letra es pequeña.

– Pon suficiente luz, no seamos desconsiderados con el pobre trastero, que bastante tiene con serlo.

— ¿Qué hago con todo lo que no sé qué hacer?—

– Mi vestido de novia: no resulta fácil decidir qué hacer con él. Pero en caso de que lo quieras conservar es bueno que lo guardes limpio, en papel de seda y en una funda opaca para que la luz no lo estropee. Si vieras que tu amado traje lleva años en el trastero, en el garaje o en el cuartillo de la terraza no te engañes, es el momento de plantearte donarlo o venderlo. Porque está claro que no lo has valorado hasta hoy.

– Los zapatos, trajes y vestidos de fiesta: lo ideal es conseguir aglutinar todo en un mismo sitio: trajes, vestidos, accesorios específicos, tocados y zapatos. Disponer, por ejemplo, de una parte del armario y ordenarlo con detalle exquisito o –dependiendo de qué tipo de trastero tengamos–, tenerlos en fundas y cajas, todo perfectamente organizado. Mi consejo es dedicar un día especial a hacer este tipo de orden pues hay que estar tranquilos, revisar posibles manchas, el estado de las tapas de los zapatos, decidir si compensa o no un arreglo o si un pantalón de fiesta puede pasar a uso diario, buscarle su percha, pasarlo a su zona, etc.

– Ropa de bebé: por el afecto que le tenemos también son otro tipo de prendas de las que cuesta horrores desprenderse. En este caso, es bueno hacer una selección y quedarse con un par de prendas como recuerdo, no muchas más. Quizá me plantearía seguramente aquellas más valiosas, heredadas y que estén en mejor estado. Guarda todo dentro de una maleta limpia y de vez en cuando no te olvides de abrirla para que se ventile. Respecto a los *bodies*, camisetitas, pijamas, baberos, etc., que suelen estropearse con el uso, te sugiero que te desprendas de todo sin piedad.

– Muebles heredados: si no tienes lugar donde almacenarlos o no son del estilo de tu casa, plantéate darles salida. Si tienes un buen trastero, debes protegerlos adecuadamente para que ventilen bien. Márcalos: hazles una foto e imprime dos copias de su ficha técnica (fecha, origen, de quién era, en qué casa estaba, etc.). Una copia va a la carpeta de muebles y la otra se mete en una funda de plástico y se pega en el propio envoltorio del mueble. Los muebles deben guardarse siempre arreglados, es un detalle.

– Muebles que no me gustan: si ya no te interesa algún mueble, ofrécelo a otro o véndelo, y siempre ten el detalle de arreglarlo antes de donarlo o prestarlo a los demás.

– Cajas de zapatos con miles de fotos: la mejor forma de resolverlo es tener tiempo y ganas. Para ello monta «el mes de las fotos» de forma que cada película que veas va asociada a ordenar fotos. Harás grupos de fotos para ti, para entregar a tus hermanos, amigos, etc. Podrás tener detalles con esas personas y media vida ordenada. La satisfacción no tiene precedentes.

– Colecciones: al tratarse de una cantidad excesiva de cosas de una misma categoría lo único que les va bien es el exceso de orden. Colecciones de discos, de coches, de collares, de gorras, soldados, cajas de cerillas, sellos, etc. Busca la forma de mostrarlos teniendo siempre en cuenta el espacio. Por norma general, se usan las paredes con ingenio y se hace de ellas un escenario: muebles a ultra medida, uso de tiras de imán si son cosas metálicas, o de velcro, estanterías de madera fina, entelados o paneles de corcho en los que pinchar la colección, etc. En definitiva, se trata de dedicarle pasión y tiempo. Eso es lo que demuestra tu convicción por poseer y cuidar esas piezas. Si no les haces caso, acumular por acumular, hemos quedado que mejor no. Tíralo todo porque podría pasar a ser un tema enfermizo.

– Apuntes de la carrera: tíralos, ya. Sin contemplaciones. Es absurdo conservarlos. Así que, si no te animas, me llamas, me acerco y te los tiro. Allá por donde he ido ordenando, he tirado cientos de miles de carpetas. No se utilizan nunca. Ni se abren. Tíralos, por favor. Gana espacio. Lo mismo nos pasa con los apuntes de los cursos que hacemos; lo mejor es ponerlos en práctica y deshacerte del material al día siguiente. Está comprobadísimo que nunca se vuelven a mirar.

Resumen

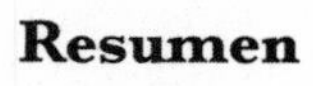

Ordenar antes de organizar

La conexión del entorno con nuestro cerebro es increíble, y así, una zona desordenada hace que mi cerebro esté desordenado. Sin embargo, cuando mi cerebro tiene las ideas en su sitio tengo más posibilidades de que mi entorno esté ordenado. Para mi es esencial esta idea básica. Lo demás consiste en aprender las técnicas de la organización de las cosas y los espacios. Y junto a esto está la decisión para guardar y/o desechar; pensar lo justo y actuar.

Marca bien las rutas del orden en tu cerebro y síguelas cada vez. Alcanzarás un alto nivel de bienestar y tendrás mejores ideas.

3

Cómo organizar tu casa

«Lo más importante es mantenerse atento a lo que otros hacen bien y luego descubrir cómo lo hacen y cuáles son sus estrategias».

— *Tony Robbins*

Si has abierto el libro por este capítulo es que de verdad y, sobre todo, lo que te interesa es aprender a organizar tu casa. Una organización que sea sencilla, estable y que te de la tranquilidad que necesitas, porque ves que las cosas funcionan sin agobios ni tensiones. Y si las hay, que no sea por falta de organización.

Conozco a personas que por no sentarse a planificar su vida doméstica, son capaces de ir a trompicones, pensando que no pueden perder el tiempo en planificar u organizar su propia casa. Y lo que ocurre es todo lo contrario. Dedicar tiempo a organizar las cosas tiene resultados directos sobre el bienestar de la persona y su estado de ánimo.

Entonces me pregunto, ¿por qué no lo hacen? Y casi siempre suele ser por dos motivos: porque no saben coordinar los elementos tan variados que tiene una casa o simplemente por no pararse y pensar.

Organizar una casa es integrar de modo armónico todas las tareas domésticas para que podamos dar un servicio completo a la persona y tener la mejor calidad de vida posible. Cuando decimos que una casa marcha bien, es porque está bien organizada, la comida está a su hora, la casa está limpia y ordenada, la ropa planchada, etc.

> *«Aquí tienes las claves:*
> - *Tener visión global de todo lo que pasa en casa.*
> - *Controlar el tiempo.*
> - *Aplicar una mente profesional frente a la amateur.*
> - *Dedicar tiempo semanal a reorganizar todo»*

La buena organización de la casa es más importante de lo que imaginamos porque afecta directamente a la persona. Si cuando es la hora de cenar no hay cena, si voy a cambiar las sábanas y no hay repuesto de sábanas limpias, si necesito usar el microondas y no funciona, ya te imaginas el malestar generalizado que se produce en casa ¿no? Pues justo eso es lo que una buena organización es capaz de prever.

Tengo que confesarte que la organización perfecta no existe; al menos yo no la he encontrado. En el papel puede que sí, pero no en la realidad. Y no es que eche piedras sobre mi propio tejado, pero es la verdad. Ahora bien, esto es compatible con aprender a reencaminar nuestra propia organización cada día mejor.

— Beneficios de tener una casa organizada —

Creo que a nadie se nos escapa, si lo pensamos cinco minutos, que estar organizados son todo ventajas. Cuando pensamos en un hogar que marcha bien, inmediatamente acuden a nuestra mente sensaciones de bienestar y de armonía. Nadie se arrepiente de estar bien organizado.

Por eso, una de las grandes ventajas, como ya hemos comentado, es que el que organiza el trabajo, se acostumbra a estar organizado en cualquier aspecto de su vida personal, y eso es siempre positivo. Tengamos en cuenta que los beneficios se ven a muy corto plazo tanto en ti como en los que te rodean pues trabajamos con más orden, con más eficacia, en menos tiempo y con menos esfuerzo. De hecho, los hogares organizados son más baratos, se gasta menos porque se piensa más.

> *«Las casas organizadas, al ser casas previsibles, van por sí solas, todo es mucho más fácil y se disfruta más»*

Para que una empresa funcione y de beneficios, hace falta que todos sus elementos estén perfectamente integrados, todos los departamentos funcionando coordinados entre sí. Un fallo en alguno de ellos puede ocasionar pérdidas importantes a la empresa. Este símil nos sirve para aplicarlo a la casa. Si no he hecho la compra el día previsto, es ya un vacío, y si no hay detergente de ropa oscura, no podré poner la lavadora ese día, lo que supondrá un retraso y acumular para otro día. Si esto pasa un día y otro, se genera desorden y malestar. Ver las consecuencias que tiene no seguir la organización, estimula a tratar de recuperarla lo antes posible. Este es un ejercicio muy interesante.

— ¿Qué te motiva para organizar la casa? —

Lo primero que quiero decirte es que si estás absolutamente convencido de que tu casa, tu bienestar y el de los tuyos están en juego y que es urgente que mejore, entonces querrás embarcarte en este proyecto y dar el salto que tu vida está necesitando.

Si tienes claro lo que te motiva, y si además tienes moral de victoria, mucho mejor. También a mí me pasa lo mismo. Mis motivaciones las tengo claras: tener un espacio doméstico en el que todos tengan más bienestar y confort. Y mi moral de victoria la baso en mi pódium. Me explico: yo comienzo la semana con la medalla de oro colgada en el pódium de mi casa, es decir animada ante lo que viene por delante. A lo mejor durante la semana me paso a la de plata o incluso a la de bronce o a una mención especial, pero siempre en el pódium de los vencedores.

Esta actitud me ha ayudado siempre, aunque las cosas no hayan salido como yo esperaba. Ten en cuenta que hay factores que no podremos controlar y no pasa nada. Es bueno entrenarse en no hacer un problema mundial de lo que es simplemente una cosa puntual que resolver, evitando «que los árboles nos impidan ver el bosque». Por eso siempre hay que recordar lo que nos motiva. Una sonrisa y adelante.

— Los 10 puntos claves para ser un buen organizador —

«Se buscan hombres para viaje peligroso. Sueldo escaso. Frío extremo. Largos meses de completa oscuridad. Peligro constante. No se asegura el regreso. Honor y reconocimiento, en caso de éxito». En 1907, este anuncio en el *The Times* causó la misma impresión que ahora nos hubiera dado si lo leyéramos en un diario actual. Respondieron más de 5.000 aspirantes.

> *«Ser un buen líder es esforzarse por ser auténtico más que por ser perfecto»*

Era la tercera incursión en territorio antártico de Ernest Shackleton, carismático viajero y explorador irlandés, que resultó un absoluto fracaso, porque ni siquiera lograron acercarse al continente antártico. Me imagino a Shackleton organizando la expedición con una precisión matemática pues había mucho en juego. Y, sin embargo, su gesta pasó a los anales de la historia por su capacidad para resistir y superar las adversidades más extremas. Lo que le importó, después de encallar en la Antártida, no fue la frustración de no conseguir su sueño, sino la supervivencia de sus hombres.

Por ellos arriesgó su vida; no decidió ser un líder, pero lo fue. A mí siempre me ha inspirado mucho el liderazgo de Shackleton en esos momentos. Y siempre lo he asociado al espíritu que se requiere para llevar bien una casa pues no todo es organizar. Hay que añadir cariño y humanidad.

Para mi estas son las 10 cualidades de un líder en casa:

1. Paciente y flexible.
2. Detallista, con capacidad de observación y atento.
3. Amable y educado.
4. Con sentido del humor.
5. Trabajador.
6. Generoso y solidario.
7. Con empatía.
8. Humilde. No aparece.
9. Buen comunicador.
10. Buen gestor del tiempo. Ordenado.

Una seguidora de www.piasweethome.com –mi blog sobre temas de la casa– me dijo que «lo de organizar está muy bien, pero que lo que nunca puede faltar en una casa es cariño y flexibilidad». Por supuesto, le contesté. Una persona organizada, al tener más control de todo, está más serena y tiene más capacidad para ser cariñosa y tener gestos amables. Porque la organización dentro del ámbito familiar está al servicio del bienestar de las personas, y no al revés.

— Treinta minutos de organización semanal: Párate y piensa —

Lo primero que quiero decirte es que la organización solo puede ser una; es decir, una casa solo tiene una organización, no varias. Por lo tanto: una casa, una organización. No importa las adaptaciones que tenga que sufrir (verano-invierno).

Cuando digo que una casa no necesita más de treinta minutos

semanales para reorganizarla, hay gente que no se lo cree. Es cierto que antes hay que hacer una labor previa de estudio, pero una vez que se ajustan las peculiaridades, la casa se mantiene bien con 30 minutos de trabajo. Hazme caso y no te los saltes.

Ese tiempo de trabajo y de reflexión nos ayuda a ser más eficientes porque actualizas la agenda, eliminas lo resuelto y añades

la previsión. Puede ser a última hora los domingos, o cuando te venga mejor. Empezar el lunes con buenas sensaciones es la clave. En lugar de ir con ansiedad improvisando y resolviendo temas sobre la marcha, vas tranquila porque dominas todo desde las 7:00 h. Las cosas salen según lo previsto, no hay sobresaltos y, si aparecen, hay margen y serenidad para poder decidir qué y cómo actuar. Y, sobre todo, lo que más me anima es que si estoy tranquila las personas a mi alrededor también lo estarán, porque esto se contagia.

¿Has pensado cómo desgasta no pensar antes de hacer las cosas y lo caro que puede salirnos?

Para tener esa sensación de control de nuestra casa y que nos hace sentir tan bien, hay que pensar. Pensar es la mejor inversión que podemos hacer de nuestro tiempo, especialmente cuando lo que nos preocupa es dar con la organización óptima. Hay muchos matices que nos pueden pasar desapercibidos y que solo cuando tenemos el espacio necesario y el silencio en nuestra mente, es cuando salen a flote. Solo así los podremos organizar e ir avanzando en la buena dirección. Recuerda que no te hablo de cosas que no haya experimentado personalmente durante años.

> *«Solo una persona organiza,*
> *solo una es la que dirige»*

— Los imprescindibles de una mente organizada —

¿A qué llamo los imprescindibles? Pues te lo digo: mi despacho, mi agenda, mi archivador, un buen cuaderno, el timer o temporizador que me marca el tiempo y los Post-it. ¡Ah! Y mi bolígrafo en el bolsillo. A cada uno le funcionan unas cosas, para mi estas son las imprescindibles y las mínimas.

Para trabajar la organización, siempre lo hago en una mesa, retiro absolutamente todo, acerco mi silla y busco la entrada de luz natural, si es posible. Solo así puedo trabajar centrada y con eficacia. Las ideas vienen rápido y los datos se aglutinan mejor. Tenemos treinta minutos y no podemos perder ni un segundo. De manera que tenemos que poder con la casa y no al contrario. Es curioso porque a las personas a las que les he sugerido estos pasos al principio eran un poco escépticas. Pero el tiempo y la constancia les ha confirmado que este sistema funciona con eficacia y ayuda a clarificar la cabeza y a resolver cada vez mejor.

Hay gente que me dice que no es posible tener un lugar de trabajo en casa, que apenas hay espacio para lo mínimo. Y os insisto en que lo busquéis, porque aparece. Si tu no lo defiendes ¿quién lo hará? Un cliente ha aprovechado una esquina del cuarto de estar, junto a la ventana, para poner una mesa plegable de aperitivo y ese es su rincón. En la estantería tiene la carpeta y su material. Se acerca un sillón comodísimo y trabaja feliz. El resto del tiempo la mesa está cerrada para que no ocupe espacio. ¿Ves?

Cueva o rincón preferido de todo amo de casa

– La agenda. Tener una agenda y utilizarla bien es una herramienta que te facilita mucho las cosas porque, al reunir toda la información a modo de almacén central, elimina cualquier opción de olvido. David Allen[4] en su libro *Organízate con eficacia*, recomienda no utilizar el cerebro ni como agenda ni como método de organización. Y, de hecho, está demostrado que utilizarlo como agenda, limita nuestro potencial a la hora de concentrarnos en lo que tenemos que hacer, porque estamos pendientes de que las cosas no se nos olviden.

Por eso, pasa todo a la agenda, no dejes nada en tu memoria. Rendirás y disfrutarás más de lo que haces. Tener sensación de alivio y bienestar es impagable. La agenda es tu extensión.

– Varios archivadores. Es imprescindible tener bien clasificada toda la documentación de la casa, en archivadores con separadores para decidir qué hacer con las facturas, tiques, notas, recibos

4 *Organízate con eficacia*. David Allen. Empresa Activa, 2017.

o presupuestos. Así lo tendremos todo a mano, y cada vez que necesitemos consultar, iremos directamente a esa carpeta.

– Un buen cuaderno donde trabajes los menús y las cosas que te llamen la atención. Procura que tenga el tamaño de la agenda, y que quepa en la estantería o en el cajón donde guardas tus cosas de trabajo.

> *«Si es importante utilizar la agenda, también lo es ir tachando todo lo hecho, para liberar espacio en la mente»*

– El temporizador. A mi tener un temporizador, o timer, me pone las pilas. Es mi herramienta principal de trabajo. Si he decidido que la plancha de hoy puede salir en una hora, programo el timer, y a planchar a buen ritmo. Cuando suena lo dejo. Si no he terminado, decido si se queda para la siguiente vez o sigo un poco más. Parece drástico, pero funciona, porque te acostumbras a trabajar con más intensidad, evitando las interrupciones. Prueba, te vas a quedar sorprendido/a.

– Los Post-it son la versión clásica del WhatsApp. Ambos sistemas son una manera muy sencilla y rápida de dar un aviso y comunicar con eficacia. Yo tengo encima de mi mesa y en la cocina, siempre un buen taco. Cuando es un recordatorio para mí va a mi agenda, si es un aviso para todos lo pongo en un lugar visible: la nevera, la entrada, el espejo del baño, etc. Una vez que ya ha pasado hay que tirarlo.

— Cosas a tener en cuenta en la organización —

Para organizar una casa, hay que fijarse en algunas cosas:

– El tipo de casa. El tipo de casa y su localización marcan la organización de un modo muy concreto. No es lo mismo una casa en el campo con piscina y jardín que un piso en plena ciudad.

– Las personas que viven. El punto esencial de la organización no es ser más productivos sino cuidar de las personas. Por eso, los niños y las personas mayores en casa nos afectarán en la toma de decisiones.

– El estilo de cada familia y sus costumbres. Parece obvio, pero hay que pensarlo, porque si no hay dos personas iguales, tampoco hay dos familias iguales. Una familia aficionada a la montaña va a requerir una logística diferente a la que es aficionada a la música.

– Los recursos humanos que tenemos para gestionar la casa, si habrá o no empleada del hogar y, a su vez, si hay que contar con un periodo de formación para organizarla durante un tiempo para que rinda con orden y sosiego.

– Los electrodomésticos. No es lo mismo tener lavavajillas que no, o tener un robot de cocina en caliente que no tenerlo. Implicará distinto tipo de organización.

Organizar una casa desde cero

Cuando ya se han tenido en cuenta los puntos de arriba, es bueno empezar por lo siguiente:

– Análisis y toma de datos: céntrate y apunta los horarios de todos porque cualquier organización gira en torno a ellos: hora de levantarse, salida de casa, comida, cenas, ir a dormir los niños, las actividades extraescolares, los horarios de fines de semana...

– Preguntas y respuestas: pásate ahora a las tareas domésticas: ¿Cuándo me va bien limpiar? ¿Cuándo es mejor hacer la compra? ¿Qué días se puede limpiar? ¿Quién puede hacer esto o lo otro? Si lavamos el martes, ¿cuándo planchamos?, etc.

– Con todos los datos, ya puedes empezar a organizar la plantilla general con todo el trabajo doméstico semanal. Usa el lápiz, porque no te saldrá a la primera ni a la segunda; no quiero desanimarte, pero pasa. Por cierto que tienes una ayuda en los anexos 1-7 de este Manual. Y una vez hecha, prueba tu organización durante un par de semanas. Haz los reajustes que consideres necesarios. Y vuelve a probarla de nuevo para asegurarte bien de que es viable.

– Consolida la organización y síguela con perseverancia.

Te pongo un caso práctico para que se vea mejor lo que te sugiero arriba. Son datos que se obtuvieron de la fase de análisis en una casa con niños de 5 y 7 años de la que luego salió una buena organización. No tenían ningún horario en casa. Era un puro caos además de llegar tarde a todos los sitios, colegio y trabajo incluidos. La limpieza estaba sin organizar, se funcionaba un poco a lo que daba tiempo cada día. No se hacían menús. Se improvisaba la compra y la alimentación. No había organización en la colada, ni cestos para la ropa sucia, ni criterios claros. No tenían trastero y en los armarios no había criterio de orden.

En un análisis rápido se vio que no se había dado importancia a la organización más básica. Después de trabajar con detenimiento las necesidades de la casa, se pautaron los horarios de comidas y cenas, se hicieron los menús –en realidad se descargaron mis plantillas ya rellenadas– y, sobre ellos, se marcó cual iba a ser el prototipo de lista de la compra. A día de hoy, se sabe cuándo se limpia, cuándo se ponen lavadoras y cuándo se plancha. Hicimos una cuadrícula maravillosa, y hoy, la casa está en pleno funcionamiento y sin atascos. Lo único que hay que hacer es perseverar.

— ¿Hasta dónde y hasta cuándo organizo? —

Yo te diría que hasta que llegues al nivel de bienestar que quieras tener, pero te aconsejo que cuantas menos cosas dejes a la improvisación, mejor. Ya sabes que luego vienen los imprevistos que suponen un desgaste innecesario.

Hay casas que no son complicadas porque son pequeñas, tienen pocos miembros, sus rutinas son básicas y están muy bien organizadas. Otras son más complicadas por el tamaño, el estilo de vida que se lleva o el número de personas que viven en ella y sus actividades; pero eso no significa que estén peor organizadas, sino que requieren una organización más detallada y ajustada. Como es lógico, los fines de semana y en vacaciones los horarios y la organización son mucho más flexibles, pero con cierto orden.

— Organizar el descanso diario —

Si es importante organizar el trabajo, también lo es organizar los tiempos de descanso dentro del horario habitual. Hemos hablado de la importancia de trabajar bien, concentrados, evitando todo lo que puede interrumpir de modo innecesario el trabajo. Pero es importante hacer una pausa cada tres horas, de unos cinco minutos, para descansar. No olvidemos que el 90% de trabajo en casa es físico y que nos cansamos.

Piensa por ejemplo en la limpieza: nos movemos, hacemos ejercicio con los brazos, las manos, las rodillas, nos agachamos, giramos, subimos o bajamos escaleras, etc. ¿Y en la cocina o con la plancha? Ahí es cierto que la mayor parte del tiempo estamos de pie con una carga activa distinta, más concentrada en piernas y espalda, y como consecuencia, en brazos y cuello. Esto se llama cansancio y debemos remontarlo.

> *«Está demostrado que después de tres horas de trabajo doméstico, hay que parar, porque disminuye el rendimiento»*

Por eso, pautar un breve descanso ayuda a relajarnos un poco. Descansar unos minutos no es perder el tiempo, sino ganar en productividad. Puedes aprovechar para tomarte un té o simplemente sentarte en el taburete de la cocina revisando menús o regar las plantas. Conozco personas que prefieren hacer el *sprint* y acabar antes que parar y retomar las tareas. Va en gustos, pero mi opinión será siempre aconsejar un breve descanso.

— Plantillas para organizar una casa —

En los anexos del 1 al 7 podrás encontrar varios modelos de plantillas de casas –con diversas circunstancias– que ya se han experimentado y que funcionan bien. Como sabes, también puedes descargártelas desde www.piaorganiza.es en formato PDF. En los anexos encontrarás los siguientes casos:

– *Anexo 1: Tengo una persona interna toda la semana.*
– *Anexo 2: Trabajas todo el día, tu empleada va 5 días, 3 horas.*
– *Anexo 3: Trabajas todo el día , tu empleada va 2 días, 3 horas.*
– *Anexo 4: Trabajas media jornada y no tienes empleada.*
– *Anexo 5: Trabajas todo el día y no tienes empleada.*
– *Anexo 6: Vives solo, trabajas todo el día y no tienes empleada.*
– *Anexo 7: Organizar a la au pair.*

Resumen

Cómo organizar tu casa

Partiendo de la base de que la casa es como una pequeña empresa que tenemos que gestionar, hay tres cosas que en mi opinión son fundamentales y marcan la diferencia entre salir del paso y la excelencia en la organización de la casa: motivación, formación y tiempo. Estos tres aspectos, junto con las herramientas necesarias, nos ayudarán a trabajar como verdaderos profesionales con una dedicación que trae beneficios a muy corto plazo y que harán que podamos disfrutar de mayor nivel de bienestar y ser más felices.

4

Saber más para organizar mejor

«Todo lo que vale la pena lograr en la vida exige entrenamiento. De hecho, la vida misma no es más que una larga sesión de entrenamiento, un intento infinito de perfeccionar nuestros movimientos. Cuando se comprenden los mecanismos correctos de entrenamiento, la labor de aprender algo nuevo se convierte en una experiencia de alegría y tranquilidad carente de estrés, un proceso que mejora todos los ámbitos de tu vida y te ayuda a adoptar la perspectiva adecuada sobre todas las dificultades vitales».

— *Thomas M. Sterner*

Coordinar cada elemento de una casa, así a simple vista, no parece complicado y realmente no lo es, si se saben hacer cada uno de los trabajos domésticos y se conocen las herramientas esenciales de toda organización. Es decir, la buena organización presupone tener los conocimientos necesarios de cada una de las tareas que vamos a incluir en la organización. Hacer las cosas de otro modo, sería como empezar la casa por el tejado. Unos recién casados, normalmente, se complementan muy bien, él hace unas cosas y ella hace otras. Pero en el momento que empiezan a llegar los hijos, lo que empezó siendo casi un entretenimiento, se vuelve más complicado porque aparecen, digámoslo así, nuevas variables y hay que saber gestionarlas mejor, casi solo con la mirada. Es tu momento de crisis, y por lo tanto de tu mayor motivación, y debes aprovecharlo.

— ¿Y por dónde empiezo? —

Muy buena pregunta. Estudié Ciencias Domésticas y siempre he tratado de estar actualizada en temas de mi trabajo, asistiendo a cursos y conferencias de expertos, visitando fábricas, viajando y conociendo tantas tiendas como pueda y, sobre todo, leyendo mucho.

Si has tenido la suerte de tener una madre o una abuela que te transmitieran toda su sabiduría, eres de los afortunados. Hoy eso no es frecuente, así que somos *rara avis*[5], ¡qué le vamos a hacer! Recuerda que lo importante es querer aprender y tener siempre una mentalidad abierta. Mi experiencia es que, aunque hay un vacío generacional en conocimientos –el que corresponde al periodo de la incorporación masiva de la mujer a la universidad y al mundo laboral –, también hoy tenemos más recursos para la formación y el aprendizaje que en otras épocas, y hay que aprovecharlos.

Y como el saber da seguridad, combina teoría y práctica, un binomio perfecto. Hay que repetir hasta conseguir la destreza que facilite resultados de calidad. No basta saber cómo marinar un salmón; hay que hacerlo y ver qué dificultad tiene. A mí me pasó con los *Christmas cakes*, después de haber hecho muchísimos, los fui mejorando hasta patentar mi propia receta.

— Los pilares del saber en la organización de la casa —

Lo que sí es real es que la persona que se dedique a llevar la casa debe tener una formación bastante completa, porque manejar con

---

[5] Expresión latina que significa «ave desconocida y rara» y se aplica a una persona o cosa que se consideran poco comunes o por tener alguna característica que las diferencia de las demás de su misma especie.

eficiencia una casa supone saber casi de todo. Volvemos al símil de la empresa que ayuda tanto. Pensemos por ejemplo en:

– La salud. El más importante por la repercusión directa en el bienestar de la persona y su rendimiento. Normalmente suele ser el quebradero de cabeza de cada organizador, pero cuando entras a fondo en temas de nutrición, se disfruta muchísimo y se coge ritmo en la planificación de los menús y la lista de la compra. Es necesario aprender nociones sobre la composición de los alimentos, las necesidades nutricionales de las distintas etapas de la vida, sobre conservación y almacenamiento de los alimentos y las técnicas culinarias. Así conseguirás menús mucho más saludables. En el capítulo 8 tienes más ideas que te ayudarán.

– El cuidado y mantenimiento en buen estado de la casa necesita de conocimientos técnicos, aunque tengas una casa minimalista. Un buen organizador ha de dominar las técnicas de limpieza, los materiales y las manchas. Pero también, estar en los detalles de poner unas flores o unos cojines, para estar más cómodos en el sofá. Una casa limpia y cuidada dice mucho de la persona. En el capítulo 6 tienes una muestra de ello.

– El cuidado de la ropa. Una de las áreas más desconocida de la casa. Hay quienes piensan que la ropa tiene caducidad y así es, pero mientras que la llevemos puesta debe ir limpia y bien planchada. Abordaremos este tema más adelante, en el capítulo 9, de modo muy extenso. Vas a disfrutar.

– Recursos humanos. Porque ha de saber gestionar bien a las personas con las que comparte las tareas de casa: la empleada del hogar. ¡Fíjate si lo considero importante que le he dedicado un apartado entero! Es el capítulo 14.

– Área laboral. Si tenemos personas contratadas, empleada del hogar o cuidador, es necesario conocer la legislación laboral vigente del país. Así llevaremos todo en regla, pagando las retribuciones justas y dando las vacaciones que les correspondan.

– Gestionar la comunicación. En definitiva, se trata de hacer llegar dentro y fuera de casa la información que sea necesaria respecto a la marcha del día a día. Elegir el canal que más nos conviene hoy en día no es difícil porque estamos conectados a todas horas. En el capítulo 12 tienes más ideas de cómo hacerlo.

– Hacer presupuestos y llevar la contabilidad, en el sentido de administrar bien el gasto. Tener el presupuesto anual, e ir anotando todos los gastos del mes, ayuda a controlar y a ahorrar. Y si se presenta un gasto imprevisto, hay que tratar de nivelarnos el mes siguiente, reprogramando nuevamente. Todo lo que se lo he desarrollado en el capítulo 11.

– Decoración. Una buena parte de la casa hay que decorarla y mantenerla bonita. Por eso cuanto antes la conviertas en un hogar cálido, disfrutaréis mucho más. Si crees que no tienes mucha idea, te aconsejo que mires revistas, vayas a tiendas de decoración, conozcas las mezclas que los diseñadores de interiores hacen, y verás cómo, poco a poco, tratando de imitarles puedes llegar a tener buenas ideas.

Incorporar el I+d+i en la organización de la casa

Hoy día, para ser competitivos en el mercado y poder dar un buen servicio o producto al cliente, hay que invertir mucho capital económico y humano. Para aportar al trabajo de la casa herramientas que lo hagan cada vez más productivo, hay empresas que han desarrollado programas de I+d+i con resultados espectaculares. Así que estamos de enhorabuena porque organizar la casa hoy es más fácil y nos cansamos mucho menos que hace años.

Pensemos, por ejemplo, en cómo han evolucionado los electrodomésticos; cada vez resulta más difícil encontrar uno que supere al anterior. O en el campo de los detergentes, tenemos productos específicos para todo tipo de manchas: bolígrafo, té, chocolate, vómito, sangre, maquillaje, resina, alquitrán, etc. Piensa en los tejidos inteligentes, que dan calor o frío según las señales que reciben, o con tratamientos anti-bacterias que evitan el mal olor de los pies, o tejidos con memoria de forma que solo hay que estirar sin que sea necesario planchar. Si añadimos todos los electrodomésticos que nos hacen sumamente fácil cocinar, podemos concluir que hay mucho potencial de I+d+i invertido para que los hogares marchen cada vez mejor, con el máximo rendimiento y el menor esfuerzo.

Y si hablamos de la alimentación, los nuevos alimentos como los transgénicos o los ecológicos, no solo no se han quedado atrás, sino que cada vez está más consolidada la cultura del consumo de este tipo de productos. O el caso de la presentación de alimentos para mejorar su transporte a casa y ahorrar tiempo en la compra. Y la total transformación de un producto en otro completamente distinto, logrado gracias a los sifones para espumas utilizados en alta cocina. Y podríamos seguir con un largo etc.

Para mí lo importante es saber qué necesito en casa e intentar buscar la mejor opción, dentro de mis posibilidades económicas, evitando dejarme llevar por el magnetismo de las marcas o de las ofertas. Y al mismo tiempo procuro estar abierta a los nuevos avances teniendo en cuenta que muchas veces lo que me funciona bien es lo de toda la vida. Trato de buscar el punto medio y no tengo miedo a innovar. Una clienta, con poco tiempo para gestionar su casa, llegó a la conclusión de que la mejor opción era invertir en un robot de cocina en caliente, en lugar de contratar a una cocinera, que le salía carísimo; decidió hacer una inversión y en tres meses la tenía amortizada. Llegó a ser una experta. Ganó en tranquilidad y ahorró tiempo, trabajo y dinero. Cuando alguna vez nos hemos visto, me dice que están encantados: ahora cocinan todos, porque es facilísimo.

Resumen

Saber más para organizar mejor

Para organizar y dirigir con eficacia una casa con el menor coste económico y humano, y con el mayor beneficio posible, necesitamos saber cómo hacerlo. Por el momento no he encontrado otra manera, como en cualquier profesión, que estudiar y practicar. Aunque por ahora no hay un plan de estudios al que acogerse, espero que en un futuro cercano esto cambie. Hace falta que las instituciones comprendan lo mucho que aporta el trabajo de la casa a la persona y a la sociedad. Posiblemente si se consiguiera avanzar en esta dirección, muchas personas la escogerían como una opción profesional tan seria como otras en el campo de los servicios. Pero, a día de hoy, si tienes afán de aprender y estás motivado, debes ser autodidacta y estructurarte tu mismo/a un plan de estudios propio en el que perfeccionarte. Así, estarás más motivado y trabajarás con más ilusión.

5

La gestión del tiempo: el *timer*

«Si ves que el tiempo pasa y tú no avanzas,
tal vez debas cambiar de hábitos».

—*Karl Malone*

Ya en la introducción del libro te hablé de Momo y de lo mucho que me ayudó ver como esa pequeña niña desaliñada tenía el don especial de saber escuchar como nadie. Y no es que ella se propusiera escuchar, era simplemente que escuchaba. Hasta que aparecieron los hombres grises, que querían robar el tiempo. Momo escuchaba con el cuerpo, el oído, los ojos y el corazón, porque para ella lo más importante eran las personas. El tiempo está para eso. «Porque el tiempo es vida y la vida reside en el corazón». De eso sabía mucho ella.

Cada vez que doy una conferencia sobre cómo gestionar de modo productivo el tiempo en la organización de la casa, pienso siempre en la persona: es el objetivo. Por eso, cuando tenemos días peores, en los que las cosas nos sobrepasan, hay que frenar y sonreír: «Lo primero soy yo».

Es cierto que aprender a distribuir mi tiempo en las tareas de la casa me ayuda a tener más tranquilidad y menos estrés; las cosas se aclaran y se hacen una detrás de otra, tratando de disfrutar del momento presente. Alguna persona me pregunta: «¿Cómo disfrutar de las cosas?». Les digo que haciéndolas muy bien, con calma, fijándome en los detalles y cuando la termino, la atención se centra en la siguiente. No veo otro modo de hacer las cosas bien y de aprovechar el tiempo. Quiero vivir sin estrés, por eso afino mucho al marcar los tiempos en la organización y luego los cumplo.

Sin embargo, tengo que confesar que una de las cosas que me parece más difícil es conseguir medir y controlar el tiempo. No sé qué pasa, pero, como me descuide, desaparece del mapa. Con el tiempo hay que ser muy cuidadoso, mirarlo con respeto y saber que es una herramienta imprescindible y vulnerable. Hay que aprender a que nos rinda bien: hacer lo previsto y evitar las distracciones. Por eso cada día cuando pongo los pies en tierra, levanto la mirada al cielo y pienso: «¡Ay que lo sepa aprovechar bien!, que hoy me dé tiempo de hacer todo lo previsto». Me preparo mi cafetito y cojo mi agenda para revisar mis notas. Esos minutos me ponen las pilas y son el momento de más energía del día. Empiezo centrada y a buen ritmo, sólo con lo previsto. Cualquier otra cosa que surja, lo anotaré en la agenda en el apartado que toca. Y pensaré, si hay que reprogramar. Y ajusto.

Hay ratos, entre cosa y cosa, que encuentro muy útil consultar mi agenda. Unas veces tacho para despejar mi cabeza y otras para ver si puedo adelantar alguna cosa que pueda hacer en dos minutos: contestar a un mail con el presupuesto de las cortinas, llamar al fontanero, contestar a un WhatsApp, recoger las camisas colgadas, etc.

David Allen en su libro, *Organízate con eficacia*, explica según su método, que para ser productivo en el día a día bastaría con aprender a administrar el tiempo que se tiene. Para esto plantea cinco pasos: capturar, clarificar, organizar, reflexionar y actuar. Por ejemplo, en el caso de limpiar una zona:

– Capturar: las cosas que no están en su lugar y las retiro.

– Clarificar: las cosas que sobran y las que faltan para despejar.

– Organizar: preparo lo necesario para la limpieza.

– Reflexionar: la comprobación de que tengo todo lo necesario para limpiar.

– Actuar: me pongo manos a la obra priorizando.

Yo añado siempre: supervisar, es decir, esa mirada escrutadora final, para que todo quede en su sitio, dando una sensación infinita de hogar.

Desde mi experiencia estos pasos son buenos, para estructurar un sistema estable de trabajar. Optimizas mejor el tiempo y los esfuerzos. Y tiene una cosa muy interesante a su favor, al llevar menos presión, disfrutas más y puedes llegar a esos detalles, que te hacen sentirte bien.

— ¿Por dónde se me escapa el tiempo? —

Creo que un buen ejercicio podría ser preguntarnos ¿Por dónde se nos escapa el tiempo? ¿Por qué no llego a cumplir con todos mis compromisos? ¿Estoy mal organizado, o interrumpo el trabajo por cosas que me hacen desconcentrarme y romper el ritmo? ¿Puede pasar que calcule mal los tramos de actividad-tiempo?

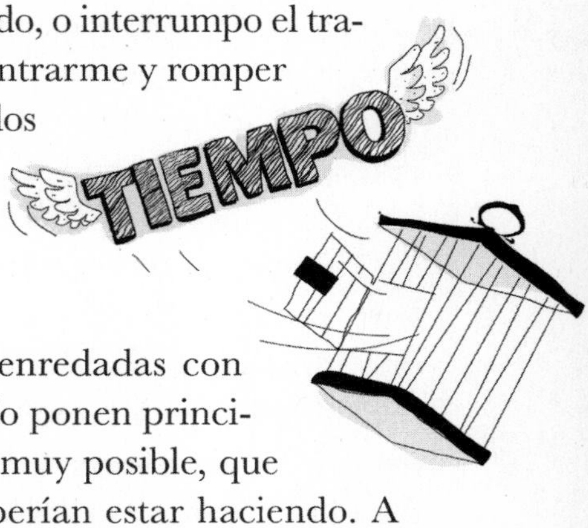

Para mi hay dos claves:

– Aprovechar el minuto.

– No interrumpir el trabajo.

Hay personas que están siempre enredadas con cosas. No tienen claridad de mente. No ponen principio y fin a lo que hacen, e incluso, es muy posible, que no hagan lo que verdaderamente deberían estar haciendo. A veces pienso, porqué algunas personas son capaces de coser un calcetín en cinco minutos libres, y, sin embargo, otros no. Recuerdo lo pensativa que me dejó esta escena: paré el coche en una gasolinera para repostar. Mientras lo hacía la persona que me acompañaba salió del coche y cogió todo lo necesario para limpiar el cristal. Desde otro coche un chico nos dijo: «Eso sí que es aprovechar el tiempo». Es verdad, porque se podría haber quedado tranquila mientras yo repostaba, pero decidió involucrarse y hacer productivos esos cinco minutos. Llegará lejos.

Creo que el tiempo se va si nuestra actitud es de abrirle la puerta y dejarle ir, pero si aprovechamos los segundos, cogemos un hábito necesario que puede marcar la diferencia entre ser bueno o ser el mejor.

— El horario, éxito asegurado —

A veces nos ocurre que el tiempo se nos echa encima, nos alcanza por detrás y no queda tiempo para resolver las cosas. Tranquilos. Una cosa que me ha dado la organización es serenidad y saber que nunca pasa nada.

Para empezar, nunca considero que no tengo tiempo, o que ya no hay tiempo para acometer algo. El tiempo lo administro yo desde mi centro de control. Lo tengo dividido en las actividades que he establecido hacer y voy una detrás de otra, sin dormirme en los laureles, hasta que decido que es el momento de terminar. Y paro. Lógicamente, si hay un plazo, a eso trato de darle prioridad, pero si no he podido llegar, pues hasta la siguiente oportunidad. Sin agobios.

A mí nadie me explicó cuando era pequeña que había que tener un horario. Pero yo veía a mi alrededor cómo funcionaban las cosas cuando estaban bien sincronizadas, y al vivirlas, aquello se hizo parte de mi estructura mental. Luego me explicaron que a eso se le llamaba horario. Pues bien, el horario me ha acompañado toda la vida, pero más bien como un modelo de hacer las cosas con cierto orden y sentido del tiempo. Hoy veo que, sin él, mi vida sería bastante caótica y bastante menos productiva. Por eso, si no tienes horario, pero estás convencido de que es fundamental para tu trabajo, entonces seguimos adelante. Si no lo estás, por favor para un momento. No podrás continuar hasta que lo tengas muy claro, porque como te decía solo te voy a hablar de lo que me ha funcionado, y para mi tener un horario y cumplirlo, marca la diferencia entre la felicidad y el caos. Estoy segura de que te enrolarás rápido. Tómate tu tiempo y piensa.

Para empezar a organizar el horario vuelve a tu rincón y hazte un planteamiento estructurado de lo que pasa en casa. Pueden ayudarte bastante los anexos 1-7. Simplemente selecciona cuál es tu caso y mira a ver cómo lo adaptas con esas pautas. Recuerda que las plantillas son ilustrativas. Cada casa es cada casa.

Una vez que ya lo tenemos podemos marcar las mañanas en un color y las tardes en otro para diferenciarlo mejor. Antes de patentarlo, ya sabes que es bueno experimentarlo durante un par de semanas para corregir los tramos que no sean reales y ajustar tiempos y tareas. Recuerda que el horario pauta las horas del día, por lo tanto, ¿cuándo funciona bien? Cuando al vivirlo comprobamos que la casa y las personas están contentas, porque están todas las necesidades cubiertas del mejor modo posible.

El horario sirve para trabajar con intensidad las horas previstas. La buena organización es la que asegura que el tiempo que trabajamos sea el necesario para que todo salga adelante y las personas disfruten de más armonía familiar.

El horario debe tener principio y fin. Pensar que hay un tope nos facilita trabajar con ritmo. Preparar la casa es importante pero lógicamente tendremos que hacer más cosas y es bueno que sea así.

— Concentración y fuerza de voluntad —

La concentración, es decir, hacer las cosas con los cinco sentidos, es la mejor forma de rendir al máximo y estar contentos con uno mismo. A veces no somos conscientes de las distracciones que podemos tener y otras no somos capaces de evitarlas. La vida es así. Si pensáramos lo que nos podría cundir una hora de trabajo sin interrupciones, en la tranquilidad que nos aportaría, estoy segura de que reaccionaríamos inmediatamente. Para mí: motivación y voluntad van unidos. No conozco otro sistema para conseguir lo que quiero. Mi padre decía que había que «aplicarse en las cosas», lo que equivale a decir que hay que estar centrados y poner empeño. Así poco a poco vamos haciendo fuerte la voluntad, entrenándola para trabajar con intensidad.

Por ejemplo: si estamos haciendo la lista de la compra, no interrumpimos para poner una lavadora. Primero se pone la lavadora y mientras funciona, se hace la lista. Aprender a decir que no a las interrupciones, te hace ganar intensidad y te da la sensación de alivio de haber terminado a tiempo con la tarea.

Debes coger este hábito, de pensar si quieres ser productivo y vivir mejor. No cambies tu decisión por capricho. En todo el proceso hay que ser constante y no cansarnos hasta conseguir la meta. Lo que ayuda es tener la voluntad determinada para hacer lo que toca en cada momento y no otra cosa. Tengo la experiencia personal de que es el mejor modo de llegar a coger hábitos, que darán paso a las rutinas y me ayudarán a ser una persona de éxito.

En realidad, a mí lo que me va bien es hacer en cada momento lo que tengo que hacer, es decir, lo previsto en mi horario-planificación y eso está escrito en mi agenda. Quién manda es la agenda. Por muchas vueltas que le doy y por mucho que lea de personas expertas en gestión del tiempo, no hay otra fórmula. Hay que ponerse a hacer las cosas una detrás de otra con orden y concentración, trabajando muy bien cada una de ellas. El resto del tiempo que me quede, fuera ya de mi horario laboral, lo invertiré en otras cosas que también me gusten y me hagan feliz. Pero tengo que tener el objetivo claro y fuerza de voluntad. Y te digo más, la voluntad es un músculo que se hace duro como todos a base de entrenamiento diario. No hay más secretos. A mí me va bien; prueba tú, te irá bien seguro.

— Funciona con metas. Obtén muchos √√√ —

Muchas veces he pensado que la clave del éxito de que nos vaya bien organizando la casa, tiene relación directa con ir consiguiendo las metas. Es decir, muchos √√√

Por ejemplo: un mes puedo tener la meta de conseguir el orden en los armarios de la ropa; lo incluyo en la organización; aprendo a ordenar y lo mantengo. Otro mes puede ser acometer el trastero. Lo hago y lo tacho. √√√. Funcionar con metas nos hace positivos, multiplica las ideas y da energía para alcanzarlas.

A propósito de esto, recuerdo el año pasado en un curso, entre una conferencia y otra, que una persona me contó algo muy ilustrativo. Me dijo: «Cada Navidad mis suegros nos regalan un jamón. A mí no me gusta tenerlo colgado en la despensa, así que compré un jamonero, sin acordarme que tenía uno. Cuando terminó la Navidad, se acabó el jamón y guardé el jamonero en el trastero y ya no me volví a acordar de él. La Navidad siguiente se repitió y por no buscar el jamonero, porque estaba en el fondo del trastero, compré otro. Así he hecho durante ocho años seguidos. Total, que tengo ocho jamoneros. Después de escucharte, salgo con el propósito de buscarlos y de quedarme solo con uno y bien localizado». Es decir, iba a resolver esa meta.

Pensar en los √√√ en los momentos de bajón, puede ser un alivio y una buena motivación. Además, si es importante pensar en los objetivos, mucho más es pensar en los logros; te inyectan mucha ilusión y ganas de seguir.

— El *timer*: mi herramienta fundamental —

Una cosa sencilla, que no hay que perder de vista, es la medición del tiempo. Sesenta segundos son un minuto y una hora tiene solo sesenta minutos. Esto viene muy bien para no querer hacer más cosas de las que razonablemente caben en ese tiempo. Y para medir el tiempo la única herramienta que existe es el reloj en cualquiera de sus formatos.

Tener un reloj a mano pauta la vida familiar y nos ayuda a ser puntuales. Hay personas que tenían un auténtico problema con los horarios y la puntualidad, y algo tan sencillo como poner un reloj en una zona clave de la casa, terminó con el problema. Quien manda es el reloj que dice: 20:00 h; miramos la casilla del horario colgado en la cocina y dice: cena. Y a cenar. Haz la prueba, verás qué los resultados son fulminantes.

Por otro lado, como ya sabes, para mí el *timer* es una herramienta fundamental; he aprendido a ser más rápida y a trabajar mejor en menos tiempo. Puedes, como hago yo, cronometrar lo que tardas en hacer una cama. Normalmente estas mediciones de tiempo sirven para conocerse uno más y además, para tratar de reducirlos un poco, teniendo en cuenta que los parámetros que definen un trabajo bien hecho son: eficiencia y detalle. Lleva tu temporizador en el bolsillo y ten tu plan de mediciones. Verás como cada día trabajas mejor en menos tiempo. Aplícalo también a tu empleada del hogar. Y aunque al principio estresa un poco compensa al 100%

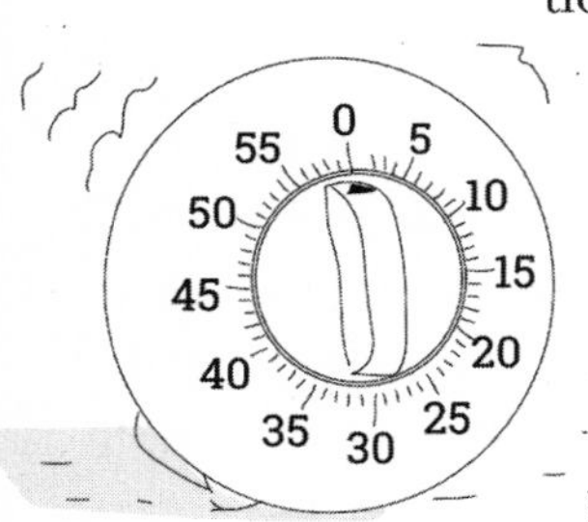

Coger ritmo y agilidad no significa perder el resuello. Cuando hay que parar se para y ya está. Esto no es una maratón.

— Son las 8:00 h: ¡salimos para el colegio, ya! —

Uno de los momentos de máximo estrés en una familia es la salida al colegio y a los trabajos. La estrategia debe estar muy bien planteada, con precisión germánica. Por eso, si para mi lo importante es que todos salgamos de casa a las 8:00 h camino del trabajo y del colegio, con las mochilas, las tarteras, los equipos de deporte y las camas hechas, tendré que aplicar el método de ir hacia atrás para recorrer mentalmente el camino a la inversa, y determinar las tareas que hay que hacer desde el día anterior. No falla. Por ejemplo, fíjate en el siguiente planteamiento:

20:00 h	Preparar los equipos de deporte, cada uno el suyo.
20:15 h	Preparar las mochilas, cada uno la suya.
20:30 h	Preparar las tarteras.
21:00 h	Cenar a la hora prevista. Recoger entre todos.
21:45 h	Dejar los desayunos preparados.
23:00 h	Irnos a dormir a la hora prevista.
23:00 h	Dejar las llaves en la entrada en posición de salida.
06:45 h	Levantarnos a la hora. Ser ágiles en vestirnos.*
07:30 h	Camas hechas antes de desayunar.
07:45 h	Desayunar a la hora. Recogida rápida.
08:00 h	Salida.

** ¡Madres!: salid del baño pintadas y con los pendientes porque no volveréis a él en todo el día. ¡Padres! idem. Corbata, colonia y reloj.*

En el momento que alguno de estos pasos falla por cualquier motivo, si no se reajusta, puede que no salgamos a las 8:00 h o si lo conseguimos, iremos un poco nerviosos.

Y si a pesar de hacerlo, no salimos a las 8:00 h porque un niño ha tardado más en levantarse o se ha caído el tazón de leche, no hago un problema mundial de algo puntual y pasajero. Acepto recogerlo rápido para que no se estropee el suelo y a la vuelta, si vuelvo, remato. Zanjo rápido y asumo que vamos 10 minutos más tarde. Pero ya en el ascensor tengo que mirarme al espejo y decirme: aquí no ha pasado nada, vamos al colegio con ilusión. No hay nada más deprimente que salir de casa a las 8:00 h con moral de fracaso o con mal humor. Recuerda que siempre vas con la medalla de oro y en el pódium de los vencedores. Minimiza rápido.

Los niños se dan cuenta de tu actitud y aprenderán a gestionar este tipo de situaciones con buen humor.

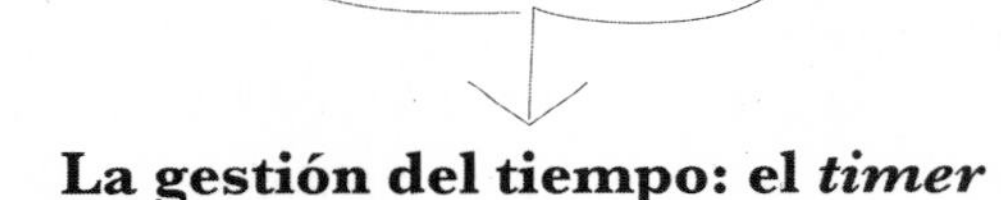

La gestión del tiempo: el *timer*

La buena organización de la casa, como cualquier trabajo, necesita de una planificación de tiempos en los que se hacen las distintas tareas. Para mi hay dos puntos claves en la buena gestión del tiempo: aprovechar el minuto y no interrumpir el trabajo. Si a esto añadimos tener y seguir un horario, trabajar por objetivos y estar bien centrados en lo que estamos haciendo, a modo de *mindfulness*, nuestro rendimiento y satisfacción será mayor. Viviremos con menos estrés y más alegría.

6

Organizar la limpieza

«La felicidad no es una cuestión de intensidad, sino de equilibrio, orden, ritmo y armonía».

— *Thomas Merton*

A veces me preguntan por qué es tan importante la limpieza en la organización de una casa. Y siempre respondo que en realidad la limpieza es una pata más de la «mesa de la organización» pues, junto a la gestión de la ropa, la alimentación y los recursos humanos, se consigue tener la casa bien organizada de manera estable.

Y cuando me preguntáis si solo con orden podría funcionar una casa, la respuesta es sí, pero por poco tiempo. Porque ordenar no es limpiar y ordenar tampoco es organizar. Ya lo siento. A medio plazo faltará higiene, olerá a polvo acumulado y aflorarán los chivatos de la falta de calidad ambiental. En realidad, ordenar sería un primer rellano de escalera. Limpiar, sería la escalera completa. Y el edificio, es la organización.

A lo largo de este capítulo hablaré de limpieza como la técnica utilizada para eliminar la suciedad de una zona u objeto. La he planteado de modo esquemático para que puedas encontrar las dudas rápidamente, a modo de manual de consulta. Ya sabes que en los anexos 8 y 9 se amplían con más detalle las secciones. Tómatelo con calma, no trates de leerlo del tirón.

— Tener un método evita dar paseos —

En una casa se puede limpiar a todas horas, «a tontas y a locas» o planificarla bien para reducir el esfuerzo y asegurar la higiene de los espacios y de las cosas. Tener un método es muy interesante. Lo hacen las empresas y lo hacemos nosotros mismos para maquillarnos, afeitarnos, escribir un documento, etc. Es decir, es algo que tenemos interiorizado. Un día que tengas calma, «párate y piensa». Ponte delante de cada habitación y trata de hacer un recorrido mental imaginándote, trabajando del modo más racional posible. Es decir descubrirás todo el proceso y sus etapas. Además verás los productos que necesitas, los utensilios y el tiempo que calculas. Eso, es ya un método en germen. Por lo general, mi método de trabajo es este:

– Preparar la cesta de limpieza adecuada para ese día.
– Ventilar no más de 5-10 minutos.
– Despejar de enredos.
– Limpiar las superficies y después el suelo.
– Recolocar las cosas en su posición correcta.
– El toque final: cerrar ventana y ajustar la entrada de luz natural con la cortina o enrollable.

Lo primero, antes de limpiar, hay que prepararse. Procura llevar ropa específica de trabajo, limpia y cómoda; lo harás mucho mejor y de manera más profesional. Podrás moverte con más flexibilidad y te cansarás menos. A no ser que vayas a duchar a tu mascota o a lavar el coche, limpiar con vaqueros o bermudas, desde mi punto de vista, no es lo más profesional. Y si tienes el pelo largo, lo más higiénico es llevarlo recogido. Es conveniente usar guantes, sobre todo si vas a utilizar productos químicos y agua; te protegerán la piel. Los tienes de látex y vinilo.

Cuando ya estamos preparados, lo siguiente es ventilar la zona para recuperar el oxígeno, eliminar los gérmenes y evitar que se acumule la humedad y los malos olores. Si hay personas enfermas o bebés podemos dejar la ventilación para otro momento y simple-

... aunque alivia!

mente dejamos unos minutos la puerta abierta para que se renueve el aire. Si se pueden trasladar a otra habitación, siempre será mejor porque aprovecharemos para ventilar, limpiar, hacer la cama y poner unas flores que le alegren la vida. Como te digo hay que estar en los pequeños detalles, y con un enfermo con más motivo.

En tercer lugar, despejar los enredos para poder limpiar a fondo los espacios. Limpiar bien, levantando alfombras, moviendo sillones o camas, abriendo cortinas y llegando a cables.

> *«Limpiar la casa es estar atentos a:*
> *suelos, superficies, objetos y cuartos de baño.*
> *Ya está»*

Y el toque final de los «8 segundos». Te vas a la puerta y desde allí ves si la persiana está en la posición correcta para que el sol no estropee los muebles, las cortinas corridas, los muebles centrados, las colchas estiradas y centradas, los cojines ahuecados, las ventanas cerradas y las luces apagadas. En la limpieza, llegar hasta el último rincón y cuidar los pequeños detalles de recolocación son importantes, dan nivel al trabajo y una gran satisfacción personal. Otro gesto «de punto final» en la limpieza es al cerrar la puerta de la habitación. Bien pues igual, si llevo la bayeta en la mano aprovecho para limpiar de una pasada, casi sin detenerme, la manivela o el picaporte de la puerta, donde hay bacterias y es fácil que nos olvidemos de limpiarlas. A esto me refiero. Son técnicas metódicas que nos hacen ser mejores profesionales.

Primera parte: limpiar de forma organizada

Afrontar la limpieza de la casa es una de las tareas más antipáticas que existen si no se sabe cómo hacerlo. Confieso que disfruto mucho convirtiendo una zona sucia en otra limpia y ordenada. Pero llegar a este punto me ha llevado tiempo y esfuerzo personal. He tenido que estudiar los flujos de trabajo más racionales y eficaces en todas las tareas de la casa, los químicos de limpieza, los utensilios y su ergonomía. El resultado es que hoy puedo hablarte de que es real que puedas tener tu casa siempre limpia y ordenada con un método diseñado por ti, económico, sencillo y eficaz. Ten en cuenta que trabajaremos por procesos que se repiten; esa es la gran ventaja. Una vez que domines el proceso el rendimiento es mayor y normalmente el esfuerzo será menor.

Hay un refrán español que reza así: «No es más limpio el que limpia sino el que ensucia menos». ¿Qué si estoy de acuerdo? ¡Claro! Tener esto en la cabeza es importantísimo y enseñarlo a todos en casa, mucho más. Pero eso solo nos facilita limpiar menos. Así que vamos a ver cómo organizarnos bien para limpiar un par de estancias, las más normales, de la casa.

— Limpiar una habitación —

Ante cualquier zona como habitaciones, salas de estar, salón, despacho, zona de juegos, etc., yo distingo tres niveles de limpieza:

– Limpieza diaria o habitual.
– Supervisión, en días que no hay limpieza diaria.
– Limpieza extraordinaria, reservada para zonas concretas.

Como regla general, y dependiendo del uso, una habitación se puede limpiar en días alternos y el resto supervisar. Básicamente una limpieza diaria consiste en eliminar manchas y el polvo de suelos y superficies para luego ordenar. Sin embargo, supervisar es ventilar y poner orden.

El modo de hacerlo y la dedicación de tiempo será diferente si es una habitación de niños, adolescentes o adultos. Posiblemente dediquemos más tiempo a ordenar los juguetes y las estanterías o el armario en una de niños. A la hora de preparar lo necesario tendremos en cuenta el tipo y cantidad de mobiliario para utilizar los productos y utensilios adecuados.

Método para limpiar una habitación

Siempre sigo los mismos pasos:

– Ventilar. Basta unos minutos, lo suficiente para regenerar el oxígeno y anular el mal olor, especialmente si hay zapatos.

– Despejo el espacio de cosas, es decir aparto lo que me facilite limpiar con comodidad y rapidez. Vacío la papelera, si la hay.

– Hacer la cama. Siempre en este orden.

– Aspirar o barrer.

– Eliminar el polvo y las manchas con una microfibra.

– Recolocar las cosas en su sitio y aprovecho para poner orden.

– Cerrar la ventana, bajar el estor o enrollable, apagar la luz, cerrar la puerta. Antes miro que esté todo perfecto.

Cuando limpiamos o supervisamos una habitación, lo que más tiempo puede llevar es el orden, por tanto, en la medida en que cada cosa tenga su lugar y cada persona colabore dejándolas en ese sitio acortaremos los tiempos. Este sistema te puede servir para cualquier zona de la casa: salón, cuarto de estar, salita, cuarto de juegos, etc.

¿Cómo ha de quedar una habitación después de limpia?

– La cama bien hecha con el edredón o colcha lo mejor puesto posible. Si hay cojines, almohadas o peluches, los colocaremos bien.
– Las persianas un poco bajas y las cortinas corridas o estores bajos. Pero dependerá del momento del día y de las costumbres.
– Cada cosa deberá ocupar su lugar y nada por el suelo.
– Centrar las cosas: la silla con la mesa y la papelera. Los libros con los archivadores y todo lo que haya en la estantería. Si hay sillón o mesitas de noche, también.
– Las puertas de los armarios cerradas.

Limpiezas extraordinarias en una habitación

Hay algunas cosas comunes en todas y cada una de las habitaciones y son estas:
– Ventanas. Dependiendo del clima y de tus posibilidades de tiempo, se pueden limpiar cada dos meses. Puedes hacerlo con limpiacristales y bayetas de microfibra. Si la suciedad es mayor entonces: agua jabonosa con un chorro de vinagre.
– Persianas. Se pueden hacer un par de veces al año. Dependiendo del tipo puedes pasar la aspiradora de vapor y secar con microfibras. Ten preparadas las más viejas y muchas porque te harán falta.
– Estores, enrollables o cortinas. Los estores y enrollables hay que tratarlos según el material del que estén hechos. Si son de tela pueden aspirarse e incluso utilizar espuma para moquetas. Si son de material plástico bastaría con un detergente neutro,

agua templada y amoniaco. Las cortinas se lavan en programa delicado sin centrifugar y se cuelgan. Es una limpieza que hay que programar unas dos o tres veces al año.

– Zócalos y techos. Es una limpieza que se puede hacer con algo más de frecuencia dependiendo de si vivimos en la ciudad o el campo, ya que pueden aparecer telarañas. Existen sistemas con palos extensibles y telescópicos.

– Paredes y radiadores. Normalmente en una habitación de niños las paredes hay que limpiarlas, si el material lo permite, con agua jabonosa y una bayeta muy escurrida; puedes usar también limpiacristales. Antes prueba en una zona menos visible. En otro tipo de habitaciones se puede hacer lo mismo en las zonas donde hay más uso: cerca de la puerta o junto a la cama. En realidad, es eliminar grasa. Para las partes más altas puedes usar una mopa limpia de microfibra. Para los radiadores utilizaremos un plumero plano de microfibra, un par de veces al año.

– Cabeceros. Si son entelados, los aspiramos y si son de madera se les pasa una bayeta con limpiacristales o producto específico.

– Armarios y altillos. Empezaremos sacándolo todo para poder limpiar, al menos dos veces al año. Usaremos la aspiradora y bayetas para los altillos.

– Lámparas, flexos o plafones. Dependiendo del material utilizaremos limpiacristales, detergente neutro o simplemente una bayeta algo humedecida o en seco.

– Escritorio y estanterías. Limpia los cajones y partes de atrás o de difícil acceso con una microfibra humedecida.

– Cajones de los juguetes. Con limpiacristales cuando los veamos muy sucios. Algunos de tela se meten en lavadora.

– Cables: por higiene se limpian con limpiacristales.

– Rejillas de aire acondicionado, son prácticos los plumeros extraplanos de microfibra.

– Tapicerías de sillones o paredes, las aspiramos según veamos. Si hay alguna mancha de grasa y los colores son sólidos, podemos utilizar agua tibia y un poco de amoniaco o detergente neutro, pero recuerda secar siempre con trapos secos para evitar cercos.

— Limpiar los baños —

Los cuartos de baño se limpian cada día por higiene, y con más motivo si los utilizan varias personas, algo muy normal en una casa. Lo más importante en un cuarto de baño es la limpieza y la desinfección. Hoy en día los cuartos de baño están diseñados como espacios de descanso y de relax. Para mi es importante que sean cómodos y con cierta estética que ayude al que entra a usarlo y le apetezca mantenerlo bien para el siguiente. Por eso aconsejo que tengan el mínimo de mobiliario posible y que cuenten con los accesorios necesarios –mejor más toalleros que menos– para facilitar comodidad y orden sin que haya nada en el suelo que esté en contacto con microorganismos.

Método para limpiar los baños

– Ventilar.

– Barrer o aspirar.

– Vaciar la papelera, si hay.

– Proceder a ordenar: retirar la ropa sucia de los cestos o las bolsas. Retirar las toallas y ropa que pueda estorbar o mancharse y ordenar.

– Aplicar el limpiador por todos los sanitarios. Normalmente estos productos están diseñados para que actúen en poco tiempo, de 30 segundos a 1 minuto.

– Pasar una bayeta de microfibra bien aclarada y escurrida por cada uno de los sanitarios, el inodoro es lo último; recuerda que vamos de menos a más desinfección. Si el producto es de buena calidad, el resultado final es bueno sin necesidad de utilizar estropajos.

– Para la ducha, se puede usar una mopa pequeña de microfibra para las paredes y el plato, para que sea más cómoda la limpieza y no haya que agacharse o estirarse. Si es un plato de ducha de obra o de material pétreo hay que estar muy atentos a retirar cada día la película de grasa y jabón con una microfibra. Haz las esquinas.

– Para el inodoro, usa la escobilla para frotar a fondo la zona interior y aclárala tirando de la cisterna. La parte exterior del mismo se termina con la microfibra. Procura reponer la escobilla de vez en cuando por higiene.

– Entre un elemento y otro, se aclara la microfibra en el lavabo. Guerra a las gotas de agua que afean las superficies.

– Limpiar el cristal y, si las hay, las baldas o repisas.

– Reponer los productos necesarios: gel, jabón manos, papel higiénico, pasta de dientes, etc. Esto también puede hacerse al principio, después de barrer.

– Colocar las toallas o cambiarlas si es necesario.

– Recolocar lo que hemos movido mientras limpiábamos: taburete, cestos de ropa, botes, etc.

– Ponte en la puerta y visualiza el orden. Deberías tener sensación de armonía.

– Pasa la mopa húmeda al suelo. Deja la puerta abierta hasta que se seque. Luego, es mejor cerrarla.

«El buen olor es secundario,
la higiene y el orden no»

¿Cómo ha de quedar un cuarto de baño tras la limpieza?

– Colocación correcta del rollo de papel higiénico. La posición correcta, por más higiénica, es la que el papel no toca la pared.

Lo dejaremos sin que cuelgue, y solo viéndose un poco, para que sea fácil tirar de él, al usarlo. Siempre debe haber uno de reposición cerca.

– Las toallas perfectamente colocadas y los albornoces. Normalmente, se cambian un día a la semana. Si el clima es húmedo o es verano, el cambio es más frecuente.

– Papelera vacía.

– Todos los accesorios en su sitio y limpios.

– El espejo, sin salpicaduras.

– La grifería brillante.

– Los tapones, sin poner o cerrar, para evitar que pueda haber un derrame de agua. Si son de cadena, no se enrosca en la grifería; mejor dejarlos encima, con la cadena colgando. Siempre del mismo lado.

– La tapadera del inodoro y del bidé, cerradas. Y la escobilla, junto a él, si es exenta y más bien escondida, de cara a la pared.

– Las luces apagadas.

– Las ventanas cerradas y la puerta también, cuando el suelo esté seco.

– Un detalle: prohibido que haya cosas en el suelo: zapatos, zapatillas, ropa, etc. Cada cosa a su sitio siempre. Si están en el suelo, es posible que no tengan un sitio asignado. Yo de ti no lo dejaría pasar, compruébalo y busca una solución; seguro que la hay.

Y, por cierto, las mascotas no entran en el cuarto de baño, ni tienen ahí su vivienda y así debemos adiestrarles desde el inicio, al igual que no entran en la cocina; son zonas estancas por razones de higiene.

Limpiezas extraordinarias en un cuarto de baño

Cada sanitario tiene las suyas. Hay que ser muy observador para ver dónde se acumula la suciedad. Recuerda que el mejor modo de controlar es anotar en la agenda con una pauta estandarizada.

– Inodoro: limpiar las cavidades interiores, la tapa por ambos lados, los tornillos del suelo, la silicona que lo precinta y la parte de atrás o zona de conexión con el bajante. La escobilla y su soporte deben quedar sin agua y secos al contacto con el suelo.

– Bote sifónico: gira y abre la tapa. Con guantes elimina todo lo acumulado (una especie de masa gris de textura desagradable) para así asegurar la eliminación de posibles malos olores por retención de residuos.

– Bidé: si lo tienes, límpialo igual que el inodoro, por todas partes. Desmonta el filtro instalado en la cabeza del grifo y quita los restos de cal que hay con agua y vinagre. Aprovecha esa mezcla para repasar el tapón y la cadena o el sistema de taponado que tenga.

– Ducha y/o bañera: atención a las esquinas. Hay que frotar de vez en cuando, hasta eliminar los restos amarillos de gel y suciedad que se acumulan. No te olvides del soporte para los geles. Si es bañera, revisa el tapón. En todas las zonas donde hay humedad hay que controlar que no salga moho: utiliza bicarbonato y vinagre o limón y deja actuar un rato hasta que se desprenda. Desmonta el desagüe del plato, retira lo que encuentres y limpia bien de restos de suciedad.

– Alcachofa de la ducha: para evitar bacterias en el agua estancada, cada dos meses, llena un recipiente con agua y vinagre y déjala a remojo una mañana.

– Mamparas: métete dentro de la ducha si es necesario y prepárate la alfombra para la salida. Quita las juntas de goma transparente de la mampara y límpialas con agua y vinagre. También puedes probar con anti-cal enjuagando muy bien y evitando que caiga sobre el plato. Enjabona los cristales y riégalos con agua tibia. Sécalos o aplica limpiacristales. Una o dos veces al año, aplica un producto similar al de los cristales de los coches para que resbale el agua al caer. Es una auténtica maravilla.

– El lavabo: en realidad son las mismas pautas que el resto de los sanitarios. Si son de pie, hay que entrar a fondo por la parte de atrás, latiguillos y desagüe incluidos.

– Los plafones: desmóntalos y limpia por partes según el material: metal, cristal, etc. Sécalos antes de recolocarlos de nuevo en su posición. Repasa rápido la bombilla o los leds.

– Los armarios por dentro y las estanterías con todos los objetos que haya. Con la bayeta poco humedecida es suficiente.

– La papelera. No me gusta que se ponga una bolsa de plástico vista, aunque entiendo su eficacia. En cualquier caso, debes limpiar el contendedor por dentro siempre que la cambies. Y recuerda que la base no sea de metal, tiende a oxidarse y manchará seguro el suelo. Protégela con una base de goma.

– Los accesorios: vaso para cepillos de dientes, el dosificador de gel, los frascos que pueda haber.

– Los colgadores, para que, además, estén bien sujetos. Revisa que no se muevan y si lo hacen, debes aprovechar para atornillarlos de nuevo.

– Los radiadores, de paso que comprobamos que funcionan bien y que no hay calcetines detrás o prendas caídas.

– Las paredes: sin son de azulejo basta con pasar la microfibra humedecida con alguna mezcla desengrasante. De vez en cuando, debes plantearte hacer el junteado de nuevo de todo el baño y si las partes más usadas lo necesitan antes, hacerlas. Se tarda una media de dos horas.

– El junteado del suelo: poco puedes hacer, la verdad. Si tienes porcelánico y el junteado es blanco, yo pinto raya a raya, cruce a cruce, con anti-cal y al cabo de unos 10-15 minutos lo retiro con abundante agua obteniendo un efecto impresionante. Si tienes mármol y el suelo está pulido, por poco presupuesto te lo vuelven a abrillantar. Duración máxima: 2 años, ya que se usa mucho y hay humedad ambiental.

– Las rejillas de ventilación y/o los extractores de aire, si son baños de interior, con lo mismo con lo que limpias el resto de las piezas del baño. Sin complicarse.

– El aparato del aire acondicionado, si lo hay.

– Las ventanas, si las hay. Por dentro y por fuera.

– Los marcos de las puertas, manivelas y tiradores.

La limpieza diaria y extraordinaria de los baños no tiene por qué ser tediosa si está bien programada. Incorpora algún que otro extra a la rutina diaria y así, en un mes, los tendrás perfectos.

Los malos olores en el baño no se resuelven con ambientador

Combatir los malos olores en los baños es un tema un poco peliagudo. Hay personas que piensan que son sinónimo de falta de limpieza y esto no siempre es así. La solución no es un ambientador sino saber qué los ha originado.

Las tuberías expulsan el olor hacia nuestro baño. Puede ser que no estén bien sellados o la falta de un sifón adecuado y habrá que avisar al fontanero para que vea dónde está la causa. A veces, si después de sellar bien las piezas y el bote sifónico, el olor persiste puedes verter media botella de lejía por el desagüe de la ducha o del lavabo y dejarla actuar medio día. Es mano de santo.

Otros olores son de moho por falta de ventilación. La solución es airear o pensar en una rejilla en la puerta si no hay posibilidad de ventilación natural.

Y finalmente olor a residuos orgánicos. Es probable que te falte por limpiar la papelera.

— Limpiar la cocina —

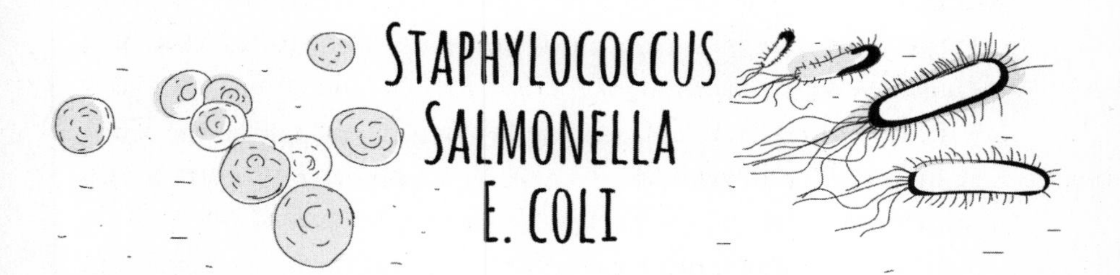

La cocina con todas sus dependencias, despensa, nevera, congelador y horno es, junto con los baños, la parte de la casa donde se acumulan más bacterias y microorganismos. La limpieza de la cocina es sencilla, rápida, sobre la marcha, y siempre diaria.

Limpieza diaria en la cocina

Ventilar y dejar todo lo usado al cocinar en su sitio, de forma que las encimeras queden despejadas, las superficies limpias –incluida la placa de cocina–, y el microondas repasado. Cerrar la bolsa de basura y cambiarla por otra. Barrer el suelo en húmedo y completar con el detalle de cambiar los paños de cocina a diario.

Limpieza semanal

Muchas de estas limpiezas son compatibles con el trabajo diario en una cocina, por lo que no suponen un tiempo ni un esfuerzo extra. No sé a ti, pero a mí me mata pensar en las limpiezas extraordinarias como un plus a lo que ya hago; desde hace años las integro en mis rutinas diarias y me va muy bien. Por ejemplo, los filtros los meto en el lavavajillas y se lavan mientras pelo patatas, repaso la despensa o hago la nevera. O, por ejemplo, mientras la olla está en acción, capturo ese vapor y paso la microfibra y elimino la grasa de la pared cercana. Es una concatenación de acciones que, bien pensadas, marcan un estilo y ritmo de trabajo muy sensato y nada cansado.

– Los filtros de la campana de humos, en el lavavajillas. Repaso por fuera también.
– Limpieza de los armarios de la cocina, cada semana uno.
– Armario de la zona del fregadero y zona del cubo de la basura y reciclaje.
– Repaso de las baldas de la nevera y cajón de verduras, un tema semanal por higiene.
– Barrido en húmedo de la despensa y eliminar polvo de las estanterías con una bayeta húmeda.
– Una buena experiencia: aprovechar el calor del horno para hacer una limpieza más a fondo incluyendo las bandejas.

Limpiezas extraordinarias: apuntando a los puntos críticos de mayor suciedad

Creo que donde más se acumula suciedad en una cocina es en estos rincones que enumero:

– Los fogones, si tienes cocina combinada con gas.
– La campana de humos.
– El armario debajo del fregadero.
– Los tiradores, manivelas e interruptores.
– Las juntas del suelo, esquinas y cierres.
– Las ruedas, si hay carros o mesas movibles.
– Las zonas altas y bajas –tras los rodapiés– del mobiliario.
– Los plafones de la luz.
– Las zonas traseras de los electrodomésticos.
– Los conductos de desagüe de la nevera.
– La zona de almacenaje de frutas, verduras, patatas y cebollas.

Estas limpiezas ya requieren otra logística, pero no pienses en nada complicado, no. Trata de dibujar mentalmente lo que vas a hacer y prepara tus herramientas. Visualiza el final y verás cómo trabajas disfrutando más de lo que haces.

Todo el listado de arriba lo he hecho yo mientras se hacía el cocido. Por eso te digo, que parece mucho, pero si eres ágil y trabajas sobre terreno limpio, no tienes una cocina enorme y cuentas con un poco de nervio, en una hora o dos está listo. Hasta el próximo mes.

> *«Para limpiar el suelo y las superficies de la cocina con un desengrasante es suficiente. Unificar es simplificar»*

Y por último, decir que una cocina limpia es una cocina segura. Por tanto, no deben entrar las mascotas tengan el tamaño que tengan, ni jaulas con pájaros ni roedores, ni gusanos de seda y mucho menos animales que caminen y coman en las superficies. ¿Motivo?

Por razones de higiene. En un curso que hice sobre higiene en la cocina, incluso se habló de no tener plantas.

— Limpiar la nevera en 45 minutos —

La nevera es uno de los electrodomésticos más importantes de la cocina. Debe estar encendido constantemente a una temperatura media de entre 3° y 5° y, aún así, es fácil que proliferen los microorganismos por la descomposición de los alimentos y los cambios de temperatura que inevitablemente hay por el uso.

A diario me gusta pasar una bayeta de microfibra humedecida con detergente neutro para eliminar los restos de comida que puedan caer. Es algo que suelo hacer al mismo tiempo que reorganizo la comida del día, acoplándola a las sobras del día anterior. Por sistema en mi casa las consumimos en 24 horas evitando que se estropeen. Para limpiar la nevera puedes seguir estos pasos:

– Saca los alimentos para que no pese tanto. Revisa su estado.

– Después, y solo después, córrela a base de zig-zags.

– Busca el cable y desconéctala.

– Prepara un baño de agua tibia y detergente neutro con unas gotas de vinagre.

– Saca las estanterías a la zona del fregadero.

– Limpia el interior de arriba abajo, incluido el orificio del drenaje y aclara. Deja secar mejor al aire. Mientras se seca el interior: lava las estanterías y sécalas.

– Limpia la zona de atrás. Si no lo has hecho nunca es probable que esté llena de polvo adherido. Ten cuidado al limpiarla.

– Comprueba que las gomas están limpias por dentro y que cierran herméticamente.

– Córrela a su sitio y conéctala. Espera una hora a que alcance la temperatura y mete los alimentos. Como es lógico, en los meses de más calor hay que hacerlo rápido para evitar que los alimentos se estropeen y los desperdiciemos inútilmente.

> *«Normalmente es aparatosa;*
> *así que procura no cocinar ese día,*
> *ponte el* timer *y empieza»*

– Al final, una vez recolocada en su hueco, es cuando se vuelven a meter los alimentos. Aprovecha para eliminar los que no sepas cuantos días llevan cocinados.

— Limpiar el congelador —

El paso del tiempo y el uso va cubriendo de hielo, poco a poco, las paredes e incluso te complicará abrir y cerrar los cajones. «Un congelador con paredes llenas de hielo no podrá alcanzar las temperaturas para las que fue diseñado»[6]. Por eso, si hubiera mucho hielo acumulado el motor del congelador tendría que trabajar más tiempo para luchar por mantener la temperatura correcta, lo que significa mayor gasto de energía.

Puedes aprovechar ese momento de limpieza para actualizarlo. ¿Cómo? Una semana antes comienza a consumir todo, introduciéndolo en el menú.

– Prepara el espacio alrededor del aparato: coloca paños o

---

[6] Fuente: www.consumer.es

papel absorbente alrededor del aparato para prevenir posibles derrames de agua.

– Retira del congelador toda la comida y ponla en el frigorífico, si tienes sitio o en bolsas térmicas o algún tipo de material aislante que asegure su conservación.

– Retira todos los cajones y estantes. Si están pegados, no los fuerces y espera a que el hielo se derrita.

– Mientras tanto puedes aprovechar para limpiar los cajones.

– Limpia el interior con agua jabonosa y unas gotas de vinagre. Aclara y seca con paños absorbentes de microfibra.

– Comprueba que las gomas están limpias y que cierran herméticamente.

– Conecta de nuevo el congelador. No introduzcas de forma inmediata la comida congelada que habías sacado. Espera un tiempo a que la temperatura baje.

– Si alguna comida se hubiera descongelado, no la congeles de nuevo; es el momento de consumirla.

— Limpiar la despensa, al descargar la compra—

Por mi trabajo veo que hay muchas personas que sueñan con tener una buena despensa: cómoda, ventilada y con luz. Pero siempre les digo que, al fin y al cabo, es mejor tratar de resolver las cosas con el espacio del que se dispone.

Desde el punto práctico de la limpieza, la despensa sobre todo es un lugar donde se acumula el polvo, por eso su limpieza es rápida y fácil. Antes de que llegue la compra a casa, paso una bayeta de microfibra húmeda con detergente neutro por las estanterías para recoger el polvo y cualquier resto de suciedad o marcas de los envases. Una vez seca comienza la descarga.

– Por supuesto hay que pasar la mopa para eliminar los restos de suciedad que haya en el suelo. Y cada dos días limpieza en húmedo con mopa de microfibra. Así aseguramos que no hay rincones de suciedad.

– Una vez al mes es necesario hacer una limpieza más profunda que incluye llegar hasta arriba, limpiar los envases, cestas, organizadores, el plafón del techo y la puerta. Si tienes estanterías movibles con o sin ruedas, sepáralas para limpiar. Y lo último siempre el suelo. Las paredes las puedes hacer con la mopa de microfibra humedecida.

– Limpiar la despensa organizando por categorías y subcategorías. Por ejemplo: la categoría de aperitivos puede estar organizado por frutos secos (subcategoría 1); aceitunas (subcategoría 2); etc.

– Pon a mano los productos que más utilizas y establece un sistema de consumo preferente.

«Controlar la limpieza de la despensa aleja el riesgo de que haya plagas de insectos que pueden aparecer en los cereales, harinas, semillas y otros alimentos como el chocolate o la leche en polvo»

— El microondas, no se limpia solo —

El microondas se limpia al menos una vez a la semana, dependiendo de su uso. A diario, cada vez que lo uso y con acciones sencillas, paso una microfibra para que se mantenga limpio.

– Limpiarlo con un paño húmedo. Si alguna mancha estuviera seca y por tanto más resistente, calentar el horno con un recipiente de agua y el vapor que se produce ablandaría la suciedad.

– Limpiar aparte las piezas desmontables.

– Limpiar cuidadosamente a diario: el sistema completo de la base, la puerta, el ventilador (parte externa) y juntas, evitando que queden restos de alimentos.

– Limpia la puerta de cristal por fuera y por dentro.

– Luego sigue con las bandejas y la rejilla metálica.

– No usar productos de limpieza ni útiles que puedan rayar la superficie.

– Si no está empotrado, repasa también el cable. No es agradable notar ese aspecto pegajoso fruto de la grasa.

— Limpieza del horno, nada más usarlo —

Para tener un horno como los chorros del oro, no hay más fórmula que limpiarlo después de usarlo; por lo menos una pasadita. Sin pereza y organizando bien el tiempo para que la comida salga a tiempo y lleguemos relajados.
Normalmente se hace lo siguiente:

– Retira con una esponja la suciedad más gorda.

– Pasa una microfibra vieja con agua caliente y un desengrasante[7], para eliminar restos. Si fuera necesario, usa un estropajo, frotando de arriba abajo y de dentro hacia afuera.

– Termina aclarando hasta que no queden restos, con la bayeta de microfibra.

– Limpia la puerta de cristal por fuera y por dentro, con una microfibra limpia con limpiacristales.

– Luego sigue con las bandejas y la rejilla metálica.

– Un consejo sabio: mientras que limpias el horno deja las bandejas a remojo con agua y detergente. Luego la suciedad sale sin esfuerzo y casi sin productos.

«¿Qué opino de los productos limpiahornos?
Pues que son muy corrosivos, eficaces, pero no imprescindibles»

— Limpiar ventanas y cristales —

Una de las cosas más incómodas de limpiar son las ventanas de la casa, los cristales y los alféizares.

Los preparativos son importantes porque tenemos tres frentes:

---

[7] Este tipo de desengrasantes son productos químicos de alta alcalinidad, preparados para eliminar grasas tratadas con calor, que están más incrustadas en las superficies formando costras oscuras. Hay que tener precaución y utilizar guantes. Siempre necesitan aclarado.

– Los dos tipos de suciedad: la exterior que da a la calle cargada de polución y la interior mucho más ligera.

– La necesidad de trasladarse con el equipo por toda la casa sin dejar rastro: cubos, escalera o taburete de peldaños.

– La obligación de cambiar el agua de los cubos con más frecuencia de la imaginada.

Veamos cómo preparar el equipo a trasladar y qué proceso llevar durante la limpieza. Procura hacer este tipo de limpiezas cuando no dé el sol, pues el reflejo en los cristales dificulta enormemente su limpieza.

Preparando el equipo

– Retira las cortinas como te vaya mejor. Hazlo lo primero pues tienes las manos limpias.

– Usa la aspiradora para el exterior de la ventana, –alféizar y guías– y, si no tienes, coge la cabeza del cepillo sin el palo y sacude la suciedad hacia afuera. Para evitar que entre el polvo, ayúdate de las hojas de las ventanas a modo de parapeto alternativamente.

– Dos cubos con agua tibia: uno para exteriores y otro para el interior. El agua del cubo de exteriores la debes cambiar en cada hoja de ventana. ¡Ánimo!

– Si el suelo de casa es de madera, es bueno proteger toda esa zona con alguna toalla vieja.

– Una vez retirada la primera tanda de suciedad y polución, repasa todo el exterior con bayetas viejas, ayúdate de un taburete estable para las partes altas y cuando lo veas limpio comienza con los cristales exteriores, nunca al revés.

– Para una limpieza media de cristales: uso producto limpiacristales en pistola pero para una limpieza más intensiva: pon agua y amoniaco en el cubo.

– Papel de periódico: aunque cada vez hay menos ejemplares es un fabuloso invento que los deja impecables, sin pelusas ni marcas de pasadas.

– Puedes usar el haragán si eres cuidadoso pero ten en cuenta que chorrea por los costados y las paredes se pueden manchar. ¡Ojo!

Por tanto, tendremos en cuenta:

– Lo primero: preparar el interior. Si hay cortinas, quítalas y mientras limpias, aprovecha para lavarlas en un programa a 30 °C sin centrifugar, casi. Al terminar de limpiar las cuelgas bastante húmedas, y ya lo tienes. Si hay estor, se limpia primero con la aspiradora de vapor si tienes y si no con la habitual. Después pasas una microfibra humedecida en una disolución de agua y amoniaco, y cuando calcules que está seco lo enrollas completamente de nuevo.

– Lo segundo: el orden siempre de fuera a dentro. Es decir: alfeizar, persiana, ventana y ya dentro: persiana, cajón de la persiana y rieles y finalmente los cristales.

– Lo tercero: cambiar el agua y tratar de terminar lo previsto.

– Y cuarto: persevera hasta acabar. Dos personas lo hacen mejor que una sola.

— Limpiar persianas de PVC —

Se pueden limpiar un par de veces al año, justo en el cambio de temporada. Si hay terraza son más fáciles de limpiar porque se hace por las dos caras. Primero se limpian por fuera, como los cristales, y luego por dentro, que es más fácil. Siempre de arriba a abajo. Si no hay balcón, hay que abrir el cajón interior e ir limpiando poco a poco.

Si la limpias con vapor es más eficiente ya que el vapor penetra por las juntas. Si no, con cubo y solución de agua y vinagre, con esponja y luego seca con microfibras muy absorbentes. Ten muchas a mano porque las necesitarás. Yo uso viejas y, luego, las tiro. Recuerda limpiar el cajón superior, el marco, el tirador o placa, antes de empezar a limpiar por dentro el cristal.

Segunda parte: los utensilios para limpiar bien

— **Conocer los utensilios un poco mejor** —

Para limpiar necesitamos conocer los utensilios. Es verdad que después en casa tendremos lo mínimo porque los materiales se han unificado bastante y se limpia, con algunas excepciones, con los mismos utensilios. Da gusto ver cómo cada vez son más eficientes y menos pesados. De hecho, bien planificada, la limpieza es cada vez más llevadera y se tarda menos. En resumen, para limpiar una casa hacen falta muy pocos utensilios. Lo que es importante es que estén en perfectas condiciones y siempre limpios.

«Para limpiar una casa hacen falta muy pocos utensilios. Lo que es importante es que estén en perfectas condiciones y siempre limpios»

La escoba y el recogedor

La escoba y el recogedor son dos utensilios para la limpieza que han sido de gran utilidad para limpiar durante décadas, pero en estos momentos están siendo reemplazados por mopas de microfibra de limpieza en seco y en húmedo y por el haragán. Veamos los distintos tipos de escobas según su composición:

– Fibras naturales: por ser más suaves se utilizan para suelos de interiores como el mármol, terrazo, gres y cerámica. Se limpian con un cepillo de fibras de nylon.

– Fibras sintéticas: son más fuertes y como se pueden mojar, se suelen usar para barrer la cocina o el cuarto de baño. Se limpian con agua jabonosa caliente o agua caliente y un chorrito de amoniaco. Las puedes usar para exteriores también, en ese caso las cerdas son más largas.

– De palma: son más largas y las típicas por su resistencia para barrer garajes, terrazas, balcones y exteriores en general. Se limpian sacudiéndolas bien y con agua; no necesitan más.

– Las escobas sean como sean, al guardarlas hay que evitar que rocen el suelo para que no se abran y se ensucien. Se pueden colgar a unos centímetros del suelo, siempre sin pelusas y bien separadas de las fregonas húmedas.

– Respecto al recogedor, si lo usas, que sea bueno, es decir que tenga la parte de goma bien adherida a la base para que recoja bien la suciedad y no se meta por debajo. Al terminar pasa una bayeta por ambas caras y cuélgalo.

«Barre siempre en seco y detrás de la escoba»

Como soy observadora, tengo que decir que he visto cosas absolutamente insólitas a la hora de barrer. Lo interesante es que debemos hacerlo siempre de dentro hacia afuera de la estancia colocándonos en la zona limpia, es decir, detrás de la escoba. Si eres diestro la dirección del movimiento es hacia la izquierda para no echarte la suciedad encima. Y hacerlo con el cuerpo erguido y relajado para no cansarnos. No barrer sin recoger más de 2 metros seguidos.

El cubo y la fregona, invento español

El cubo y la fregona son el «dúo dinámico» de la limpieza. Pero recuerda que no se friega todo cada día. Tenlo bien concreto en tu organización. Te sugiero que cada día friegues la cocina y los cuartos de baño, el resto, dependiendo del uso, puede no ser imprescindible y no se suele tener tiempo.

– El cubo: los cubos de limpieza son de plástico resistente a los químicos disueltos en el agua. Tiene una capacidad de entre 10 y 14 litros, pero no es necesario llenarlo tanto porque luego no hay quién lo mueva.

– La fregona[8]: está compuesta por dos piezas: el palo y el mocho, que es la cabeza. Tipos de fregonas:

- De algodón 100%, para suelos lisos, o gres. Son resistentes y se usan para superficies rugosas y porosas. Absorben muy bien el agua y da gusto usarlas aunque cuesta escurrirlas.
- De microfibra 100%, para suelos que necesitan secado rápido. Tienen máxima resistencia y absorción. Son buenos tanto para suelos de interior como exteriores: porcelánicos, de granito, mármol, parqué o madera maciza. Las tiras están puestas en modo abanico para evitar roces.
- Combinada microfibra y tiras de algodón. Estas servirían para todos los suelos.

El método es el mismo que el del barrido: de dentro hacia afuera de la habitación o zona.

Para fregar una zona con muebles hay que retirar todo lo que estorba para poder limpiar bien. Si la zona no es muy grande el cubo puede estar junto a la puerta.

Mucha gente me pregunta cómo se friega una escalera y les respondo siempre lo mismo: tú siempre en la zona seca, en un escalón o dos más bajo y el cubo más abajo aún.

Y no te olvides de que la fregona se cambia con cierta frecuencia. Lávala en el propio cubo con agua templada.

---

[8] Manuel Jalón Corominas (Logroño, 1925-2011). Ingeniero aeronáutico y oficial del Ejército del Aire en la Base Aérea de Zaragoza, inventó la fregona y la jeringuilla desechable.

La mopa, responsable de la revolución en húmedo

El auge de nuevos materiales en la construcción de los espacios domésticos y la búsqueda de sistemas para reducir el esfuerzo, el tiempo y el riesgo de contaminación cruzada en la limpieza, han llevado al desarrollo de un nuevo sistema de barrido y fregado en húmedo, altamente eficaz y desinfectante, muy recomendado para nuestros hogares.

Este sistema se utiliza para recoger la suciedad de los suelos en seco o en húmedo. Atrapa el polvo por acción electrostática, eliminando la suciedad. Ha venido a sustituir a la escoba y la fregona.

Mi trabajo me ha llevado a probar varios sistemas y modelos, que te presento aquí. En realidad, son las que más me gustan porque funcionan muy bien, son eficaces, cómodas y ecológicas:

– La mopa con su funda lavable de microfibra y *chenille*, ideales para suelos de madera, de cerámica y porcelánicos. Se pueden usar en seco o en mojado. Recogen muy bien el polvo y la suciedad, son resistentes y duraderas. Está compuesta por un bastidor al que se le ajusta la funda de microfibra y un palo, que puede ser telescópico y se maneja mejor, al girar sin problemas en todas direcciones. Seguro que las conoces, porque la oferta en las tiendas es muy amplia. Son muy ergonómicas y las que más se están usando a nivel doméstico. El inconveniente es que no siempre llegan bien a las esquinas por eso, cada dos semanas, recomendaría pasar la aspiradora por esas zonas. La puedes usar para paredes pintadas en seco o húmedo y en alicatadas, pero asegúrate antes de que estén completamente limpias. Yo empezaría primero por las paredes y luego con esa misma, continuaría con el suelo.

Si al terminar quisieras abrillantar, entonces puedes dar una pasada con una mopa seca y limpia. Quedan muy bien.

Y por supuesto, al terminar, hay que sacudir muy bien la funda de microfibra. Una gran ventaja es que se puede meter en lavadora a 60º. Si usas mopa con gasas desechables, tíralas una vez usadas; son un foco de suciedad.

– Actualmente experimento con mopa que lleva alfombrillas de quita y pon, sujetada con velcro e imanes. Tengo varias de dos colores para evitar la contaminación cruzada. Tienen la ventaja de que son cómodas de utilizar, llegan bien a los rincones y se lavan en lavadora. Por ahora, estoy contenta.

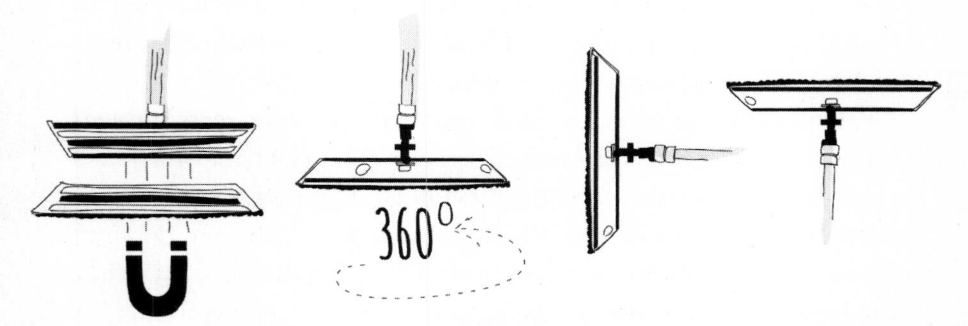

– Mopas de lamelo con gasas (flixelina) atrapa polvo, que están impregnadas en aceite mineral. Se usa solo en seco. Está compuesta por un bastidor con una base de goma gris y un palo que, por el sistema que tiene, puede girar hasta 360º facilitando su uso. Te la recomendaría si tienes largos pasillos o zonas amplias. Para una limpieza perfecta hay que colocar bien la gasa y pasarla en la dirección de las láminas de goma, que se adaptan perfectamente a cualquier superficie. Llega muy bien a las esquinas y debajo de los muebles. El inconveniente es que el aceite, aunque no se ve, mancha el suelo y se pega el polvo.

La bayeta de microfibra: ¡Pásate a la microfibra!

Esta bayeta ha sido mi salvación para cualquier limpieza micro o macro. No sé lo que hubiese hecho sin la existencia de estas amorosas bayetas. Sirven para todo. Son suaves, muy absorbentes y no dejan ni rastro de pelusa. Lo mejor de todo es que solo se lavan con agua caliente y tienen un precio fantástico.

Los expertos en textiles las consideran muy eficientes porque, gracias al tamaño y estructura estrellada de sus fibras no tejidas limpian en profundidad, no rayan y adhieren más cantidad de suciedad que cualquier otra fibra. Y, por si fuera poco, son capaces de absorber siete veces su peso en agua. También son más ecológicas porque reducen el uso de productos químicos. En casa las tengo por colores y así es más fácil distinguirlas en la limpieza y no mezclar suciedades.

Cuando compres una, fíjate bien en la composición. Habitualmente están hechas con el 80% de poliéster y el 20% de poliamida. La mayor parte de las microfibras permiten el uso en seco, húmedo o mojado. La diferencia está más en la capacidad de absorción de cada una. Ahí es donde interviene el gramaje; cuanto más gramaje, más número de fibras y, por tanto, más retención de agua. Normalmente, las que usamos, suelen tener entre 290 y 330 g/m^2. De hecho, si las has tenido en la mano, se nota perfectamente. Las más finas son las de menor gramaje y se usan para seco, es decir, para vidrio, gafas, pantallas de ordenador o de televisión.

¿Ventajas de limpiar con microfibra? ¡Todas!

– Gran resistencia a los lavados frecuentes, no encogen, no se deforman, no pierden propiedades, solo se van desgastando con el uso diario. Duran muchísimo.

– Se pueden lavar a temperaturas de hasta 95° (según marcas), por lo que son extraordinariamente higiénicas.

– Reducen el tiempo de limpieza porque absorben mayor cantidad de suciedad en cada pasada y requieren un aclarado menos frecuente.

– Te aconsejo que no uses suavizante, porque al depositarse sobre las fibras, les hace perder la capacidad de absorción; y cuando pasa eso, no es fácil recuperarlas después. Sécalas mejor

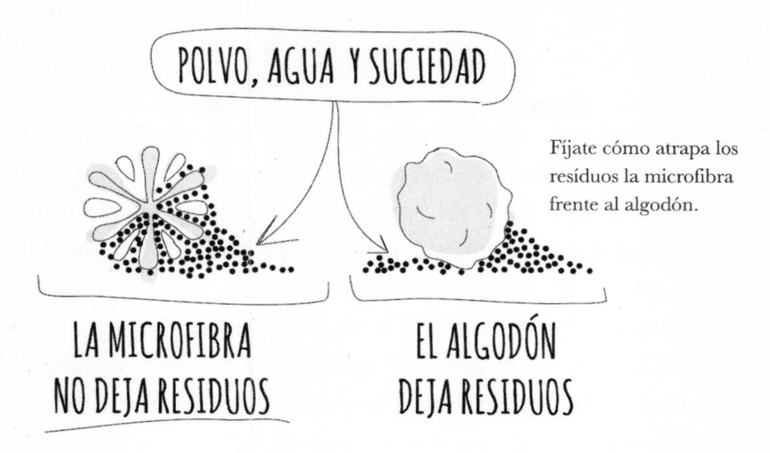

al aire libre para que no se curven por acción de la temperatura.

– Y un truco: para ver si una microfibra tiene buen poder de absorción, pásala por encima de la mano; si se te adhiere, es buena.

– Coge bien la microfibra: ¿cómo llego a ese detalle de limpieza o a esa zona? Pues muy fácil, con pequeños gestos con los dedos y las manos. Me explico: si cojo la bayeta de cualquier manera, pierdo su control y disminuye la superficie para recoger suciedad. Pero si la despliego pasa exactamente lo mismo, ya que el máximo que abarcará será la superficie de mi mano y, lo que excede, molesta y me cansará más. Sin embargo, si la pliego en cuatro, gano cuatro superficies con las que limpiar, controlo mucho mejor y no me cansaré apenas.

Los plumeros, para zonas altas o delicadas

Los plumeros tienen mala fama y a mí me gustaría darles el protagonismo que tienen en la limpieza. Lo que no se puede hacer es usar el plumero como si estuviésemos rodando un anuncio. Se utilizan para retirar el polvo de superficies más delicadas –cuadros y lámparas– o de difícil acceso –esquinas de techos, cortineros, etc.–

En las tiendas hay varios tipos de plumeros, pero yo solo tengo dos y no dejo de experimentar cada día un poco:

– El de pelos de microfibra para limpiar superficies en seco. No pesan nada, son ergonómicos, planos y flexibles. Atraen el polvo por electricidad estática y no lo trasladan, por lo que las superficies permanecen limpias más tiempo. Lo uso para zonas altas o donde no entra la bayeta, como radiadores, lámparas de techo, aparatos de aire acondicionado. También son muy eficientes en la limpieza de estanterías con muchos libros porque no hay que moverlos, y para los bordes superiores de los zócalos, en el caso de que no uses el haragán. No te olvides de que debe estar siempre limpio.

– Plumero de rizo, que es para limpieza en húmedo de aquellas superficies que lo admitan, como mesas laminadas, chapados, etc.

Las fundas de microfibra, que llevan se lavan una vez a la semana en lavadora a 60°. Al terminar de usarlos se cuelgan. Aunque la microfibra dura bastante, hay que contar con reponerlos según el uso.

El haragán

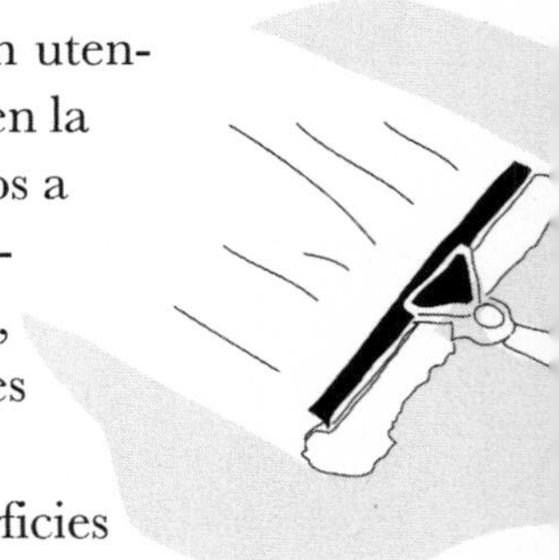

También llamado raqueta limpiacristales es un utensilio que se ha ido introduciendo poco a poco, en la limpieza doméstica. Normalmente lo asociamos a la limpieza profesional, pero ha habido empresas que ya han diseñado un modelo especial, como complemento en la limpieza de superficies y sustituto del fregado con cubo y fregona.

El haragán de mano para mamparas y superficies ha sido uno de mis últimos descubrimientos. Se usa para todo tipo de superficies lisas y pulidas. La ventaja es que simplifica la limpieza y seca perfectamente, dejando las superficies sin trazas. Le puedes incorporar una guía telescópica para zonas más altas con lo que puede usarse en paredes de baño alicatadas. Yo aconsejo tener uno en cada ducha para que cada cual repase su propia mampara.

Hay algo que posiblemente no sepas y es que siempre hay que empezar a usarlo desde la zona seca para que la ventosa se adhiera a la superficie y arrastre el agua. Se pasa haciendo ochos tumbados para no dejar regueros de agua. Cuando llegues al suelo insiste en las esquinas. Puedes hacer el suelo, dirigiendo el agua hacia el desagüe si estás, por ejemplo, en el lavadero o en el plato de la ducha.

Luego están los combinados, son algo más anchos, y también se usan para limpiar cristales. Pueden llevar esponja o una alfombrilla de microfibra enganchada al soporte, de quita y pon, que es la que aporta el agua y el producto. Al terminar, la alfombrilla de microfibra o el mojador, se lava. Deja todos los elementos juntos para localizar el pack rápido.

El haragán para suelos permite la eliminación de sólidos y líquidos. Todavía no está incorporado al uso doméstico, porque seguimos barriendo. Te enumero las ventajas que le veo:

– Tiene alta capacidad de arrastre y recoge partículas de polvo más pequeñas que la escoba sin apenas levantar polvo.

– La superficie de contacto con el suelo es un 40% mayor que la de una escoba, por lo cual reduce el tiempo de trabajo.

– Se adapta a las irregularidades del suelo.

– Elimina la electricidad estática evitando la formación de pelusas y depósitos de polvo.

– Es versátil; se puede introducir con facilidad en rincones, esquinas y debajo de los muebles.

– Ten un recogedor para la suciedad y los líquidos.

Claro, que no podemos tener de todo tipo de artilugios porque nuestros cuartos de limpieza suelen ser de 60 cm máximo. Nos toca ir decidiendo en función del modelo de casa que tenemos, pero va bien saber que existen.

— Utensilios complementarios de limpieza—

Son utensilios más humildes pero cada uno de ellos puede ser necesario para limpiar un determinado objeto. Por eso hay que prestarles atención. No significa que los tengas todos, ni mucho menos. Debes tener solo los que uses según el tipo de vivienda y materiales instalados. Es lógico que te hable de varios. Pero recuerda siempre: tiende a simplificar y unificar.

Los cepillos de limpieza

Suelo incluir en mi equipo de limpieza un cepillo de uñas, de cerdas de poliéster, porque a veces aparece alguna mancha seca o más complicada de eliminar.

Cada vez que voy al dentista, siempre me da el mismo consejo: cuando te limpies no hagas fuerza con el cepillo porque las cerdas se abren y al rozar la encía te puede sangrar. Cuando usamos un cepillo para eliminar una mancha, ocurre igual, no hay que hacer mucha fuerza porque pasa lo mismo, las cerdas se abren, no contactan con la zona, no limpian y además se extiende la mancha.

– Los cepillos de PVC y crin de caballo, blanco o negro, son más resistentes que los de la ropa. Se usan para limpiar mobiliario con partes textiles como sofás o butacas. También los puedes usar para la tapicería del coche.

– Limpieza de los cepillos: los cepillos, como cualquier utensilio de limpieza, han de estar siempre limpios. El cepillo de uñas se limpia con agua jabonosa o un poco de amoniaco. Para secar, cuélgalo de un gancho o déjalo boca arriba, para que la humedad y el calor no deformen las cerdas. Yo los meto en el lavaplatos a 30°, y salen limpísimos. La reposición está en función del uso. Los cepillos de PVC y crin de caballo se pueden lavar con un detergente neutro sin dejar a remojo. Luego aclarar muy bien y dejar secar.

Los estropajos

Hay que saber que, aunque no lo veamos, los estropajos –algunos más que otros– rayan las superficies porque los usamos con la intención de retirar suciedad. Pero no siempre son la solución:

Tipos según su composición:

– Poliéster: por lo general son verdes, pero también los hay en blanco y negro. La mayor o menor capacidad de desgastar dependerá del grosor, dureza y densidad de las fibras utilizadas. Para facilitar el uso y que sea más cómodo frotar, se le suele pegar una esponja de poliuretano flexible, que ayuda a absorber el agua sobrante y suciedad.

– Metálicos: los más utilizados son los fabricados con cintas finas de acero inoxidable con las que se forma un ovillo del tamaño de una mano. Las conocemos con el nombre de «nanas». Lo que ocurre es que son un poco incómodas, se deshacen enseguida y es difícil que pierdan el agua, por lo que hay que ponerlas siempre separadas del resto de productos. A mí no me parecen higiénicas porque la suciedad se queda atrapada dentro y aunque le des unos golpes al aire para que caiga, siempre queda algo de suciedad.

Para la limpieza de los estropajos: los sintéticos, se pueden meter en el lavaplatos, todos los días, para desinfectarlos. Quedan perfectos. Los metálicos, con agua jabonosa, escurrir y dejar secar en zona aireada.

Los pulverizadores nos ahorran bastante producto

Los pulverizadores o atomizadores facilitan sobre todo ahorrar producto y mantener la disolución en perfecto estado. Suelen tener un mecanismo muy sencillo pero vulnerable y se rompen con frecuencia. Si los reutilizas, etiquétalos con un rotulador permanente. En cuanto falle el sistema, elimínalo y compra otro. Debe pulverizar por igual a modo de fina lluvia y no echar chorro.

Recuerda poner siempre las etiquetas mirando hacia ti y las pistolas en la misma posición, la de salida. Hay que buscar la comodidad, pero también la armonía y la belleza. Por eso, si puedes, busca tener los botes de igual altura y forma.

Los dosificadores de gel

Así como los pulverizadores son para los líquidos, los dosificadores se utilizan para los geles. Procura que estén siempre limpios, especialmente el pulsador ya que, si hay restos, se secan y dificulta que salga el gel.

A modo de ahorro, puedes comprar el producto tamaño familiar y distribuirlo en los dosificadores para que cunda más y se gaste solo la cantidad prevista. El problema es rellenarlos con constancia y almacenar el resto. Son pequeños gestos que suponen, en el conjunto de todos los gastos, un pequeño ahorro.

Por cierto, ten la precaución de cerrar la tapa de cualquier gel o champú; se secan por acción del oxígeno y, estéticamente, queda mejor todo cerrado. Si se caen al suelo, no se derraman, lo cual es interesante y evitamos limpiar dos veces el mismo espacio.

Los rasca vidrios y espátulas

Yo tengo incluido en mi equipo de limpieza habitual el rasca vidrios para cualquier pegote que aparezca en un cristal o superficie lisa. Así, si lo llevas a mano, lo eliminas. Volver atrás es difícil, da pereza y es una pérdida de tiempo especialmente si la casa es grande. Hay que tener la precaución de quitar la cuchilla cada vez que se usa para que no se oxide o al menos secarla muy bien y retirar la suciedad completamente. Yo las guardo en un botecito de plástico transparente que viene con los guantes del tinte del pelo.

Las bolsas: unifica sus tamaños

Una de las cosas más prácticas que he hecho en casa últimamente ha sido unificar los cubos del reciclaje y el de basura para tener un único tamaño de bolsa. Te lo recomiendo porque tendrás más orden y acertarás a la primera.

Si eres de los que reutilizas bolsas del supermercado, entiendo que son de la medida del cubo, y en ese caso, por higiene asegúrate de cerrarlas muy bien para que no se abran, camino del contenedor, en la calle.

— El armario de la limpieza —

El armario de limpieza es una de las zonas que más se mueve en una casa, por eso si está bien pensado y ordenado, facilita mucho el trabajo. Es más, basta con plantearlo bien una vez en la vida, marcarlo correctamente, y ya estará encaminado para siempre. Solo nos queda limpiarlo y mantener su orden.

«La foto de una familia es su armario de limpieza»

Estas son algunas ideas que pueden servirte para acertar:

– Medidas óptimas mínimas: 50/60 x 60 x 210 cm. El alto es importante pues de esa medida –210 cm– depende que quepan los palos adecuadamente sin rozar el suelo o dentro del cubo.

– ¿Dónde lo pongo? El armario de limpieza en la cocina: aléjalo al máximo de la despensa y de la parte de cocción. Lo normal es que esté al inicio o al final de esta. Si hay varias plantas sin ascensor, lo ideal es dotar a cada planta de uno. Si hay piscina y jardín, es mejor tener otro exclusivo para esa zona.

– No mezclar conceptos: es solo para limpieza y es bueno que sea así. Por tanto, si es limpieza no es plancha. Esta ya tendrá su propio espacio, aunque solo sea una balda.

– Reducir el número de productos a la mitad: generalmente las casas son espacios pequeños y homogéneos en materiales, por lo que no es necesario tener un muestrario extenso de productos. Resulta antieconómico y nada ecológico.

– Tener baldas ajustadas a la altura de los productos, para un acceso rápido a los mismos. Recuerda que las empresas pueden fluctuar las alturas de los envases, por lo que no las ajustes al milímetro.

– Las bayetas dobladas y limpias pueden tener su espacio propio. Si puedes, no mezcles bayetas y productos, te será más rápido mantener el orden.

– Debe estar cerrado pero ventilado: si puedes, es conveniente abrir una rejilla de ventilación en la puerta o en un lateral del armario para evitar olores. Como sabes, hay puertas que ya las llevan incorporadas. También puedes acortar la altura de la puerta por la parte baja para evitar que, en caso de pérdidas de agua, se estropee la puerta.

– Los ganchos: ¡cuelga casi todo! Aprovecha las paredes. Son muy prácticos y baratos: te facilitarán colgar los paños húmedos, los guantes, plumeros, accesorios pequeños, etc. Aprovecha también la propia puerta.

– Los mordientes: antes de taladrarlos o pegarlos, haz una prueba a medida para que todo encaje bien. Te en cuenta que volver atrás será imposible.

– Un armario de limpieza con estilo: un armario de limpieza también tiene derecho a tener «estilo». Cuando compres los utensilios, elige palos iguales, de la misma gama de color y tamaño, si es posible. Date algún lujo.

– Regla de oro: guardar los utensilios siempre limpios, aunque cueste. Aplícalo también a los envases de los productos para evitar churretes y nuevas manchas.

– La foto de una familia es su armario de limpieza: si lo mantenemos con su orden, todos serán más ordenados, porque el orden llama al orden. Ordenad juntos las cosas. Es mejor.

– Si solo cuentas con un cajón: pon ahí todos los productos de limpieza bien organizados. Ten en cuenta que el criterio de búsqueda ahora pasa a lo que ves desde arriba al abrirlo, es decir, serán los tapones los que te ayuden a encontrar los productos. Por eso, a veces, es muy bueno marcarlos con un rotulador permanente. Y respecto a los cepillos, cubos de fregar, etc. suelen colgarse en la terraza de la cocina.

Creo que lo más importante es dedicar unos minutos a pensar en el armario de limpieza para lograr un espacio ergonómico y muy práctico. Cualquier solución será más que perfecta. Hay algunas ideas en el capítulo 9 sobre cómo montar un buen lavadero que te pueden interesar.

— El modo de trasladar lo necesario para limpiar —

El modo de trasladar los productos y útiles de limpieza dice mucho sobre nuestra capacidad resolutiva y de organización. Evitar dar paseos innecesarios y lograr desplazarse con todo lo necesario es, cuanto menos, un reto. Llevo bastantes años pensando soluciones para viviendas dispares y he llegado a estas conclusiones:

El carro de limpieza

Hace años, decidí que tenía que cuidar las posturas por salud y me monté un sistema de carro para limpiar la casa. Era un carro de aperitivo redondo de madera lacada en blanco que no se utilizaba. Tenía muy buenas ruedas y esa fue la clave. Ahí ponía los productos de limpieza y las bayetas. En la mano la mopa y en un sitio estratégico, a mitad de camino, el cubo y la fregona. Aquello funcionó bastante bien y me hizo entender la importancia de limpiar con comodidad y sin trasladar peso. Pero las cosas han cambiado y ya podemos acceder a modelos de carros domésticos muy portátiles. Es un sistema que recomendaría si tienes una casa grande, sin niveles o con ascensor, y siempre que dispongas de un sitio para «aparcarlo» cómodamente al terminar.

Las cestas de plástico flexible con asa alta

Estas cestas han sustituido al cubo tradicional. Tienen bastante fondo y poco ancho. Son cómodas y flexibles. Transportan erguidos los productos y tienen capacidad para trasladar hasta 3 rollos de papel higiénico para reponer.

Se limpian bien y se guardan ya equipadas para el día siguiente. Las microfibras puedes dejarlas bien plegadas colgando de uno de sus costados. Así se secan y ventilan correctamente. Te ocuparán unos 40 cm. Si no las encuentras, dímelo. Siempre que las he recomendado han sido un éxito.

Las bandejas de plástico duro con asa baja

Si optas por el sistema de bandejas con asa baja, mi experiencia es que, al ser pequeñas, no las puedes cargar mucho y los botes suelen vencerse. Elige muy bien lo que pones. Yo para una limpieza rutinaria de la casa y los cuartos de baño llevaría: una microfibra absorbente, otra seca y un pulverizador con un desinfectante y limpiacristales. Nada más.

Tercera parte: los productos de limpieza

La industria química ha hecho un esfuerzo por resolver las necesidades de nuestros hogares, creando productos cada vez más completos y sostenibles. Prueba de ello es que con un solo producto podemos limpiar y desinfectar varias superficies, reduciendo costes e impacto ambiental.

— Etiquetado de los productos de limpieza —

Una de las fuentes más interesante de información de un producto de limpieza es su etiqueta. Me gustaría concienciar de la importancia que tiene que leamos y conozcamos bien su contenido y nos familiaricemos con los símbolos. A mí me da tranquilidad saber que todos los productos de limpieza están sometidos a la normativa europea y controlada por la Agencia Europea de Químicos (ECHA).

Hace tiempo hice un pacto conmigo misma: en casa no entraba ningún producto si antes no leía la etiqueta. Al principio me costaba, pero después me acostumbré y ya estoy habituada. He conseguido dos cosas: ahorrar y comprar el producto que necesito sin equivocarme.

No es la primera, y no será la última vez, que me he encontrado un producto con etiquetado incompleto. Por un lado, confío en el supermercado que me lo vende, pero por otro pienso en el fabricante y creo que es mi deber como consumidora responsable decir si algo no me encaja. Gracias a esto, me han contestado de una cadena muy conocida, añadiendo a un multiusos, que ponía que contenía solo perfumes, veinte componentes más. ¡Casi nada!

Y como el principal factor de riesgo en el uso de los químicos es precisamente la ignorancia, vamos a apostar por el uso seguro en nuestros hogares leyendo las etiquetas.

Los químicos domésticos ya vienen preparados de fabrica en las concentraciones adecuadas para usarlos. Por eso hay que leer, porque contiene información valiosísima para su eficacia y para tu salud. La etiqueta de un producto químico tiene que señalar, de una manera clara y visible:

– El nombre con nomenclatura internacionalmente conocida.
– Nombre y dirección del proveedor.
– Cantidad de la sustancia contenida en el envase.
– Los símbolos con las advertencias necesarias.
– La finalidad del uso.
– Los posibles riesgos que lleva para la salud.
– La dosis de uso.

— ¿Por qué es importante conocer el pH de los productos de limpieza? —

Es importante conocer el pH de los productos porque podemos estropear un material sin darnos cuenta. Ese pH es un índice y lo que señala es la concentración de hidrógeno que tiene. La escala del pH va de 0 a 14, y en el 7, un químico se considera neutro.

En limpieza es mejor siempre ir de menos agresivo a más, es decir lo que se puede limpiar con un producto neutro no hay porqué hacerlo con uno ácido o alcalino.

7 > 14	Alcalinos
< 7 >	Neutros
0 > 7	Ácidos

– Productos alcalinos (pH 8 o mayor). Son productos que poseen propiedades desengrasantes y de higienización y son los que usaremos en zonas con suciedad orgánica (huevo o sangre) o grasas. Si el pH es muy alto suele utilizarse como desatascador. Ejemplos de productos alcalinos: lejía, amoniaco, friegasuelos amoniacales, detergentes para máquina lavavajillas y desengrasantes. Provocan quemaduras en la piel por lo que siempre recomiendo usar con guantes de cierta calidad.

– Productos neutros (pH 7). Son productos que se pueden utilizar en superficies o suelos con suciedad media: textiles, madera, mármol y terrazo cristalizados, ya que no alteran las propiedades del brillo. Ejemplos de productos neutros: los multiusos, friegasuelos para mármol o jabón para manos.

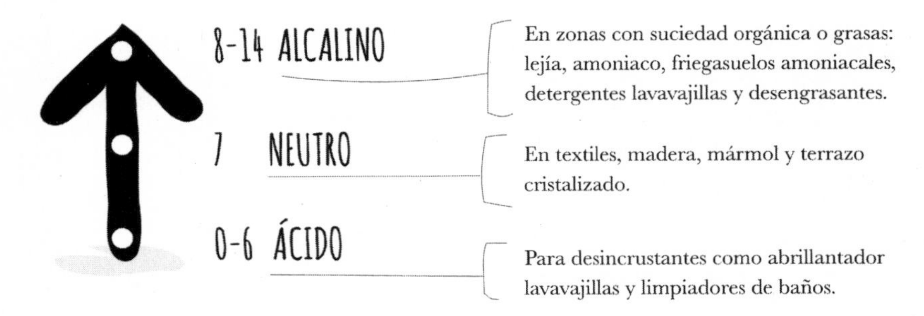

– Productos ácidos (pH 6 o menor). Son productos con propiedades típicamente desincrustantes de suciedad inorgánica como restos calcáreos, óxidos, etc. Pero ¡cuidado!, deben usarse en superficies no delicadas. Ejemplos de productos ácidos: abrillantador lavavajillas y limpiadores de baños. Corroen los metales.

— ¿Cómo acertar al comprar productos de limpieza? —

Esta es una pregunta que me hace mucha gente. Recuerdo que una persona que asistió a una de mis conferencias me comentó que hoy elegir un buen producto de limpieza era tan difícil como elegir un buen yogurt. Para ser sincera creo que tenía bastante razón. Yo me tengo que hacer violencia para no caer en la tentación de comprar a lo loco y acertar en la compra. Por eso lo que hago es:

– Comprar los productos con garantías y etiquetado fiable.
– Reducir la compra de productos agresivos y tóxicos.
– No comprar productos para eliminar cada mancha.

– Comprar solo la cantidad de producto que vaya a consumir en dos o tres semanas. Para que estén en mi armario prefiero que estén en la tienda, en su balda.

Jabones y detergentes: diferencias

Tengo que reconocer, que este es uno de mis temas favoritos. Además, es un campo que ha evolucionado mucho en pocos años. Voy a tratar de darte una información precisa y útil, que te ayude a comprender la diferencia entre estos dos productos, tomando como punto de partida su composición. Después, te será mucho más fácil elegir los que necesitas para organizar la limpieza.

Los jabones

Los jabones se obtienen a partir de la reacción de una grasa animal (cerdo, pescado, sebos) o vegetal (coco, palmito, oliva, palma, maíz), con sosa caustica o potasa. Se venden en pastilla, crema, polvo o en líquido. A veces se les añaden aditivos naturales para mejorar su capacidad limpiadora y su presentación.

Dependiendo de la grasa que se utilice en la elaboración tendremos jabones duros, blandos, transparentes, de tocador, para el afeitado, en polvo o líquido. Nuestras bisabuelas ya los hacían en casa porque es muy sencillo; de hecho, hay gente que todavía lo sigue haciendo para reutilizar los aceites de cocina. Fue mi primera práctica en el laboratorio de química; se llamaba la saponificación de la grasa. La verdad es que salí muy contenta con mi primer jabón.

En realidad es el jabón de sosa. Creo que recordarás, si eres más o menos de mi generación, la tradicional pastilla de jabón Marsella, también llamado de taco. Son buenísimos y desmanchan casi todo. Si, además, cuando lo usas, le añades limón y lo expones al sol tienes un blanqueante natural perfecto. Un inconveniente que tienen es que en aguas duras tienden a formar unas «micelas», esas conocidas costras que flotan y no se deshacen, porque el calcio y el magnesio del agua neutralizan su acción, cosa que no pasa con los detergentes. En parte se podría solucionar poniendo un descalcificador. Pero por lo demás son estupendos. Yo tengo siempre uno en la pila de lavado.

Explicación de cómo actúa el jabón ante una mancha de grasa[9]:

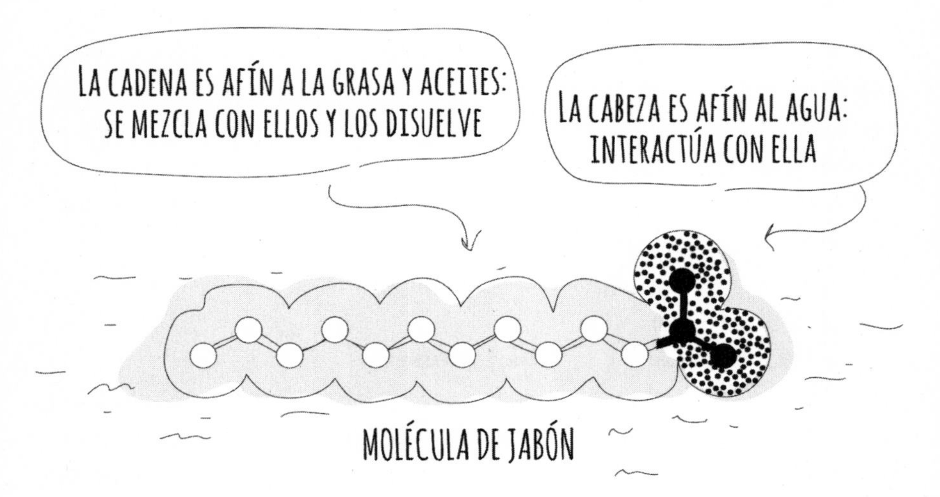

Estas estructuras se llaman micela
y son las responsables de capturar
envolviendo las manchas de grasa
eliminándolas en el propio lavado
Por eso, las manchas de grasa se
lavan con agua jabonosa.

Los detergentes

Los detergentes son productos sintéticos obtenidos del petróleo y a la hora de comprarlos es buenísimo tratar de entender su etiqueta. Me encanta ir al supermercado y hablar con cualquier jefe del área de limpieza sobre productos y etiquetas. De esas visitas y revisando ahora mis notas te cuento todo lo que compensa saber:

9 Fuente: www.revista.unam.mx

Los tensoactivos (TA) de los detergentes

Seguro que has oído hablar de los tensoactivos; de hecho, es casi lo que más copa el etiquetado de los detergentes. Son moléculas de cadena larga, con una parte lipófila y otra hidrófila, cuya presencia y características hace que disminuya la tensión superficial entre dos líquidos, facilitando el arrastre de la suciedad al agua. Se utilizan, según su composición, como emulsionantes, humectantes y detergentes. Pueden ser:

– Aniónicos, que son los más utilizados en detergencia y producen espuma.

– Catiónicos, con propiedades desinfectantes y bactericidas, pero no lavan tan bien.

– No-iónicos, más aplicados en industria y en los detergentes de lavavajillas.

– Anfóteros, usados en champú y cremas corporales.

– Biológicos, que además de tener TA llevan enzimas para facilitar la eliminación de manchas orgánicas.

La espuma está en función del tipo de TA que cada detergente lleve. Normalmente los aniónicos producen mucha espuma, los catiónicos poca y los no-iónicos casi nada. Por eso es importante leer muy bien las etiquetas, porque al comprar un detergente para la ropa, si vemos que hace poca espuma no es que sea malo, simplemente nos hemos confundido, era para desinfectar ropa de trabajo, por ejemplo, y no ropa de casa.

Los complementos de los detergentes

Son sustancias que van a ayudar a estabilizar el pH, a reducir la dureza del agua y a evitar que la suciedad precipite. Pueden ser polifosfatos, silicatos, carbonatos, que ayudan en el lavado en aguas duras y las zeolitas, que son minerales compuestos de aluminio y silicato de estructura muy porosa que mediante una serie de reacciones químicas ablandan el agua, acelerando el secado. Se usan bastante en detergentes para lavavajillas para un secado perfecto.

Los blanqueantes: aditivos de los detergentes

Son sustancias fluorescentes que absorben la luz UV y emiten luz visible azul. El efecto blanco es meramente óptico, no es que esté más limpio, y tiene un punto de saturación, es decir, llegado a un tope ya no absorbe más luz. Recuerdo haber visto a mi abuela usarlo. Y sí, la ropa quedaba con un blanco azulado muy luminoso. Los blanqueantes químicos son los conocidos perboratos que actúan con temperaturas bajas y ayudan a eliminar manchas difíciles.

Otros componentes de los detergentes

– Los enzimas, que eliminan las manchas biológicas porque rompen las moléculas de proteína. Son ideales para eliminar las manchas de grasa en la ropa.

– Los bactericidas, aseguran el nivel higiénico, especialmente en algunos productos de limpieza.

– Agentes anti-redeposición, su presencia es muy importante porque controla que la suciedad ya eliminada, no se vuelva a incrustar en el tejido.

– Estabilizantes de la espuma. Para las máquinas es muy importante porque las daña.

– Colorantes y perfumes, siempre son muy agradables y dan sensación de limpio. Pero no te dejes guiar solo por esto. Pide a los fabricantes que incluyan en el etiquetado la composición completa de sus productos.

Hay personas que me preguntan qué es mejor: usar detergente líquido o en polvo. En realidad, si estamos hablando del cuidado de la ropa hay un punto de gusto personal, precio y biodegradabilidad. Mi experiencia es que el líquido es más cómodo, pero sale más caro porque tendemos a poner más de lo necesario y es menos respetuoso con el ambiente. Por eso es tan importante saber la dosis exacta de cada producto. Puede ser práctico hacer una marca con un rotulador permanente en el vaso dosificador.

Los detergentes en la limpieza de la casa

Como estamos en el apartado de productos de limpieza, creo que nos ayudará si dividimos la casa por zonas, así es más fácil identificar el tipo de suciedad y determinar los detergentes que necesitamos.

Detergentes en la cocina

– Detergente para el lavavajillas. Actualmente hay productos que integran: detergente, abrillantador y la sal, en un solo producto. He optado por las pastillas. En una encuesta que hice a mis seguidores en Facebook, todos los que usaban este sistema de 3 en 1, coincidían en que, en zonas de agua dura, además tenían que añadir sal y abrillantador, lo que demuestra que están estandarizadas.

– Detergente para lavado a mano, normalmente detergentes líquidos, neutros. Hay que tenerlo en cuenta para no usar más del necesario. Recuerda utilizar guantes y leer bien la etiqueta. Para ahorrar y usar la cantidad necesaria, y no más, lo pongo en un dosificador.

– Un desengrasante para la limpieza del suelo y superficies. Yo he decidido utilizar el mismo producto y estoy encantada porque funciona muy bien. No te olvides aclarar en las superficies.

Detergentes para los cuartos de baño

Desinfectante sanitario para inodoro, ducha, interior de la mampara y lavabo, que además son desincrustantes y eliminan los restos de cal. Y un limpiacristales para la parte externa de la mampara, el espejo y mobiliario.

En las habitaciones y salas: dependerá del tipo de material que tengas

– Limpiadores de suelos. Aunque hay gran variedad, para una casa bastaría uno con pH neutro para todo tipo de suelos y un nivel de suciedad medio-bajo.

– Limpiadores para madera. Son productos que limpian, nutren, abrillantan y protegen la madera. Especialmente hay que usarlos en climas secos.

– Limpiadores para suelos de cerámica. Usaría el mismo que para los suelos de los baños si no tienen un olor excesivamente a baño.

– Limpiadores para suelos acristalados: un detergente neutro.

– Limpiadores para piedras naturales pulidas y abrillantadas: en caso de necesitarlo, usa detergente neutro. Lo correcto es no mojarlas, pero si en algún caso el nivel de suciedad lo requiere, puede utilizarse un alcalino (desengrasante). Lo que está desaconsejado son los productos ácidos, porque deterioran la piedra sin posibilidad de recuperarla.

– Limpiadores de tapicerías y alfombras. Son espumas que limpian y protegen los colores. Actualmente están muy desarrollados y son muy completos. Hay que perder el miedo a limpiar tapicerías en casa, pero también puedes contratar servicios que se desplazan a domicilio y quedan muy bien.

– Limpiadores de superficies:

• Limpiadores multiusos. Son detergentes suaves, de pH neutro y agua, que facilitan la limpieza de la mayor parte de las superficies, especialmente de las no porosas como el metal, plástico, laminados o cristal y de suelos como el granito.

• Limpiacristales. Suelen estar compuestos de alcohol, agua y un detergente neutro. Pueden llevar también amoniaco, sustancias antivaho y enzimas. Se aplican con pulverizador para extender mejor el producto. Se secan rápidamente sin dejar cercos y pueden tener propiedades electroestáticas. Se puede usar también como un multiusos ya que además de tener los mismos componentes tiene alcohol. Es mi básico nº1.

• Específicos, si las superficies son de madera o textiles, emplearemos productos específicos.

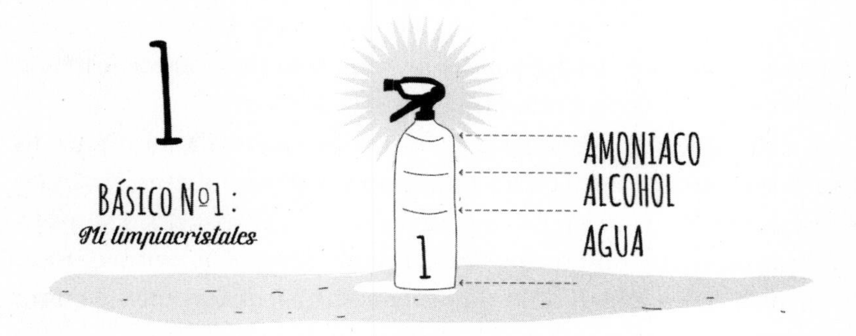

— Los desengrasantes —
El amoniaco, valioso aliado en la limpieza

La suciedad más frecuente en una casa, además del polvo, son las manchas de grasa. Para eliminarlas solo hay que aplicar el detergente adecuado para suelos, superficies y sanitarios.

Un desengrasante no es un detergente, sino una sustancia, generalmente alcalina, con pH entre 8 y 14, capaz de eliminar aceites y grasas de cualquier suelo o superficie.

El desengrasante más conocido y famoso es el amoniaco. Yo tenía una amiga que lo limpiaba todo con amoniaco; ella me enseñó a limpiar el metal dorado con amoniaco diluido en agua. Lo que si es cierto, es que quita manchas de grasa y otras más rebeldes, y es muy eficaz en la limpieza de alfombras y moquetas. Lo he bautizado como el desengrasante excepcional: mi básico nº2.

El amoniaco es un gas incoloro de olor característico, compuesto por hidrógeno y nitrógeno. En estado puro tiene un pH 11. Es tóxico, y puede causar irritación en los ojos, la piel y en la garganta. Por lo tanto, procura evitar el contacto directo con la piel,

usando guantes y siempre en una zona ventilada para impedir una concentración excesiva que te irrite los ojos.

La clave de su eficacia está en utilizarlo del modo correcto. El que compramos lo podemos usar directamente o bien diluirlo en agua para limpiezas menos agresivas como los cristales o superficies que no estén muy sucias. Su etiqueta dice que es perfecto para la limpieza de tejidos, como quitamanchas, limpiacristales y como desengrasante puro o diluido. Y lleva razón.

Con el amoniaco hay que tener la precaución de no mezclarlo con lejía o detergentes clorados porque la reacción entre ambos genera ácido nítrico, que es un gas tóxico y corrosivo. Sin embargo, lo puedes mezclar con detergentes neutros para una limpieza más completa, pero antes asegúrate de que no llevan cloro. Ya sabes que tengo un pulverizador reciclado y marcado, con agua y amoniaco al que he añadido un poco de detergente neutro, es decir, he hecho mi propio limpiagrasas, ¡Por cierto! me saca de muchos apuros de una forma rápida y eficiente.

También existen otros productos desengrasantes ya comercializados para eliminar las denominadas grasas calientes, es decir, aquellas que han sido sometidas a altas temperaturas –como las que se generan alrededor de la cocina y en los hornos– que forman con frecuencia costras oscuras. Seguro que las reconoces.

A mí me resultan muy molestas porque si no se actúa rápido cada vez van a peor. Bien, pues como te decía, existen productos líquidos específicos bastante eficaces y te recomendaría tener uno para usar en el momento. Los hornos son punto y aparte y los trataremos en el capítulo de la cocina, pero ya te adelanto que algunos productos, en forma de espumas, son bastante abrasivos y pueden llegar a estropearlo. Lo importante es limpiarlo en el momento y una vez que se ha enfriado. Aplica el desengrasante de la vajilla y, normalmente, con una microfibra será suficiente. Retira el producto y aclara muy bien para que no queden restos de detergente ya que, al ser alcalino, los posibles residuos al calentarse de nuevo producen gases molestos.

Sin embargo, para grasas frías, por ejemplo, si se derrama aceite en un suelo o superficie, el amoniaco es suficiente.

— Los desincrustantes y el vinagre —

Cuando la suciedad de tipo inorgánico como la cal, el óxido o el sarro no se eliminan por procedimientos normales, o sea con agua caliente y detergente, entonces es el momento de pensar en productos más específicos.

Generalmente este tipo de suciedad aparece alrededor de las griferías y tienen con un color verdoso o marrón. Hace falta un producto con un pH ácido y según la suciedad, buscaremos uno de pH más ácido. ¿Qué hacer entonces? No preocuparse ya que hay varias soluciones.

¿Qué desincrustante puedo utilizar en casa para una suciedad media?

Los limpiadores desincrustantes –líquidos o sólidos– son los que usamos en la limpieza doméstica en las zonas donde, por la presencia del agua o humedad, haya restos de cal. Son productos muy completos que además de ser anti-cal, pueden llevar detergentes y desinfectantes. Personalmente solo los uso cuando hay zonas en las que se ha descuidado la limpieza frecuente y aparecen este tipo de manchas.

– El ácido clorhídrico, lo conocemos como salfumán o agua fuerte. Es muy corrosivo para el material y las tuberías. Además, es altamente contaminante y peligroso, porque produce quemaduras y problemas respiratorios. Mi consejo es no usarlo.

Normalmente se utiliza en limpieza de obra, para quitar restos de cemento, cal y sarro, pero es importante tener en cuenta que no se puede utilizar sobre cualquier superficie, porque en muchos materiales provoca deterioros irreparables. Necesita aclarado. Si lo tienes en casa, no olvides guardarlo lejos del alcance de los niños y las mascotas. O incluso eliminarlo una vez hayas limpiado.

– Desatascadores químicos. Son productos agresivos y corrosivos que se usan para desatascar las tuberías. No recomiendo su uso. Lo mejor es la prevención, es decir limpiar bien los platos, no echar desperdicios ni nada que pueda atascar las tuberías de la cocina o del lavabo, y usar las papeleras o los cubos de basura.

Pero si ya están atascadas, es mejor probar con la ventosa o desmontarla para sacar la suciedad. Podemos hacerlo nosotros o llamar al fontanero. Pero nada como la prevención de educar a tus hijos. Pequeños hábitos consiguen grandes logros.

¿Cómo aplicar un desincrustante?

Lo primero leer lo que dice el fabricante y lo segundo, proteger la zona para que no se estropee. Después hay que esperar a que reaccione y se asiente, retirando los restos con una esponja. Todos necesitan aclarar y secar muy bien. Ten cuidado si estás desatascando cerca de zonas esmaltadas (duchas, lavabos, etc.).

> *«Los desincrustantes atacan los metales, esmaltes y mármoles. Por tanto, si tienes una encimera o un suelo de esos materiales, ¡ojo!, si les cae una gota… no los recuperas»*

El poderoso vinagre

A pesar de los muchos y variados productos que nos ofrece el mercado hoy, el vinagre sigue copando todos los armarios de limpieza de nuestras casas. Pasa un poco como con el amoniaco y el alcohol. Es un básico en la limpieza, una especie de *must have*. Sirve para casi todo. El vinagre es un líquido compuesto de ácido acético y agua, que se obtiene por la fermentación del vino.

– Su pH ácido hace que no proliferen las bacterias.
– Limpia y abrillanta las superficies.
– Elimina el sarro.
– Desatasca el fregadero y elimina los malos olores en general.
– Quita las manchas de agua de la madera.
– Elimina los restos de pegatinas en las superficies.
– Desinfecta las verduras y las frutas.
– Elimina el olor a tabaco y el de las mascotas.
– Remueve las manchas de vino.
– Combate las hormigas para que no avancen en tu casa, en tu cocina, etc. Simplemente rocía el sendero.
– Y en la ropa, afianza el color.

Hay personas que lo usan diluido en agua, en la proporción 1/4, para los cristales y las encimeras de acero de la cocina. Igual te funciona a ti también.

— Los desinfectantes y la lejía —

Según la OCU vivimos rodeados de microorganismos y no por ello estamos siempre enfermos. Por eso no hay que obsesionarse con la limpieza y la desinfección: nuestra casa debe estar limpia, pero no estéril como un quirófano. Además, por mucho que nos esforcemos, la desinfección siempre es momentánea: pasado un tiempo todo vuelve a estar poblado de bacterias. Lo importante es saber que, si limpiamos bien y con la frecuencia debida, la casa estará perfectamente a salvo.

La cocina y los cuartos de baño son las zonas claves para la desinfección en una casa. En este mismo capítulo, unas páginas antes vimos cómo hacer a fondo la limpieza de estas zonas.

Hay distintos tipos de desinfectantes, aunque el más conocido a nivel doméstico sea la lejía, o hipoclorito sódico. Entre ellos estarían los compuestos a base de amonio cuaternario, los fenoles, los hipocloritos, los peróxidos y los yodoformos. Todos ellos con una potente acción antibacteriana además de combatir a las esporas, los hongos y los virus.

¿Qué afecta a la potencia de un desinfectante?

Normalmente la concentración del producto, el pH, la temperatura y el microorganismo presente en la zona a limpiar.

¿Qué se espera de un buen desinfectante?

– Que sea estable, es decir, que no se altere con la luz.
– Que tenga amplias posibilidades de desinfección.
– Que limpie bien.
– Que no manche.
– Que reaccione rápido.
– Que no sea corrosivo.
– Que no tenga un olor excesivamente fuerte.
– Que consiga una destrucción total de microorganismos.
– Que tenga efecto residual, y su efecto perdure un par de horas.
– Que sea eficaz incluso, en aguas duras o con materia orgánica.
– Que tenga una tensión superficial baja, es decir que penetre bien para poder atacar la mancha a eliminar.
– Que sea inocuo y biodegradable.

La lejía

Es una solución de hipoclorito sódico con un contenido de cloro activo entre 20 y 110 gramos por litro de agua. Se usa en la limpieza de suelos, superficies, sanitarios y ropa porque desinfecta y decolora. Actualmente se ha comercializado mezclada con detergentes y otros elementos para un uso más completo.

Me parece importante que se sepa que, en el uso doméstico, tiene más inconvenientes que ventajas. No quiero ser alarmista, pero hay que saber que la lejía, como desinfectante, no es lo mejor.

– Hay que usarla siempre con agua fría ya que la temperatura hace que se evapore el cloro y no desinfecte, aunque permanezca el olor característico.

– Y en presencia de suciedad, limpia, pero no desinfecta. Es decir que, si no se elimina la suciedad antes, la lejía no desinfecta.

– No tiene efecto residual, lo que significa que una vez desinfectado volverán las bacterias, cosa que no pasa con otros desinfectantes, como veremos.

Me quedé muy sorprendida al saber que en casa podía conseguir el gas mostaza simplemente mezclando lejía con un detergente lavavajillas. Luego supe que si se mezcla con algunos ácidos produce gas de cloro, que con agua es altamente tóxico dando lugar a ácido clorhídricos e hipoclorosos. Y en contacto con el amoniaco, produce cloraminas, un gas tóxico y cancerígeno.

«Mi conclusión con respecto al uso de la lejía:
muy restrictivo.
Optar por otros productos alternativos»

¿Es posible desinfectar sin lejía?

La respuesta es sí. Se puede desinfectar sin lejía. Poco a poco van surgiendo otras alternativas para nuestros hogares como los compuestos de amonio cuaternario, los biocidas, las enzimas o peróxidos. Todas ellas son sustancias antimicrobianas y desinfectantes. Los seguiremos bien de cerca para ver en qué momento aparecen en los etiquetados. Por de pronto anota esto:

– Tienen efecto residual, a diferencia de la lejía; duran un par de horas desinfectados, lo cual es muy interesante si pensamos en zonas críticas de la cocina y, por supuesto, el inodoro.

– Al evaporarse, no dejan residuos ni tienen efectos nocivos ni tampoco tóxicos. Son muy sencillos de aplicar.

Ya tienes aquí cuatro compuestos en los que fijarte a la hora de comprar un desinfectante de baños en casa.

¿Qué otras opciones tenemos para la desinfección?

– Productos químicos.

– Productos con oxígeno. Son una alternativa al cloro, pero cuidado porque también son peligrosos y algunos de ellos pueden estar etiquetados como nocivos. Ya han sido incluidos en muchos productos para limpieza de suelos y textiles.

– El bicarbonato es otra posibilidad, pero en los baños me parece insuficiente.

– El agua oxigenada: al margen de su uso para tratar las heridas, el agua oxigenada da mucho de sí. No solo es blanqueante para la ropa, sino que además es estupendo para la desinfección de la vajilla o de cualquier superficie.

– Otros remedios caseros, más respetuosos con el medio ambiente son el vinagre de limpieza, del que hemos hablado, y el limón. Quiero aclarar que no son desinfectantes por sí mismos, sino por su pH ácido que es el que se encarga de que las bacterias no proliferen. Tras usarlos debes aclarar con agua abundante.

Desinfectar con ozono: el aire es más puro

El ozono es un gas que está presente en la atmósfera y cuya misión es protegernos de las radiaciones ultravioletas del sol. Está formado por tres moléculas de oxígeno, 0_3, y actúa como oxidante sobre la suciedad. Es mucho más potente que el cloro y sus derivados, y es capaz de eliminar bacterias, esporas, hongos y virus, además de suciedad orgánica e inorgánica.

Una amiga mía que tenía un par de mascotas en casa y estaba desesperada con el olor, me dijo que lo había conseguido eliminar, gracias al ozono y con algo tan sencillo como instalar un enchufe. Y es que esta es una de sus ventajas: combatir los malos olores, que muchas veces no sabemos cómo eliminar. Por ejemplo, el olor del tabaco, el calzado, el olor a cerrado de espacios poco ventilados o la desinfección de habitaciones de personas enfermas.

Ventajas del ozono

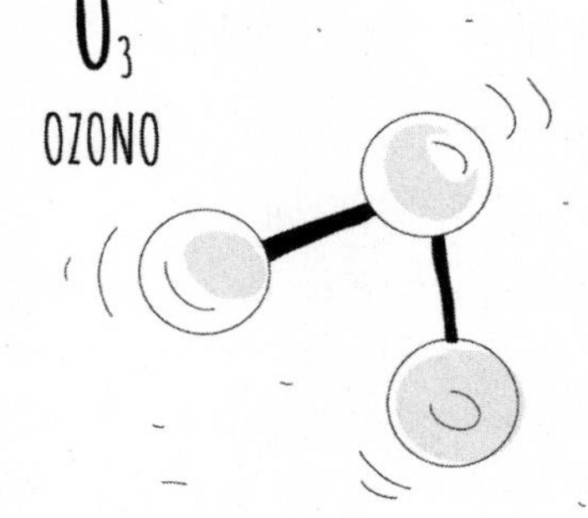

– Es barato; no lo compras, sino que se genera gracias a un enchufe, que es el que produce la activación del oxígeno del aire. Puedes poner uno en la cocina y otro en el cuarto de baño o la zona a desinfectar.

– Asegura una mayor calidad del aire en beneficio para la salud.

– Reduce el consumo de agua y productos químicos.

– Tiene cero impacto ambiental.

– Como se forma en el aire, se adhiere a los tejidos desinfectando cortinas, tapicerías, mantas y colchones, lo cual es muy interesante, si pensamos en las alergias.

Para mí ha sido un descubrimiento muy interesante y necesario. Un sencillo enchufe puede hacer el ambiente más sano y más respirable.

— Los decapantes —

Un decapante es un producto que sirve para eliminar capas de pintura, barnices, esmaltes, óxidos o colas. Se usa tanto en superficies verticales como horizontales y en varios tipos de soportes: madera, metal, cemento, azulejos o vidrio, pero no es adecuado para plásticos ya que los aniquila.

Actúan primero en la parte más superficial, produciendo una capa arrugada que seguro conoces, y otro en profundidad. Su textura suele ser espesa, tipo gel, para facilitar su aplicación en superficies verticales y evitar goteos. Suelen ser productos específicos según la zona a decapar: universales, para madera o para metal.

En una casa los usaríamos si hacemos tareas de bricolaje en muebles o exteriores como rejas o ventanas. Yo no tengo. Si alguna vez lo necesito, prefiero comprarlo y consumirlo al 100%.

— Los abrasivos, retiran la capa superficial —

Son sustancias granulosas que, incorporadas a otras, y por acción mecánica, pulen, eliminando la suciedad a costa de retirar la capa superficial. Al ser agresivas rayan el material de base, por eso no conviene abusar de ellas.

Cuando los objetos se mantienen limpios, no necesitan limpiezas fuertes que los estropeen y acorten su vida. Un ejemplo muy cercano, son los productos líquidos para limpiar metales o detergentes en polvo, para eliminar manchas más duras o grasas calientes de la batería de cocina o incluso de suelos resistentes.

Un tipo de abrasivo suave es el bicarbonato sódico. Nuestras abuelas no sabían vivir sin él y lo entiendo porque era el multiusos de la época. Por ejemplo, en cocina, limpia, desinfecta, desincrusta y neutraliza los olores. En la limpieza, desatasca, abrillanta, limpia y desinfecta. Normalmente se usa en un atomizador con agua y detergente. También elimina olores en los zapatos y en la nevera además de las manchas en los colchones.

— Los disolventes, para todo lo no-soluble en agua —

Los disolventes son sustancias de naturaleza orgánica que se usan para limpiar manchas que no se disuelven en agua, por ejemplo, restos de pintura en rodillos y pinceles, goma, chicles, manchas de calzado, etc. Al usarlos hay que tener cuidado porque la superficie puede perder color y, si es un sustrato de plástico, incluso puede disolverlo.

Son de consistencia volátil e inflamable, por eso hay que usarlos en zona ventilada y cerrarlos muy bien. Los disolventes son decapantes, pero no todos los decapantes son disolventes.

Al no ser un producto de limpieza, yo lo tengo en una segunda línea del armario. El paño que usemos, de algodón o microfibra se lava con jabón de taco y agua caliente para eliminar el producto y olor característico. No lo mezcles con otros paños porque cogerán su olor. Guárdalo junto con el producto una vez limpio atado con una goma plana y ancha, y así te será más fácil coger todo el *pack* la siguiente vez.

La acetona

La acetona es un compuesto orgánico, líquido, incoloro y soluble en agua. Es bastante inflamable y debe emplearse con precaución. Se utiliza como desengrasante y decapante de grasas, barnices y lacas y por tanto comparte algunas características con el aguarrás. ¿Qué cosas podemos limpiar con acetona y cómo limpiarlas? Lo primero es siempre probar antes en una zona pequeña. Necesitaremos un pincel y una rasqueta o espátula para eliminar los restos una vez que haya hecho efecto la acetona sobre la capa de la superficie que queremos eliminar.

– Restos de pegamento sobre superficies y telas.
– Manchas de bolígrafo y rotulador.
– Restos de silicona en superficies.
– Restos de barnices o pinturas.

En general, debemos guárdalo en frasco de cristal y bien cerrado porque es muy volátil.

El aguarrás o esencia de trementina

El aguarrás es aceite de trementina, de origen vegetal –celulosa– y es el típico disolvente de pintor, el más conocido y usado en casa. Es un líquido orgánico, incoloro, volátil, algo más denso que el agua y soluble en alcohol puro. Normalmente se usa para eliminar capas de pinturas oleosas, sintéticas, barnices y resinas. Además, es un estupendo desengrasante para manchas de rayas negras en suelos de linóleo.

Hay dos tipos:

– De origen vegetal, llamado también esencia de pino o trementina, por proceder de la destilación de la resina del pino.

– De origen mineral o símil, que proviene del petróleo y se considera un sucedáneo del vegetal. En las tiendas es el que más se vende y es el que yo tengo en casa. Lo único que hay que saber es que reseca la madera encerada; en ese caso es mejor usar aguarrás puro.

Los restos de aguarrás no se tiran por el desagüe; se dejan evaporar y luego se lava el recipiente que hemos usado con agua caliente y detergente neutro.

El alcohol

El alcohol es uno de los productos que más se usa en la limpieza de una casa, bien directamente o en composición de limpiadores de superficies, ya que limpia, desinfecta y disuelve grasas, resinas, lacas y pinturas. Es un líquido incoloro, menos denso que el agua y soluble en ella. Se evapora rápido por eso yo lo uso en uno de mis básicos (nº1: limpiacristales). Ten la precaución de que esté siempre lejos de fuentes de calor porque es volátil e inflamable.

Estamos muy acostumbrados a tener en casa el limpiacristales, pero ¿sabes lo que lleva? Algunos solo llevan agua y alcohol etílico, otros pueden incluir además detergente neutro, amoniaco y perfumes. ¿Qué cosas podemos limpiar con alcohol?:

– Algunos objetos delicados como lámparas o elementos decorativos a base de metal.
– Todo tipo de enchufes, auriculares, teléfonos, teclados.
– Limpieza de superficies en la cocina y electrodomésticos.
– Los azulejos y picaportes o manivelas.
– Para limpieza de cristales y espejos (básico nº1) pág. 123.
– Para limpiar los juguetes, objetos de plástico y pegamento.
– Es un buen quitamanchas de tinta y bolígrafo.

— Materiales: cómo limpiarlos —

Hace poco me dijeron: «Pero Pía, ¿para qué necesito saber tanto de materiales si solo quiero organizar mi casa? Me basta con saber qué hacer cada día de la semana y ya está. –¡Error!–, pensé, pero le dije: Mira, es como si a un panadero le dices que no sepa de harinas». Y me pregunto: ¿Por qué no conocer más sobre esos tres o cuatro materiales que tenemos en casa? ¿Por qué no? Pues por eso, lo incluyo en este Manual sobre organización de la casa. El conocimiento sí debe ocupar un lugar.

En el Anexo 8, hago un repaso de aquellos materiales que solemos tener en casa. Sin ánimo de ser exhaustiva ni de entrar en grandes profundidades, lo que me interesa es contarte mi experiencia sobre cómo limpiarlos bien en nuestras rutinas diarias. Consúltalo cuando te haga falta. Está ordenado alfabéticamente.

— Capítulo aparte: los suelos de madera —

La madera es y no es fácil de conservar. Me explico. Por un lado, basta con aspirarla, pasar la mopa y ya está. Pero, al ser un material natural, los golpes y la humedad o su ausencia, les afecta siempre, sean suelos macizos, laminados multicapa o suelos de tarima flotante.

La mayor parte de las propiedades de la madera se deben a su densidad. Las coníferas, o maderas blandas, se usan más en construcción y carpintería. Seguro que reconoces rápido el pino, el abeto, el alerce, el ciprés y el cedro. Sin embargo, las frondosas, como el roble, la encina, el haya, el castaño y el olmo, son maderas más resinosas muy apropiadas para la fabricación de muebles y ebanistería y tienen otro nivel.

¿Qué ataca a la madera?

Como decíamos es muy agradable tener en casa suelos de madera, escaleras, etc. pero es importante saber su origen, cómo se comportan y qué acabado le han dado para cuidarlas como merecen y prolongar su vida.

Hace un año instalamos un suelo multicapa en una vivienda unifamiliar. La dueña me contó que iba a sufrir mucho viendo a sus hijos jugar en el suelo. Le dije que cuando uno instala un suelo de madera debe saber que las llagas, arañazos y golpes van a formar parte de su historia y que se lo debía tomar a modo de «marcas de guerra» sin darle más importancia. Le hice ver que, por ejemplo, en el norte de España, los suelos de algunas casas tienen más de 100 años, y la media está en 50 años. Pocas veces se han pulido. Están así bonitos. El suelo está para pisarlo y si no lo vas a superar, es mejor no instalarlo y optar por otra solución.

La madera tiende a atraer la humedad del aire, es decir, se hincha, adquiere tamaño o lo pierde si le falta ese grado de humedad. Pero es que, además de ese movimiento y por su tipo de estructura interna, tiende a moverse en todas las direcciones (es anisotrópico). Es decir, que estamos ante lo que mi carpintero Juan dice: «esto es un bicho viviente». Sí. Un ser vivo 100%.

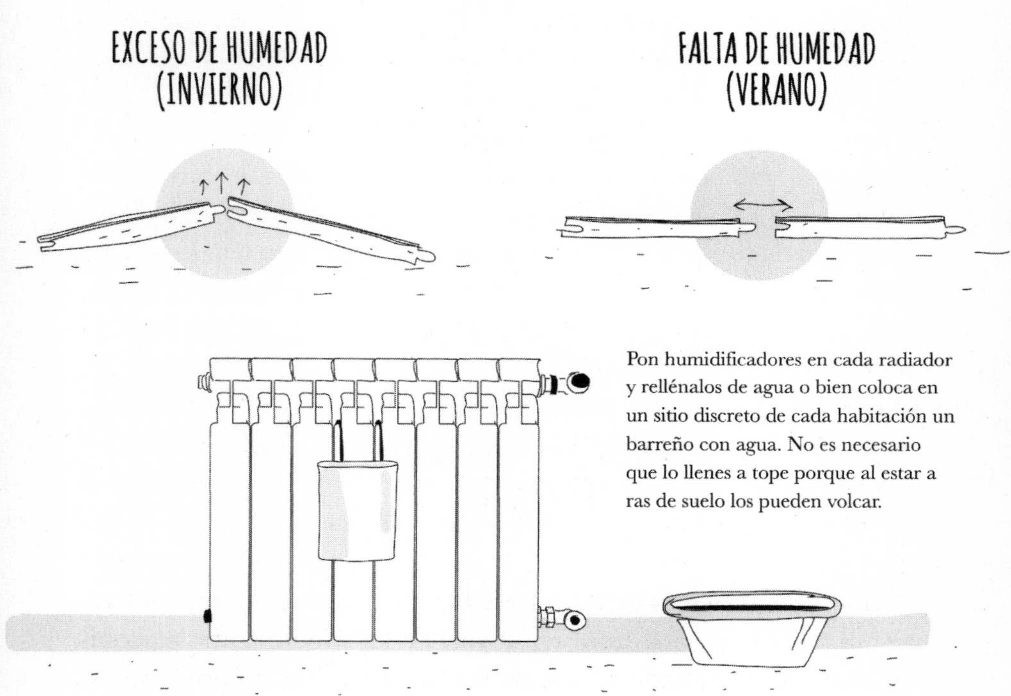

Por lo tanto, la madera necesita estar un poco protegida del agua y el sol, además de los insectos y los hongos. Por eso en casa con suelos de madera se evita el impacto del sol directo; o cuando llega el verano se ponen recipientes con agua o se revisa de vez en cuando la presencia de bichos. Creo que a todos nos es familiar esa carcoma comiéndose la lignina de la madera, excavando con su «cric-cric» famoso unos conductos demoledores que vacían vigas o patas de muebles maravillosos.

Y en el caso de que se den, eliminarlos requiere un tratamiento de prevención y de curación, caseros o directamente con productos comerciales muy eficaces. En ambos casos hay que actuar rápido porque van pasando de un mueble a otro.

Reconocer el tipo de suelo que me han instalado

Entender bien y a la primera el tema de los suelos de madera a veces es un poco complicado. Voy a intentar explicarlo de la forma más sencilla posible. Todo depende de la instalación, es decir, de cómo lo pongan: si va pegado o si va sin pegar a tu anterior solería. Otra cosa será cómo sean esas tablas y de qué estén hechas. Por lo tanto: si van pegados es parqué y si no van pegados estás en el apartado de flotantes. Y ya, para liarte un poco, estarían los suelos sobre rastreles pero estos ya casi no se instalan. Bien, una vez aclarado el concepto pegado-no pegado, pasemos a la composición de las tablas:

– Los pegados (también llamados encolados): van adheridos al suelo a base de resinas y/o adhesivos fuertes. Son muy estables, no hacen ruido al ser pisados y su aspecto es muy agradable. Suelen ser de madera maciza, de tabla corta a media, pues facilita su dilatación y contracción. Al tener un grosor macizo de 22 mm de grosor admiten de 5-6 acuchillados.

– Los no-pegados (también llamados tarima flotante): pueden ser laminados (sintéticos) o multicapa (a base de diferentes capas de madera natural). Ambos se instalan sobre una alfombrilla o base de poliuretano para adaptarse al nivelado de nuestro suelo, y ambos usan el sistema «clic». Quedan sin adherirse al suelo, flotando y por tanto facilitando su expansión y contracción. La desventaja de este sistema es que cuando andas hace ruido hueco que no resulta tan agradable como cuando paseas por el parqué. Pero que puedes resolver poniendo alfombras en los puntos clave. La ventaja es que son más duros y resistentes que los de madera. Más económicos. El multicapa está hecho con hasta 4-5 capas de distintos materiales naturales. Por eso y dependiendo del tamaño, también podrían adherirse al suelo, pero no es lo normal ya que se hacen con el sistema de «clic» y no tendría mucho sentido. Admite solo 1-2 acuchillados, pero ¿quién acuchilla su casa hoy en día?

Limpiar los suelos de madera. ¿Qué tipo de barniz tiene mi suelo?

Es importante saber qué tipo de barniz tenemos en casa, ya sea en el suelo, las puertas o muebles. A veces he visto aplicar cera líquida diluida en el agua del cubo de fregar a un parqué con un acabado de barniz al agua. Ten cuidado.

A lo largo de los años los barnices han ido evolucionando un poco de la mano de la conciencia medio ambiental:

– Años 50-60-70: Urea formol, acabado brillo duro, tóxico y permeable.

– Años 80: Poliuretano al disolvente, más impermeable y con un brillo algo amarillo-anaranjado bastante tóxico. Se agrieta y tarda en secar.

– A finales de los 90 aparecieron los poliuretanos con base acuosa o barnices al agua, iguales de resistentes que los barnices tradicionales, pero con características mejoradas como, por ejemplo: baja toxicidad, secado rápido, son transparentes por lo que nunca se altera el color, poseen filtros solares que hacen que no se cuartee la madera y lo mejor es que son transpirables por lo que entra y sale la humedad a su «amor». Así que, si estás pensando que tienes que poner madera en casa, barnízala al agua.

¿Cómo limpio el parqué (encolado) y/o el suelo de madera maciza?

Por su constitución higroscópica, la madera –especialmente en verano– necesita agua. Eso significa que, pese a lo que a veces se piensa, sí se puede utilizar agua en la limpieza. Pero como es lógico hay que hacerlo con unas condiciones; una vez a la semana, si no es zona de mucho uso o, si fuera necesario porque hay niños o mascotas, se puede limpiar en húmedo solo la zona manchada con una fregona muy escurrida en agua fría y con detergente pH neutro o el recomendado por el distribuidor.

– Para la limpieza diaria, será suficiente pasar la mopa de microfibra en seco llegando bien a los rincones y debajo de los muebles. Si detectas una mancha, retírala cuanto antes para evitar que penetre la barrera del barniz –especialmente si hay algún arañazo– y manche los tablones.

– Para una limpieza semanal, aspirar y si quieres puedes pasar una microfibra húmeda, con agua fría y vinagre o bien con una preparación con detergente neutro o incluso el especial para suelos de madera sin ceras extras. Como se seca rápido, al final, y si tienes tiempo, puedes repasar con la mopa de microfibra seca para abrillantar.

Limpiar suelos de tarima flotante (no-encolados)

Tendremos que saber si estamos ante un laminado (su última capa suele ser sintética) o si nos enfrentamos a un multicapa cuyas capas últimas sí son de madera natural.

– Sintético: mopa o aspiradora con su cepillo específico; de vez en cuando podemos pasar agua con jabón neutro. Pero sin abusar. No es un suelo de piedra.

– Multicapa: mejor pasar la mopa, aspirar y semanalmente pasarle agua escurrida con producto adecuado a su barniz final. Si puedes, pasa la mopa después para sacarle más brillo.

– Manchas: alcohol de quemar o acetona.

Las manchas más comunes en suelos de madera natural y sintética:

Una de las precauciones que hay que tener, y enseñar a los niños a hacerlo así, es que mancha que cae, mancha que inmediatamente recojo del suelo, con papel de cocina o una bayeta humedecida. Pero enfrentarse a manchas en la madera, cuanto menos, requiere de cierta habilidad. Mi experiencia con algunas manchas ha sido esta:

– Las manchas que caen en la madera encerada se tratan de distinta manera. Por ejemplo, las manchas de óxido se eliminan con agua oxigenada diluida a partes iguales y se neutralizan después con agua tibia diluida con una tercera parte de amoniaco. Si es pegamento adhesivo hay que aplicar un paño con aceite, si es sangre con detergente neutro. En el caso de que aparezcan cercos de vasos o botellas, se puede lijar muy suavemente con estropajo de alambre y aplicar cera del mismo color, dejar secar y abrillantar. No quedará igual, pero disimula bastante.

– Las manchas que caen en la madera barnizada se eliminan fácilmente con una bayeta humedecida, dejar secar horas y aplicar una capa de barniz en espray, si hace falta, para unificar. Si han penetrado es porque el barniz se ha resquebrajado y en ese caso hay que restaurarlo.

– Para mobiliario de madera de jardín, lo mejor es aplicar aceite de teca, dejar secar y eliminar los restos con una bayeta.

– Sangre: aplicar en la mancha un chorro de limpiacristales, dejaremos actuar durante un minuto, y luego quitamos el producto con un trapo húmedo con agua caliente. En realidad, el limpiacristales es amoniacal y alcohol por lo que puedes hacerte tu propia mezcla sobre la marcha en una microfibra.

– Chicle: poner un cubito de hielo hasta que se endurezca. Luego salta solo. Si quedan restos, frotaremos con un trapo humedecido con alcohol, que disolverá la goma.

– Coca-Cola o vino tinto: limpiar la mancha del suelo con un trapo humedecido con agua muy caliente. Conviene actuar siempre bastante rápido. Son los taninos del vino los que teñirán nuestro suelo, por eso, si ves cerco aplica un poco de vinagre blanco diluido tantas veces como necesites hasta que desaparezca.

– Lápices de colores: frotar las marcas con un trapo humedecido con limpiacristales.

– Grasa: eliminar con papel de celulosa de cocina todos los restos. Limpiar con una bayeta con agua caliente y detergente neutro. Repetir las veces que sea necesario. Secar inmediatamente.

– Grasa corporal. Si alguien se ha sentado en el suelo y deja un rastro corporal, límpialo con una bayeta de microfibra seca. Si no sale, repite con un poco de amoniaco.

– Rayones de zapato: frótalos con alcohol de quemar y sécalo a la vez. Ten cuidado en no insistir para no levantar el barniz o aclarar en exceso esa zona. Cuando las quites, friega toda la estancia con producto y al secar pasa la mopa para igualar el brillo.

– Tinta: limpiar con un trapo humedecido en agua caliente. Si esto no es suficiente, aplicar un poco de detergente líquido para platos, y frotar la mancha sin apretar. También se puede probar con un trapo humedecido en alcohol. Y al acabar pasaremos una bayeta húmeda con agua para que no quede ningún resto de producto en el suelo. Secar despacio.

Resumen

Organizar la limpieza

Una de las mayores delicias de esta vida es vivir en un entorno limpio y ordenado. Es tal la conexión entre esto y nuestro bienestar que vale la pena pararse y pensar cómo lo podemos hacer mejor y del modo más sencillo y económico posible. Equilibrio, orden y alegría son algunos de los beneficios más llamativos. Aprende a limpiar y ten tu método porque te cansarás menos y serás más eficaz. Además tenemos I+d+i a nuestro favor.

Organiza el plan de limpiezas diarias y extraordinarias de tu casa para llegar a todo con previsión. Conoce los utensilios y productos para hacer de la limpieza un trabajo sencillo y duradero. Monta tu armario para la limpieza y tenlo siempre como «los chorros del oro»; será tu foto familiar.

7

Organizar la cocina: la reina de la casa

«Cuando mis hijos venían a casa había música,
luz y olores deliciosos que venían de la cocina...
Era un lugar alegre para estar y era lo que yo quería».

— *Rick Moranis*

En la cocina prácticamente hacemos la vida; pasamos tanto tiempo como en el cuarto de estar o incluso más. Mi abuela Josefa, decía: «En la cocina se cuece todo, no solo la comida», y tenía mucha razón. Por eso la procuro cuidar con especial cariño. Para mí es la reina de la casa porque de ella sale prácticamente el 50% de lo que nos hace felices: la comida y los buenos momentos. No me extraña nada que, cada vez más, arquitectos e interioristas hagan de ella un espacio más y más acertado.

Cuando pregunto a mis clientes: «¿Qué tal tienes la cocina organizada?», percibo que piensan que me refiero a si cada cosa tiene su sitio. Es decir, si la tienen ordenada. Y siempre, siempre, me paro con ellos, los siento un momento, y les digo: «No, no, me refiero a cómo está hecha la distribución del espacio, es decir, el *workflow* o flujo del trabajo y a cómo os manejáis con los tres grandes temas de la cocina: conservación de los alimentos, la elaboración de los menús y la lista de la compra».

– La conservación de los alimentos (por lo general, lo que veo es que sí hay sentido de la conservación y concienciación).

– La elaboración de los menús (aquí se mira un poco al techo).

– Y la lista de la compra (que se tiene más presente, pero con cierta tendencia a la improvisación).

En la organización del trabajo en toda cocina esto es esencial y te ayudará, si lo tienes resuelto, a simplificar, ahorrar y asegurar una vida más saludable.

El *workflow* y las cinco zonas de la cocina

El trabajo en la cocina está compuesto principalmente de procesos que se repiten. Una vez que los conoces y los dominas, al ser cíclicos, la organización es más fácil. Lo importante en la cocina es «mover poco los pies», desplazarse lo mínimo, tenerlo todo a mano y bien organizado. Esas son las buenas cocinas.

Por eso, a la hora de distribuir una cocina, hay que pensar: ¿De qué nos serviría una cocina bonita y espaciosa si no se puede trabajar en ella con comodidad o si nos vamos a cansar el doble porque está mal distribuida y sin un orden lógico?

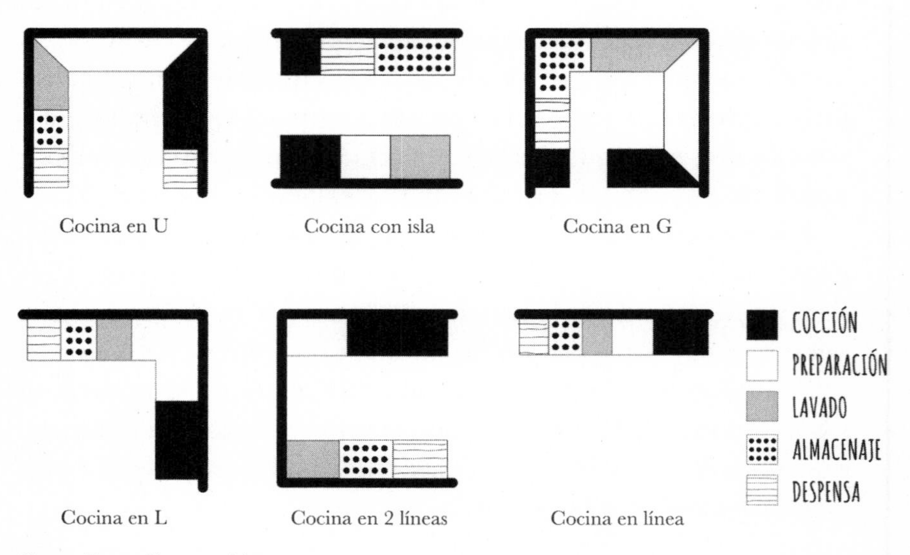

Fuente ilustración: www.blum.com

Hay que pensarlo muy bien, y nunca es tarde. Mira a ver si en tu cocina, aunque no puedas cambiar los muebles, puedes modificar el contenido de los armarios o la despensa, haciéndolos más funcionales. Seguro que alguna mejora puedes hacer. La diferencia es muy grande. Yo lo acabo de hacer en casa de unos amigos. Me invitaron a comer y vieron la cara que puse al entrar en la cocina, aunque disimulé todo lo que pude. Les dije: «¿Queréis que lo hagamos?». Se miraron y dijeron: «Sí». Nos pusimos manos a la obra y en dos horas aquello cambió por completo. Ahora hay más espacio libre y una distribución más lógica.

Las cinco zonas de una cocina

Las zonas de toda cocina y que marcan los procesos y el flujo de trabajo son las siguientes:

– Zona de la despensa (rayas): procura tener un acceso fácil para que la descarga de alimentos cuando llegas de la compra sea sencilla y rápida. Es bueno que esté cercana a la puerta de acceso a la cocina.

– Zona de almacenaje (puntos): para la vajilla, cristalería, cubiertos, etc. tener en cuenta que estén cerca del lavavajillas en cajones extraíbles para evitar tener que agacharnos.

– Zona húmeda o de lavado (gris): adjudicada para el lavavajillas y el fregadero, que deberían estar seguidos. Otras soluciones, como poner en una isla la placa de cocina y aparte el fregadero, no funciona bien y, además, el suelo acaba mojado. Si el diseño te lo permite, sube el lavavajillas entre 30-40 cm respecto al suelo; harás menos esfuerzo y tu espalda lo agradecerá.

– Zona de elaboración o preparación de alimentos (blanco): entre la zona de lavado y preparación deben estar todos los utensilios necesarios para la preparación de alimentos. Todo al alcance y que se pueda poner sobre la superficie de trabajo sin desplazarte.

– Zona de cocción (negro): tener todo justo debajo de la placa de cocción es lo más práctico.

Ten bien definidas las actividades y las partes de la cocina; luego agrupa en cada una todo lo que necesites en cajones extraíbles bien organizados, sin amontonar las cosas. Utiliza separadores y organizadores. La diferencia es como del día a la noche.

Errores frecuentes que dificultan el workflow

Renovar o mejorar una cocina es un proyecto con bastantes variables a considerar. Si vamos por libre, la posibilidad de cometer errores tendrá, sin duda, un coste económico y también vital. Por eso, siempre te aconsejaré que consultes con los expertos.

Los circuitos o movimientos que se hacen en un área es lo que se llama el *workflow* y marcan nuestro rendimiento. En la medida en que las acciones están pensadas correctamente, lo estarán los movimientos. Por eso, como primera medida, comprueba si has caído en alguno de los errores que menciono. Si es así, estás en el mejor momento para corregirlo y lograr una cocina mejor armada y más simple.

– No dar importancia a todo lo pequeño: es preferible adjudicar a todo utensilio un sitio y, además, una posición. Compartimentar todo. Si no le encuentras un sitio al abrebotellas tendrás un problema. Si no se lo encuentras a los moldes de magdalenas, tendrás dos. Si pones los tápers sobre la plancha de los bocadillos, ya serían tres. No te desesperes y ordena. Dibuja la ubicación de todo.

– Haberte olvidado de plantear bien y sin grandes pretensiones el workflow porque es probable que hayamos quebrado la secuencia correcta de las tareas en una cocina sin tener en cuenta qué debemos hacer a izquierda y qué a derecha:

«Almacenaje

Zona de lavado

Preparación

Cocción»

– No dedicar suficiente espacio al plano de trabajo: es la clave. Cuando te decides a ordenar o incluso das el salto a renovar la cocina, lo normal es que sea para mejorar el espacio de trabajo y no para volverla a llenar de trastos, máquinas varias a la vista, cestos, cestitos, tablas, fruteros, cuchillos del regalo de bodas, floreros, etc. En ese momento, hay que buscar la forma de crecer, buscarle el lugar a cada cosa, donar bastantes, y centrarte en sacar más metros de encimera libre. Sí, sí, libre, sin cosas. Los planos de trabajo, cuanto más despejados para trabajar mucho mejor. Además de ganar espacio se limpian mejor y son más higiénicos.

– No consultar a un experto: ten en cuenta que siempre te aportará algo a tu proyecto y profesionalizará tu visión inicial.

– Olvidarte de revisar el estado de la fontanería y la electricidad: con la idea de preparar la cocina para los siguientes veinticinco años (en el caso de que la estemos reformando).

– Olvidarte de afinar tu presupuesto al máximo, punteando uno a uno los gastos. Por mi experiencia, en general los presupuestos de reformas suelen dispararse un +20% y, dependiendo de la reforma, este aumento podría llegar a ser importante.

– No pensar a fondo el motivo de tu actualización, es decir, si: ¿Te gusta cocinar o no? ¿Hacéis vida social o familiar en la cocina o no? ¿Tienes problema de almacenamiento o no? ¿Va a crecer la familia o no? ¿Qué esperáis de la nueva cocina? porque cambiar por cambiar…

– No elegir primero los electrodomésticos: es decir, es mejor que te centres en qué nevera quieres o en qué placa de cocina es la mejor para ti –con gas, combinada, vitro, etc.– para luego plantear los armarios, sus alturas, huecos, etc.

– Escatimar en el almacenamiento: gran fallo. Porque si algo es importante en la cocina es guardar cada cosa en su sitio. Las cocinas son más bonitas ordenadas y despejadas de elementos.

– Dejarse llevar excesivamente por la moda y no resolver tus necesidades: es preferible invertir en orden y cubicaje a gastarse el dinero en cambiar los muebles porque ya están viejos. Por lo tanto, has de resolver alguna necesidad siempre.

– No reservar un espacio para los utensilios y productos de limpieza de la cocina: recuerda que solo necesitas un espacio de 60 (fondo) x 60 (ancho) x 210 (alto) cm. Luego es más complicado buscarle un lugar.

— La nevera —

La colocación de los alimentos en la nevera tiene su lógica. Desde el inicio del libro te he recomendado pararte y pensar para acertar en la toma de decisiones en la organización de la casa. Seguimos en modo pensar y llegamos a la nevera. Aquí vamos a aplicar sistemas y conceptos generales de orden que es lo que nos garantiza por un lado que los alimentos estén bien conservados y por otro que todo tenga fácil acceso.

Cuando la compra llega a casa hay que ser ágiles al clasificar los productos que van a la nevera y meterlos rápidamente. Antes hay que haber reorganizado y limpiado la nevera para dar entrada a la compra. Como estamos organizando, tómate tus cinco minutos y hazlo bien y con calma porque luego lo agradecerás.

A continuación, es el momento de mover hacia delante los productos más antiguos para garantizar el máximo de vida útil. Hay que tener en cuenta que entre ellos haya suficiente espacio, y que cada uno esté bien colocado y envasado, sin aire en el interior. Lo ideal es que pase la mano entre ellos.

La revisión de la nevera es diaria. En una consulta que he hecho a través de Facebook me he encontrado que hay personas que sí lo hacen, cosa que me ha sorprendido gratamente porque es señal de que estamos tomando más conciencia de su importancia, por higiene y salud. Lo que ayuda también a mantenerla ordenada y actualizada es consumir antes lo que lleve fecha de caducidad más cercana y enseñar a los niños a hacerlo. Te doy una idea que vi en una casa: hacer un cartel plastificado que ponga «consumo preferente» y dejarlo dentro; al menos sirve de recordatorio. Ya sabes que en una casa todo suma a la economía.

Fuente: www.nomen.es

Hay un modo estándar de colocar los alimentos según la temperatura de cada zona de la nevera. Se suelen poner abajo, en el cajón, las frutas y verduras. Justo encima en la zona de más temperatura, la carne y el pescado y en la parte más alta los lácteos y los embutidos. Las sobras de comida y los pasteles se ponen donde la temperatura está entre los 4 °C y 5 °C. La puerta es la zona de menos temperatura por eso es la idónea para bebidas, mantequillas y las salsas. Mantenerla en orden, en gran parte es mantener este criterio de colocación.

Una precaución: evita que los alimentos rocen la pared del fondo porque, con el tiempo, se quedarán pegados a ella ensuciándola y pueden caer restos a la canaleta del desagüe obstruyéndola y provocando malos olores.

En alguna zona de la casa, como despensas o bodegas, nos podemos encontrar con una vitrina refrigerada también llamada armario botellero refrigerado. Digamos que es una cámara de refrigeración exclusivamente para bebidas. Alcanzan una temperatura entre los 11 °C y 18 °C. Te recomiendo que antes de comprarlos compruebes si tienen patas regulables que compensen el posible desnivel del suelo. Te salvarán de posibles averías.

Las bebidas que se climatizan en estas vitrinas suelen ser cavas, vinos, cervezas, refrescos y zumos. Como no se abren con frecuencia conservan muy bien la temperatura. Llevan estanterías para poder organizar mejor los vinos tumbados, además de otras para poner en vertical zumos o refrescos. Puedes consultar cómo limpiar la nevera en 45 minutos en el capítulo 6.

Sistemas para mantener la nevera ordenada

La mejor manera de conseguir que la nevera esté ordenada es tener organizadores. En las tiendas encontrarás una amplísima gama, pero cada uno debe seleccionar aquellos que mejor encajen con lo que necesita. El orden facilita la limpieza; esto es así. He hecho una selección.

– Recipientes y organizadores en vertical y horizontal. Son de cristal o de plástico. Puedes usar el código de colores para clasificar los alimentos. Cuando llegamos del supermercado y descargamos la compra es el momento de poner las verduras, que lo necesiten, en bandejas u organizadores. Sin embargo, dejaremos los recipientes con tapa para los alimentos crudos o cocinados como las carnes y pescados. Personalmente, prefiero los recipientes de cristal porque son más higiénicos, no alteran el sabor, veo el interior y si preparo una ensalada o una pasta y comemos en familia, no hace falta pasarlo a una fuente, y no me complico.

– Botellas para líquidos. Si tienes niños pequeños son perfectas para los zumos o batidos.

– Las bolsas para frutas y verduras. Hay personas que me preguntan si es bueno o no sacar de las bolsas las frutas y verduras o dejarlas tal cual en la nevera. Sabrás que existen unas bolsas con agujeros que facilitan que puedan transpirar y cierres abre fácil. Puedes utilizarlas, es un sistema de orden válido. Pero también las puedes sacar y poner en el cajón de la verdura directamente.

– Coloca los alimentos por grupos y luego por tamaños.

– Utiliza recipientes cuadrados para aprovechar más el espacio.

– Guarda las hierbas frescas en bolsas o frascos transparentes para que duren un poco más.

– No uses cartón o papel para envolver los alimentos. La humedad de la nevera los reblandece, se mojan y dificultan la limpieza, además de poder afectar al alimento. Quita los cartones a los yogures con varias unidades juntas. Los cartones de huevos es mejor eliminarlos y pasarlos a las hueveras de la puerta de la nevera o a otro recipiente. Los cartones de leche llevan un tratamiento y no les afecta.

– Muchos de los alimentos refrigerados, como los embutidos o fiambres que vienen ya loncheados al vacío, simplemente se apilan en bandejas y se conservan perfectamente, hasta que se abren. Ese es el momento crítico para el que hay que tener un sistema de cierre que evite que se sequen. Partiendo de la base de que los alimentos frescos cuanto menos se manipulen, mejor, te sugiero dos cosas: pasar lo que no se consume a un táper cerrado o conservar el mismo sobre al vacío, pero envolviéndolo completamente en *film* transparente o precintándolo con pinzas. El primer sistema es reciclable y respetuoso con el medioambiente ya que no hay residuos; solo se lava. Con el segundo generas residuos y un impacto medioambiental mayor.

«Una de las mayores satisfacciones al entrar en una cocina es abrir la nevera y encontrarla organizada y limpia. Cada cosa en un lugar lógico y accesible»

Los alimentos refrigerados no duran eternamente

Hay una parte de la organización de todo lo que pasa en la cocina que afecta a la conservación de los alimentos: en frío, ya sea en la nevera o en el congelador, o bien en la despensa. No sé si te has preguntado: «¿Qué les pasa a los alimentos en la nevera?» Por lo pronto, el frío entre 3 °C y 5 °C y una humedad relativa del 90%, se encargan de detener o retrasar el crecimiento de los microorganismos. Pero no pueden estar por tiempo indefinido. Si la nevera tiene rotación de alimentos, asegúrate de que lo que hay dentro esté en buenas condiciones. De todos modos, mi experiencia es que algunos, especialmente los que están abiertos como carnes, pescados, leche, queso, etc. tienen un tiempo límite de días. Si están en la nevera es porque están en el menú y por tanto hay que cocinarlos y comerlos. La buena organización debe resolver y prever esto ya que la comida no se tira, por razones de solidaridad y de economía.

Lo que yo hago:

– Colocar en los estantes superiores los productos cocinados o los que se consumen sin ningún otro tratamiento (fiambres, patés), dejando las baldas inferiores para los alimentos crudos.

– Conservar los alimentos tapados para protegerlos de contaminaciones exteriores y evitar que se transmitan olores de unos productos a otros. Te aconsejo la conservación al vacío, para una mayor seguridad. Hoy en día es muy accesible.

– Eliminar las partes no comestibles de los alimentos, ahorrando así espacio y disminuyendo puntos de riesgo. Es importante recordar que solo deben almacenarse productos en buen estado. Los alimentos que están ya poco frescos han de utilizarse enseguida. Por otra parte, el almacenamiento de cualquier alimento tiene un límite: si se sobrepasa este tiempo disminuye la calidad inicial.

– Controlar la temperatura de la nevera y acoplar el termostato en la posición necesaria para conseguir que se mantenga a la temperatura deseada.

– No introducir en la nevera alimentos calientes, porque elevan la temperatura (esperar una hora desde su elaboración).

– Abrir la puerta lo menos posible para que no se descompense la temperatura del interior.

– Limpiar con frecuencia y siempre que se derrame algún producto en su interior.

Durante un año estuve observando lo que duraban los alimentos en la nevera en buenas condiciones y estos son los resultados a los que llegué. Lógicamente son orientativos y están testados por mí pero aún así nos sirven para hacernos una idea de la cantidad de alimentos abiertos, botes y recipientes que tenemos y no miramos al organizar el menú:

Carne: 1 a 3 días
Carne picada: 2 días
Pescado: 1 día
Marisco: 1 día
Huevos, cartón abierto: 1 a 2 semanas
Leche pasteurizada: 3 a 4 días
Nata abierta: 1-3 días
Mantequilla: varias semanas
Yogur: 3 a 5 días
Quesos cerrados: 2 semanas
Fiambres en lonchas cerrados: 3 a 4 días
Fiambres en lonchas abiertos: 2-3 días
Fiambres enteros: 2 a 3 semanas
Frutas invierno: 4 a 7 días
Frutas verano: 1-3 días
Salsas compradas: 1 mes (abiertas se reduce el tiempo)
Verduras: 4 a 6 días
Platos elaborados: 1 a 2 días
Sobras de comida: 1 día (consumirlas al día siguiente)

— El congelador —

Cuando llegan a casa los productos congelados hay que meterlos directamente en el congelador, para evitar que se interrumpa la cadena de frío y los alimentos se estropeen. Por eso siempre hay que contar con un tiempo para colocar la compra. Si lo hacemos bien nos ahorraremos mucho tiempo buscando e identificando los alimentos. Hay que dedicar tiempo.

Los modelos de congeladores son muy variados y sea como sea el tuyo, lo más importante es que estén sin hielo y limpios. La temperatura de un congelador es de -18 °C.

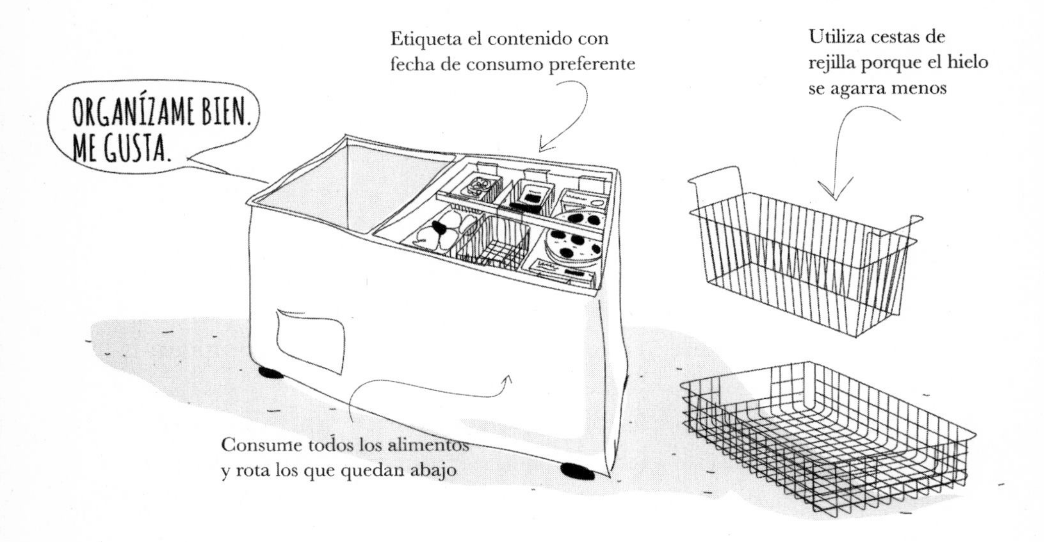

Actualmente hay neveras tipo combi que incluyen ambas cosas con o sin cajones. Si tiene cajones, organiza cada uno de ellos bien, uno de carne, otro de pescado y verduras y el tercero para pan, bocadillos, helados, etc. Lo importante es evitar mezclar unos y otros. Como son pequeños la rotación aún ha de ser más frecuente. Cada semana hay que actualizarlo.

Si son arcones la parte de abajo queda libre y las cestas movibles van en la parte superior. Ahí es donde determinamos lo que poner en cada una de ellas para no mezclar las cosas por prisa. En este tipo de congelador, al ser más grande y menos dividido, hay que saber que el riesgo de desorden es mayor. Pero no pasa nada: se piensa cómo conseguirlo y fijamos una organización que comunicamos a las personas que tengan acceso a ella: un hijo mayor, la empleada, tu marido, tu mujer, etc. También se puede hacer un croquis, plastificarlo y pegarlo en la pared para que no haya confusiones; siempre será más práctico. Te aconsejo comprar cestas de plástico y cubetas más altas para facilitar la clasificación, que yo marcaría así:

– Alimentos crudos: carnes, pescados.
– Embutidos.
– Alimentos precocinados.
– Helados.
– Hielo.

Si quieres saber cómo limpiar bien un congelador, puedes pasarte al capítulo 6.

La congelación de los alimentos

Cuando la Fundación Bacardí financió el proyecto «Promoción de la mujer letona», en Riga, en mayo de 2017, me invitaron a dar un curso sobre salud y alimentación. Las organizadoras me pidieron que hablara de dos cosas: «Queremos mejorar la autoestima y la alegría de las mujeres de este país y eso significa mostrarles de un modo práctico cómo se organiza la casa. Y la segunda es que necesitan oír hablar de la congelación, como técnica de conservación de los alimentos crudos, cocinados y del microondas; se conoce muy poco y prácticamente no se usa».

Aunque me parecía increíble me preparé mis exposiciones con estas ideas en la cabeza, pero me sorprendió muy gratamente que sabían más de lo que parecían aplicar a sus vidas. Mujeres trabajadoras, muy motivadas en temas de organización y decoración de la casa. Al final lo que más les ayudó fue comprobar cómo este sistema tenía efectos inmediatos sobre su tiempo, su esfuerzo y su economía. Luego me fueron escribiendo, dándome buenas noticias, incluso con fotografías de los progresos que algunas estaban haciendo.

Les dije que la congelación de alimentos perecederos, tanto crudos como cocinados, era un modo eficaz de prolongar su vida que nos facilita mucho a la hora de organizar la comida y nos ayuda a tener algo más de tiempo disponible para otras actividades. Lo importante es que los productos lleguen de fábrica a los supermercados y a nuestra casa en perfectas condiciones. En principio, cualquier alimento crudo, excepto algunos vegetales y frutas, se pueden congelar.

La verdad es que yo me paso la vida cocinando y congelando; es decir, es lo más normal del mundo si tienes que hacer compatible trabajo y familia. Y lo hago por los mismos motivos que compartíamos aquellas mujeres de Letonia y yo: hoy hay que repartir mejor el tiempo y simplificar la cocina al máximo, al menos entre semana.

> *«Para una buena congelación es necesario disponer de un aparato congelador de al menos tres estrellas, aunque es preferible uno de cuatro estrellas»*

Algunas cuestiones prácticas

En el mercado el grado de frío se mide por el número de estrellas/temperatura de inhibición/duración[10]:

*** – 6 °C**: Se inhiben las bacterias. Los productos duran horas.
**** – 12 °C**: Se inhiben las bacterias y los hongos. Los productos duran días.
***** – 18 °C** (mantenimiento congelación). Se inhiben las bacterias, los hongos y las levaduras durante meses.
****** – 30 °C** (producción de la congelación). Los productos duran meses.

Lo importante es partir de una materia prima, de calidad. Si congelo una dorada limpia y fresca, cuando la descongele para cocinarla, estará como cuando la compré. Pero si por el contrario

10 *Cómo guardar los alimentos en la nevera*. Chavarrías, M. Publicado en www.consumer.es, 2014

es una carne de dudosa calidad y la congelo, el resultado va a ser peor que cuando la compré ya que en el proceso perderá caracteres organolépticos.

Las 4 reglas de oro para mantener frío el congelador

– Pensar lo que necesitamos antes de abrir.

– Abrir y cerrar con rapidez, pero no con brusquedad porque entra más aire, generando más hielo y, además, las gomas sufren.

– No introducir nunca alimentos calientes.

– No congelar de golpe mucha cantidad de alimentos porque provoca un cambio brusco de temperatura. En una nevera combinada el máximo que podemos introducir de una sola vez serían alrededor de 3 kg. Es mejor ir poco a poco y a los treinta minutos repetir la operación.

¿Cómo se congelan los alimentos crudos?

Los alimentos crudos se congelan con estos tres pasos tan fáciles de recordar: limpios, envasados y separados.

Por lo general, es bueno asignarles un lugar determinado en el congelador. Irás más rápido al sacarlos y al meterlos y controlarás mejor las existencias tú y quienes abran el congelador.

– Limpios: eliminando las partes no comestibles (tripas, agallas, patas, etc.). Las verduras se trocean, se escaldan brevemente y se escurren antes de congelarlas. El marisco es preferible congelarlo una vez cocido.

– Envasados: una vez limpios se embolsan o se introducen en recipientes adecuados. Si tienes el aparato de hacer el vacío o la máquina, es tu momento. En los líquidos se deja en el envase un espacio vacío para que al congelarse no reviente.

– Separados: por cantidades que se consumen de una sola vez. Cuando se congelan varios filetes de carne o pescado se recomienda poner una lámina de papel graso o plástico entre ellos para que no se peguen entre sí y se puedan separar con facilidad. En los alimentos cocinados que se preparan para congelar es conveniente sazonarlos menos de lo debido ya que al calentarlos de nuevo se concentran ligeramente y toman más sabor.

Ideas prácticas de organización

– No congeles piezas de carne o pescado enteras. Prepáralas antes cortando o haciendo filetes. Te será más cómodo a la hora de descongelar. Congela en paquetes. Por ejemplo, si sois cinco, haz grupos de tres y dos, por si algún día no estáis todos. Esta es una labor previa que hay que hacer, aunque tardes un poco más. Luego lo agradecerás porque ya lo tienes hecho y se encuentran mejor las cosas.

– Mete tus preparaciones en bolsas especiales para congelar. Ten en casa de tres medidas, por ejemplo, de 2 kg, 1 kg y 1/2 kg. Ponlas en el cajón cercano a la mesa de preparación junto al rotulador. Ventajas: todas, la verdad. Algunas de ellas llevan cremallera y el resto, abre fácil. Son perfectas y reutilizables si las lavas en el lavaplatos. Como se pueden apilar, aprovechas el espacio a tope. Y cuando las necesitas las sacas del congelador y las pasas la noche anterior a la nevera. Previsión y organización.

– Con un rotulador permanente añade estos datos informativos: número de unidades o piezas, nombre del alimento, fecha de congelación y de elaboración y si es un precocinado. Esto te simplificará mucho la vida. No te saltes ningún paso. Estamos en «modo pensar», es decir, organizar una única vez y patentar la organización para crear rutinas sencillas que nos hagan el trabajo más fácil y ahorrar tiempo. Haz la letra grande para que todo el mundo lo lea bien, sin gafas.

– ¿Qué pasa con los tápers en el congelador? Yo tengo experiencias de todo tipo y es una de las preguntas que me plantean a menudo. Por un lado, los tápers de plástico no ves lo que hay dentro. Por otro, si los fuerzas al abrirlos con la tapa congelada, se rompen y deforman. Con los de cristal la cosa cambia un poco, ya que al menos sí se ve el contenido. Respecto a la calidad de congelación no afecta nada uno u otro. Pero a mí me gusta abrir el congelador y ver que todos los envases y bolsas son iguales. Es como yo visualizo el orden y me da paz. Mi experiencia es que siempre son mejores las formas cuadradas porque se apilan bien, no se caen y se optimiza el espacio al 100%.

> *«Al igual que en la despensa y en la nevera, en el congelador debe haber rotación frecuente de alimentos»*

Hay personas que cocinan para toda la semana, lo que implica hacer menús, compra y cocinar de un tirón. Genial. Pero si he cocinado para toda la semana, ha de salir todo del congelador para que entre lo de la próxima. Es una acción cíclica bastante liberadora y en muchos hogares funciona muy bien. Algunos utilizan el robot en caliente y lo hacen el fin de semana. Así luego, algo tan vital como la alimentación, la tienen bastante adelantada. A esto se llama estar organizados. Lo importante es ser constantes y cuando las circunstancias cambien, detectarlo y cambiar también la organización de la cocina. Así de sencillo. Pero hay que pensar.

¿Cómo se congelan los alimentos elaborados?

Aquí también lo haremos en tres pasos: elaborar, enfriar y envasar. Asígnales un lugar concreto y por categorías dentro del congelador para agilizar las acciones. Recuerda que todo suma y que todos abren el congelador. Si saben dónde va cada cosa, mejor.

– Elaborar siempre un poco menos para que al darles el toque final queden bien. Nos quedaremos cortos en la condimentación y congelaremos.

– Dejar enfriar el plato cocinado por completo hasta alcanzar la temperatura ambiente, sin prisas. En verano será más rápido.
– Envasar: se introducen en el envase y se saca todo el aire posible. Aparte pondremos en una bolsa etiquetada, el refrito y la salsa junto al recipiente de la carne o la pasta.

Mucha gente me pregunta si se puede congelar todo. Yo creo que el tema no es si se puede o no, sino más bien cómo se quedan cuando se descongelan. Pero de todos modos he ido a las fuentes para asegurarme y aprender yo misma y esto es lo que me he encontrado:

Es preferible no congelar la mayonesa, pasteles, frutas enteras, los quesos, los huevos completos, la leche, el yogur o el arroz. En realidad, lo que ocurre es que algunos de ellos, al llevar gran cantidad de agua y grasa (los pasteles, leche o yogur, por ejemplo) cuando se descongelan pierden textura, alteran su sabor y están feos a la vista. Por eso lo mejor es optar por la refrigeración y consumirlos en un par de días, disfrutando del alimento en sus mejores condiciones. Como cosa curiosa tengo que decirte que me he encontrado con personas que lo congelan casi todo y están encantados con los resultados. Lo que no se es dónde marcan el nivel de calidad. Va en gustos.

Un último apunte: anotar la fecha, el producto y las unidades. Esta información es necesaria para identificar la comida.

Descongelación de los alimentos

La congelación no destruye todos los microorganismos presentes en los alimentos, aunque sí detiene su actividad. Por ello, los congelados se mantienen sin alterarse durante meses. Sin embargo, cuando cesa la congelación, los microorganismos supervivientes recuperan su actividad y comienzan a multiplicarse de nuevo. Para impedirlo, los productos congelados se descongelan en la nevera y, una vez descongelados, se elaboran, cocinan o consumen en el plazo de veinticuatro horas si es posible.

Un alimento descongelado no se debe volver a congelar simplemente por el hecho de haber sido sometido a un proceso anterior en el que ha sufrido un deterioro y al que hay que añadirle otro más. También comemos por los ojos y los caracteres organolépticos cuentan mucho. Personalmente yo no lo haría. Si ha sobrado un alimento congelado ya cocinado, es preferible comerlo tal cual en unas horas.

¿Cómo descongelar un alimento congelado?

– En el frigorífico. Es el que siempre recomiendo, aunque supone más previsión porque hace falta más tiempo, pero como estamos en temas de organización, lo conseguiremos. Es más lento y menos agresivo.

– En el microondas. Aquí hay que tener cuidado y asegurarnos de seleccionar correctamente la opción descongelar y el tiempo, ya que si no se nos cocerá por los bordes. Yo lo dejaría para las piezas delgadas o pequeñas.

– A temperatura ambiente. Es relativamente rápido, pero tiene el peligro de que se quede allí , sobre la encimera, una vez descongelado el alimento, olvidado y a merced de los microorganismos.

Y después se cocinan. Algunos alimentos como las verduras y hortalizas se cocinan directamente, sin descongelación previa, introduciéndolas en un recipiente con agua hirviendo.

— La despensa —

Entramos de lleno en la parte del almacenamiento donde la organización y mantener el orden es lo que más interesa ya que todos o casi todos tienen acceso. Por lo tanto, te sugiero que expliques el criterio de orden a seguir para que puedan mantenerlo y que sean ellos quienes poco a poco vayan dejando la compra en su sitio. No lo hagas todo tú, dales una oportunidad, aunque tengan tres años. Cara al orden nos va a dar igual, porque son criterios generales,

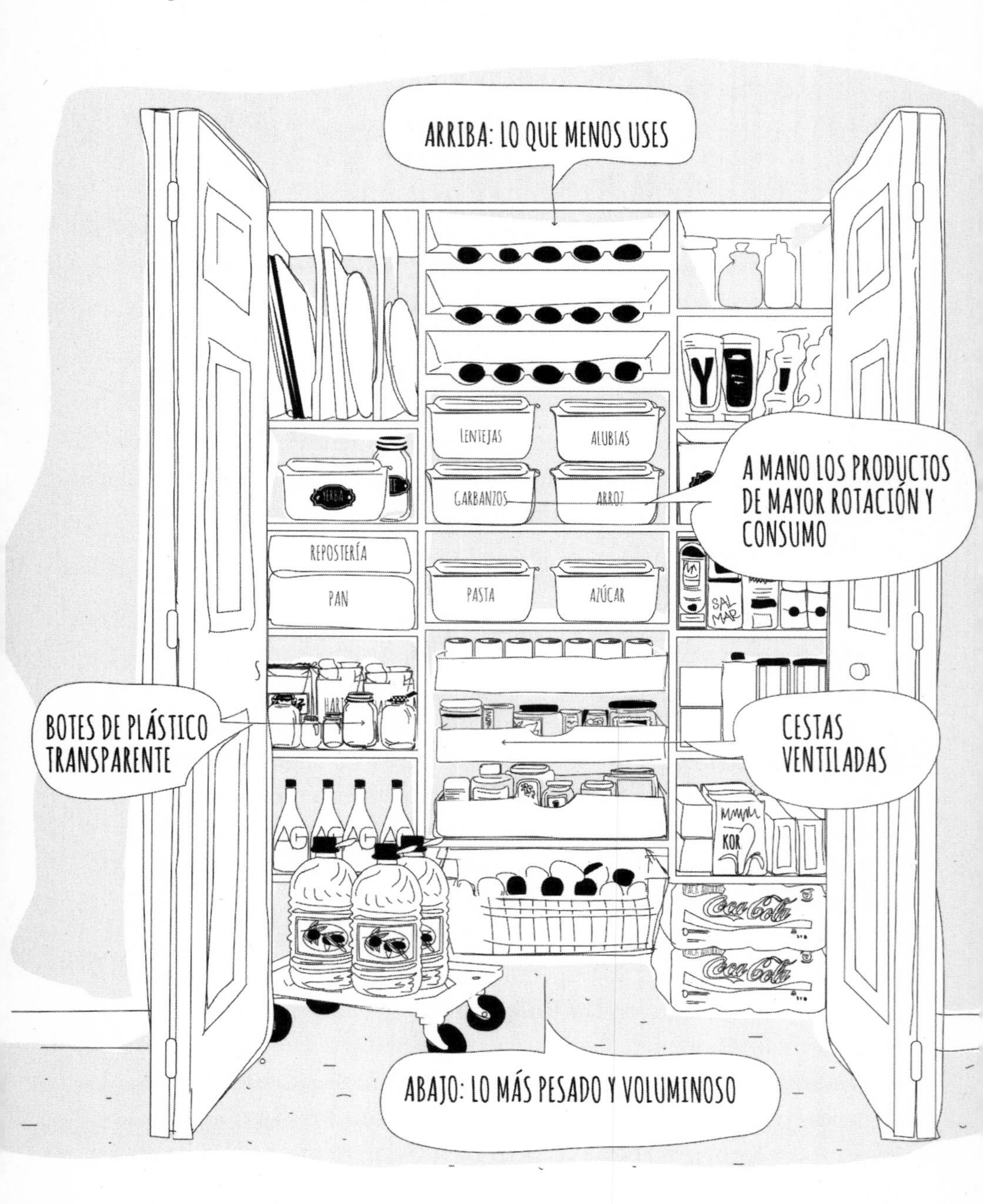

tengamos una habitación, un armario o unos cajones como despensa o almacenaje. Coge las ideas que mejor se acoplen a tu despensa y mejóralas.

«Las casas con una despensa estudiada adelantan mucho»

Por mi trabajo veo que hay muchas personas que sueñan con tener una buena despensa: cómoda, ventilada, con baldas fuertes, fáciles de limpiar y con buena luz. La verdad es que estoy acostumbrada a ver de todo; al fin y al cabo, cada uno hace lo que puede con el espacio del que dispone. Les ayudo en el diseño, distribución y colocación de todo.

Y es que la despensa, como almacén de alimentos no perecederos, hay que pensarla muy bien. Creo que es un pequeño reto. Por eso, tómate tu tiempo.

Organizar la despensa por categorías y subcategorías

En general, no da buen resultado mezclar conceptos en ningún sitio y mucho menos en la despensa. Cuando piensas en ella lo relacionas con alimentos y no con las miles de cosas que suelen acabar dentro de la despensa, como material de acampada, botas a limpiar, el carbón de la chimenea, ropa para donar, etc. Todo este tipo de cosas va sumando suciedad, que podrían absorber los alimentos no enlatados.

En casas pequeñas, bastará un par de estanterías o de cajones profundos bien organizados, con buenas guías, y tratando de seguir el criterio de que cada cajón sea para una categoría diferente (latas) y dentro del mismo agrupar por subcategorías, por ejemplo: el cajón de latas, separaremos por: para cocinar (subcategoría 1) y para aperitivos (subcategoría 2) y dentro de aperitivos: frutos secos (subcategoría 2.2); aceitunas (subcategoría 2.3); patatas fritas (subcategoría 2.4); etc. Hazte con unos buenos separadores y si aún quieres mejorarlo más, pon etiquetas donde quieras que se fijen todos y así ayudarán a mantener las cosas en su sitio.

Colocación de la compra: sistema lógico y sencillo

En la despensa hay que tener mucho orden. Este orden viene, en buena parte, impuesto por los envases de los propios alimentos, que no siempre nos permiten alinearlos o apilarlos. Y también por el tamaño de nuestros estantes o cajones, especialmente por la altura y por nuestro sistema lógico y sencillo de colocación, que es el que ayuda a la familia.

Las 3 claves para colovcar las cosas en la despensa

– Los alimentos no se amontonan «a su aire» sino que se apilan dejando espacios para que su peso se distribuya mejor, circule el aire y los paquetes no se rompan.
– Clasifícalos por grupos: la pasta y el arroz, las legumbres, las harinas y el azúcar. Todos estos van en paquetes más o menos iguales y guardan unas mismas proporciones.
– Ten la precaución de no dejar las cosas en el suelo, por higiene y porque te facilita la limpieza de los rincones.

Empezando a ordenar

Hoy día, las casas son pequeñas, pero esto no quiere decir que no estén bien pensadas. Nos corresponde a nosotros optimizarlas cada día un poco mejor. Por ejemplo, una cosa que me ha ido bien es dedicar una mañana al mes –la del sábado– a sacarlo todo poniéndolo por grupos sobre las encimeras de la cocina, no en el suelo, y a su vez con cierto orden. Ten una bolsa de basura preparada.

Con música y algo de ayuda, la he limpiado a fondo y he vuelto a empezar de nuevo, pero con más ilusión porque hay más orden y menos cosas. No sé, pero tener bien organizadas las cosas me da felicidad. Tampoco se tarda tanto. Fíjate en estos puntos:

– Nada en el suelo ya que hay gérmenes, lo que propicia la aparición de microorganismos.

– Si hay una ventana debe estar limpia. La temperatura óptima de una despensa suele estar entre 10 y 14 °C.

– Distribución lógica por categorías, por ejemplo: no mezcles alimentos con productos de limpieza.

– Arriba lo que menos se usa: almacén de bebidas, refrescos, bolsas de nevera, etc.

– A mano los productos que más se consumen, los que más rotación tengan.

– Abajo, elevado del suelo o en plataforma con ruedas, lo más pesado y voluminoso como: cajas, garrafas, cartones de leche, etc. Aseguremos la limpieza fácil del suelo.

– Botes transparentes de plástico para rellenar, que admitan 1 kg mínimo de producto. De esta forma, por ejemplo, al vaciar 1 kg de garbanzos te cabrá perfectamente y no tendrás que dejar ese paquete medio abierto y con pinza. Es más ordenado y se ve mejor la cantidad que queda.

– Cestas ventiladas, apilables y extraíbles para las verduras. Puedes usar carritos con ruedas.

> *«Recuerda que lo más importante en una despensa es la limpieza y el orden.*
> *Pon a mano los productos que más utilizas y establece un sistema de consumo preferente»*

– Estanterías a la vista dentro de la despensa. Procura que sean de mármol o materiales duros. Se limpian mejor y si hay mucho peso, no se deformarán.

– Usa el techo, instálate una barra y cuelga todo lo que no quepa en las paredes. Piénsalo bien antes.

– Agrupa lo pequeño en recipientes y botes transparentes. Las especias por orden alfabético.

– Ten a mano cierres y bolsas para alimentos. Son muy prácticos.

Presillas para lo plano, pinzas para los cierres más complicados. Evita las gomas; son más complicadas de abrir y cerrar y por el calor se pueden deshacer.

– Establece una señal familiar de consumo preferente: ¡chicos, delante lo primero a coger! O simplemente: consumir antes.

– Rejilla de ventilación en la puerta (unos taladros arriba y abajo son suficientes) o contar con una ventana.

– ¡No olvides que necesitarás un taburete!

– La lista de la compra en un imán en la nevera o en una pizarra para que todos añadan lo que ven que les falta.

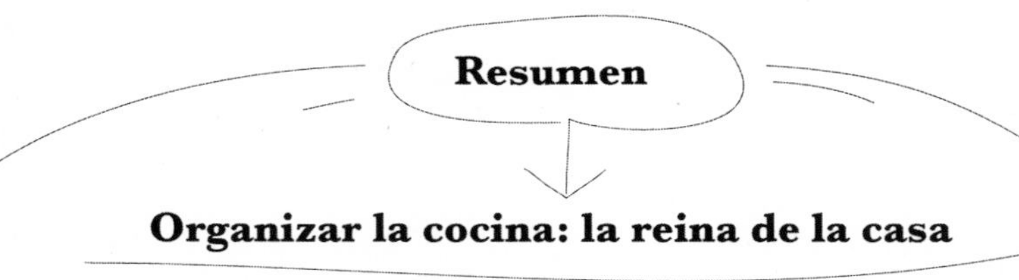

Resumen

Organizar la cocina: la reina de la casa

El centro neurálgico de la casa es la cocina; ahí se «cuece» todo lo que ocurre en una casa gracias al ambiente de calidez que se crea en torno a los fogones. Desde el punto de vista del trabajo los espacios han de estar bien planteados para que nos podamos mover de la manera más racional posible y trabajar mejor. En la cocina es esencial la limpieza y el orden por la higiene de los alimentos en cualquier momento del proceso de conservación y elaboración. Aprender las normas básicas de la refrigeración, almacenamiento y congelación es pues fundamental para asegurar la salud y en cierto sentido nuestra economía, porque seremos mejores consumidores.

8

Los menús y la lista de la compra

«La salud también es sueño. El sueño, el ejercicio, la nutrición son elementos básicos de una sociedad más saludable, pero son elementos básicos también para una salud mental más potente».

—*Javier Blumenfeld*

En una casa, lo que más tiempo lleva es organizar la cocina por todo lo que supone de previsión y trabajo. Es cierto que el mayor o menor volumen va a depender de varios factores que veremos a continuación, pero, sea como sea, lo que me he propuesto es ayudarte para que entrar en la cocina sea algo grato y sencillo; es decir, que no de pereza sino más bien que ilusione. Comprendo que no tiene porqué gustar a todo el mundo, pero si la cocina te engancha vas a disfrutar muchísimo.

En mí, ha conseguido despertar el interés y la ilusión de aprender a cocinar, a organizar y a ser previsora, a tener orden espacial, control de los tiempos, sincronización de actividades simultáneas, control mental y del estrés, afinar el tacto, la vista y a educar el gusto. El mero hecho de trocear los alimentos es una especie de terapia que relaja y enseña a hacer las cosas perfectas hasta el final. Coges agilidad manual y mental.

En general, en una cocina, aprendes a resolver problemas buscando otros caminos más descomplicados. Te enseña a utilizar cada instrumento y electrodoméstico para lo que es y a cuidarlos, manteniéndolos siempre limpios y en perfecto estado, cosa que harás en otros aspectos de tu vida, casi sin darte ni cuenta.

Se desarrolla la creatividad, pero no solo en la composición de los menús, sino en el modo de combinar los alimentos, las técnicas, texturas, olores y sabores. Y es un ejercicio de paciencia impresionante porque la elaboración de los alimentos se hace paso a paso sin saltarse nada. Te ayuda a concentrarte. Y, además, como lleva su tiempo, aprendes a simultanear varias actividades a la vez.

La cocina te baja al mundo real, el de los precios, es decir, lo que valen las cosas, aprendes a comprar mejor y a ahorrar. Te enseña a estar en los detalles de la elaboración y presentación de la comida, pero también a dar importancia a los toques finales.

Se trabajan aspectos tan esenciales como el orden material en todo lo que afecta al modo de trabajar con los utensilios necesarios, el plano de trabajo en orden extremo, la higiene, etc ... Y una cosa que no quiero olvidar: es un ejercicio de fortaleza grande que se ve compensado cuando vemos que lo que cocinamos, desaparece del plato.

— Cosas a tener en cuenta al hacer los menús —

Es frecuente que me encuentre casas en las que no hay planificación de menús, o bien se improvisa o se repiten semana tras semana los mismos platos. No pasa nada si están equilibrados, pero es mejor variar porque es más nutritivo, ilusionante y más profesional. Para dar de comer cada día, en primer lugar, hace falta tener unas nociones básicas sobre los alimentos, conocer la estacionalidad de los productos y las técnicas culinarias básicas.

Lo primero que hago es abrir la nevera y el congelador y echo un vistazo a la despensa para incluir en el menú los productos que caducan antes y que, por alguna razón, se han quedado sin consumir. Este es un paso importante.

Un truco es tener una plantilla estandarizada para los menús de invierno y otra para los de verano, así podrás apoyarte en esa

información que es muy útil, si no cambian las cosas, y te ayudará a trabajar con más eficacia y rapidez. Este es uno de los beneficios que tiene mi sistema de trabajo. Una vez hechos los menús, los puedes poner en funda de plástico y tenerlos a mano, por si es necesario hacer alguna modificación por el ajuste de las sobras del día anterior. Puedes consultar algunas plantillas en los anexos 10, 11 y 12 como orientación para desarrollar las tuyas propias.

Observo que cada vez se come menos en casa y van cobrando más protagonismo las cenas. Esto es importante para equilibrarla con la comida, si esta ha sido en tartera o en el caso de un adulto, en el trabajo en cualquiera de los formatos conocidos. Por ello, al hacer los menús, suelo tener en cuenta lo siguiente:

– Conocer las necesidades nutricionales de las personas que integran la familia: si hay adultos, niños, mayores, enfermos o existe alguna intolerancia nueva.

– Planificar tres comidas importantes al día y dos de refuerzo o de menor energía, a saber, a media mañana y a media tarde.

– Para asegurar el equilibrio de nutrientes hay que variar los alimentos dentro del mismo grupo de productos frescos estacionales. Es el caso de variar las verduras: coliflor, bróculi, espárragos, calabacín… En legumbres: garbanzos, alubias rojas, blancas, pintas o lentejas. Frutas: las estacionales serán de mejor calidad, más económicas y más sanas. Carnes: de ternera, de pollo, de cerdo, picadas, en tacos... Pescados: azules, blancos.

– Hay que conocer los menús del colegio o si se han de llevar la comida preparada.

– Seleccionar las técnicas culinarias más sanas: plancha, vapor, horno, al vacío. Limita las frituras a un par de veces a la semana así como las masas hojaldradas, las de pan y las empanadas. Si hay gente menuda son una buena opción, pero no así para los adultos.

– Optar por recetas sencillas y de fácil elaboración. Patenta seis recetas de primeros, seis de segundos platos de comidas y de cenas tanto de verano como de invierno y repite. Haz lo mismo con los postres para fiestas: flanes, natillas o una tarta de chocolate. Así estarás a salvo siempre. Cuando puedas ya harás tus pinitos, pero en principio hay que ir a lo seguro. A lo largo de la semana en una familia normal y corriente, como las nuestras, los menús han de ser sencillos de elaborar. Comidas fáciles. Si sobra, las podamos guardar para reutilizarlas al día siguiente sin pensar mucho más.

– Comer sano no tiene porqué ser complicado; tenemos que recuperar nuestros productos estrella de la dieta mediterránea, los básicos: aceite de oliva virgen, las verduras y frutas frescas, las legumbres, las carnes y pescados frescos, etc., para incluirlos en nuestras dietas.

– Ten en cuenta que los alimentos sufren pérdidas de nutrientes por acción del calor, el agua y el contacto con el oxígeno del medio. Consume los productos frescos mejor a mediodía, se digieren mejor y los cocidos, por ejemplo, hervidos de verduras, por la noche.

– Tener en cuenta los gustos de las personas, pero buscando siempre el equilibrio nutricional y enseñando a comer de todo, por salud y educación. En parte la globalización nos pone en esta situación bastante a menudo y hay que saber defenderse con naturalidad.

– Hay que incluir los días de fiesta y la Navidad, porque se hacen menús distintos y los días cercanos hay más trabajo. Y por supuesto, las celebraciones de los cumpleaños. También en épocas de exámenes hay menos ganas de comer y habrá que hacer comidas más ligeras y apetecibles que entren por los ojos.

– Si congelas comida precocinada, hecha en casa, hay que saber qué alimentos se conservan mejor y cuales es mejor no congelar. Por ejemplo, se conservan mejor todos aquellos alimentos que llevan agua: verduras, carnes, pescados, caldos, cremas. O bien: el pan, los bizcochos, las galletas, el turrón, etc.

– Saber con qué tiempo de elaboración cuentas y qué ayuda.

– Mis recursos: qué electrodomésticos o maquinaria tengo.

Y por supuesto tengo muy en cuenta estos datos de consumo diario a la hora de incluirlos en el menú:

– Lácteos, 2-3 raciones/día.

– Pescado, 4-5 veces en semana.

– Carne 4-5 veces en semana, limitando la ternera a 1 vez.

– Huevos, 4-5/semana.

– Fruta y verdura, diariamente de 3 a 4 unidades.

– Legumbres, 1-2 veces en semana.

– Arroz, pasta y patatas, 1 vez en semana.

– Aceite vegetal o margarina vegetal 20-30 cc/día.

– Y muy especialmente hay que evitar un consumo excesivo de alimentos ricos en azúcares y grasas saturadas.

Con esta ingesta, se puede seguir una dieta cardiosaludable al favorecer el consumo de verduras, frutas, cereales, legumbres y pescado y restringir el consumo de grasas saturadas presentes en carnes rojas y en el huevo.

— Planificar los menús asegura la salud —

Para empezar, quiero aclarar que entiendo el concepto salud como todo lo que me permite tener un estilo de vida saludable, es decir, llevar una vida en las condiciones óptimas de bienestar:

– Horario de levantarme y acostarme.

– Horario de comidas y cenas.

– Horas de descanso.

– Una dieta equilibrada.
– Ejercicio diario/semanal.
– Hábitos de vida sana lejos de los excesos.

He tenido la oportunidad de entrevistar a la Dra. Natalia Nieto Villa, catedrática en los Departamentos de Patología y Medicina (División de Hepatología y Gastroenterología) en la UIC University of Illinois at Chicago, Estados Unidos, precisamente sobre cuatro aspectos preocupantes de la alimentación en términos de salud: sedentarismo, el consumo de alcohol, colesterol y fructosa y cómo una correcta planificación puede ayudar a tener a corto y medio plazo una vida más sana: «Hablando de calidad de vida y salud tengo que decir que aunque la dieta mediterránea es muy completa, no lo soluciona todo. Hay que hacer ejercicio físico, ya

que hoy por hoy la vida es mucho más sedentaria fruto del excesivo trabajo en el ordenador. La vida sana es la suma de una dieta sana, hábitos de vida sanos como el ejercicio físico diario (30-60 minutos) y el descanso para que el cuerpo funcione correctamente. Lo recapitula el refrán «mente sana en cuerpo sano».

«Hay mucha gente que al saber que soy investigadora en hígado me pregunta: ¿vino sí o no? Mi respuesta tiende a ser siempre la misma: para una persona sana un poco de vino tinto puede ir bien (un cuarto o medio vaso al día o incluso con menos frecuencia), cosa que a veces es recomendable para personas con enfermedades cardiovasculares. Sin embargo, si se tiene una enfermedad hepática, aunque sea un simple acúmulo de grasa en el hígado, entonces es recomendable abstenerse».

«Por último, preocupa cada vez más el excesivo consumo de fructosa pues eleva el riesgo de acumular grasa en el hígado, y esto es independiente de la edad. La incidencia de la hepatopatía no alcohólica está aumentando a unas velocidades vertiginosas. Es por lo tanto recomendable mirar la composición de las bebidas y endulzantes antes de comprarlos. Mi sugerencia en esto es estar muy alerta con respecto a lo que comemos y damos de comer a los nuestros hijos porque la fructosa se convierte en grasa y ese es el punto de partida».

Una dieta saludable debe cumplir

– Valor nutricional correcto.
– Adecuada a las posibilidades económicas.
– Acorde con la disponibilidad y hábitos alimentarios, teniendo en cuenta los gustos y tradiciones.
– Agradable y variada, incluyendo todos los grupos de alimentos.

¿Cómo repartir la energía y los principios inmediatos a lo largo del día?

Lo mejor es hacer entre 5 y 6 tomas diarias, porque tiene ventajas: Además de mejorar el rendimiento laboral y escolar facilita el aprovechamiento energético. Evita largos periodos de ayuno y la aparición de hipoglucemias, disminuyendo la ansiedad.

Las tomas que se recomiendan en % según la OMS

– Desayuno: 20-25% Valor Energético Total (VET).
– A mitad de mañana: 10% VET.
– Comida: 35% VET.
– Merienda: 10% VET.
– Cena: 30% jóvenes, 20% mayores.

Las consecuencias de los malos hábitos en la alimentación

Para escribir esto me he basado en los estudios realizados por Marta Garaulet, catedrática de Fisiología en la Universidad de Murcia, expuestos en su reciente libro *Los relojes de tu vida.* Aunque está centrado en la obesidad hay algunas ideas interesantes que afectan a nuestra salud.

– Habla de la importancia de llevar un horario y orden en las comidas, porque no hacerlo «nos altera». De no saltarse ninguna comida, y mucho menos el desayuno, que debe cubrir casi 600-700 kcal, ya que de hacerlo, dice, nos engorda. Sus propuestas de desayuno van de la mano de la dieta mediterránea aconsejando tomar alimentos de los tres grupos: «un lácteo, un alimento que contenga cereales, y otro del grupo de las grasas o de las proteínas, a los que puedes añadir fruta o verdura»[11].

– Demuestra que comer antes de las tres del mediodía es más sano y engorda menos.

– La hora de la cena es esencial. Márcala y se fiel a ella. Marta Garaulet dice: «Nuestras investigaciones nos llevan a pensar que debemos adelantar la cena al menos dos horas y media antes de irnos a la cama. Con esto evitaremos la coincidencia de insulina y melatonina (…); en general, que tu dieta no sea hipercalórica. Al menos un 50% de las calorías de la dieta deben proceder de alimentos ricos en carbohidratos, como es la patata, el arroz, las legumbres, etc., lo que permitirá que sintetices suficiente melatonina para tener un sueño placentero». Lo apoyo al 100%.

Como ves es un estilo de vida al que se puede aspirar de manera sensata y fácil; en realidad consiste en introducir orden y hábitos sanos en nuestra vida. Nada de lo dicho es inalcanzable, por tanto, modifica los puntos que no tengas ajustados para entrar en esta dinámica de salud que prolongará y llenará tus días de felicidad. No cabe duda de que además de lo dicho, saber qué y cuándo comemos contribuye a este objetivo. Para mí lo más importante es promover la salud y evitar caer enfermos, por eso creo

---

[11] *Los relojes de tu vida.* Marta Garaulet. Paidós (Barcelona), 2018. pg. 180.

que proporcionar una alimentación saludable es sinónimo de prevenir enfermedades, de promover hábitos saludables y un patrón adecuado de comidas. Y a la vez, la alimentación debe dar satisfacción gastronómica.

Haz menús para dos semanas mínimo

¿Cuándo los organizo? ¡Cómo no! En los treinta minutos de organización semanal. Normalmente los hago para dos semanas, para no trabajar dos veces. Al estar ya centrada e inspirada, salen mejor de un tirón y se tiene una visión más completa y equilibrada. De este modo, la semana siguiente solo ajusto la lista de la compra y me centro en otros aspectos de organización, durante ese tiempo.

Cuando me encuentro con gente que prefiere hacerlos cada semana, lo respeto y pregunto el porqué. Normalmente suelen ser personas con poca experiencia y les resulta un poco arduo. Cosa que entiendo perfectamente y que se soluciona cogiendo práctica y, en poco tiempo, velocidad.

Tengo que confesar que a temporadas los hago mensuales y en ese caso, una buena solución es hacerlos genéricos y cada semana ir actualizando las recetas según los productos frescos o alimentos que se me hayan quedado sin consumir. Así consigues optimizar tus recursos y despejar la nevera y el congelador. Por ejemplo, se puede escribir: pasta, arroz, legumbre, verdura, patatas. Y llegada esa semana ya puedes poner los apellidos: pasta a la boloñesa, arroz en costra, potaje de garbanzos con calabaza y espinacas, coliflor con salsa de almendras y ajos tiernos y patatas a la importancia. Pero tener eso adelantado a mí me supone mucho.

> *«Ya sabes que parte de mi filosofía es*
> *organizar una vez,*
> *experimentar la organización,*
> *reajustar lo necesario y patentarla»*

Por eso hice las plantillas de los menús para cada estación del año y con ellas vuelo: repito pero innovo. Te las puedes descargar desde www.piorganiza.es o bien ir a los anexos 10, 11, 12 y 13.

Errores al hacer los menús

Los menús no salen perfectos a la primera a nadie, así que no hay que preocuparse. Hay que ejercitarse hasta que se van equilibrando, especialmente si en casa tenemos niños o adolescentes. Por lo tanto, trata de evitar estos planteamientos:

– No hacer los menús. Ya vamos mal.

– Ir a lo que sale cada día. Aún peor.

– No repasar la nevera cada día y ver las sobras del día anterior. Caos en un par de días más.

– Comprar sin lista y guiarme según lo que veo o recuerdo, y olvidarme de que la memoria falla y tiende a simplificar. ¡Ojo!

– Comer solo determinados grupos de alimentos: el caso de los vegetarianos y veganos. Pueden llegar a tener carencias importantes si no llevan bien equilibrada la dieta.

– Llenar la dieta de los niños o adolescentes de productos procesados ricos en grasas hidrogenadas o trans, por no tener previstos los bocadillos de merienda para llevar al cole. Organízate y un día a la semana congela 20, por ejemplo.

– Dejarme llevar por mis gustos.

– No comprar productos frescos de temporada.

– Hacer siempre las mismas recetas. Y cuando puedas, para evitar repeticiones, cambia la pasta a la boloñesa por la carbonara o con salsa Alfredo, por favor.

– Abusar de la compra de comida ultracongelada o empaquetada por raciones. Cocinemos más, somos los reyes de *MasterChef*.

– Comprar demasiados productos lácteos.

– Abusar de los refrescos e incluirlos como bebida habitual en lugar de agua. Gran error nutricional porque son hipercalóricos, además de caros. Los refrescos son para ocasiones especiales.

– Comer sin control gusanitos, saladitos, *chips*, etc.

– Incluir comida procesada sin muchas garantías. Las hamburguesas hay que comprarlas en buenos supermercados.

– Excluir alimentos porque no gustan o hay intolerancia, pero que son saludables, sin sustituirlos por otros. Actualmente hay gran variedad de productos alternativos que lo facilitan.

– No incluir frutas o verduras suficientes.

– Y un largo etc.

Cuando hacemos los menús y damos de comer estamos educando los hábitos de alimentación de las personas, y su salud en buena parte depende de nosotros. Hacer alguna concesión a comidas o alimentos menos sanos, lo hacemos todos y es parte de la alegría de la vida, pero no por norma general. Hay que comer sano cada día porque cada día hay que levantarse con alegría. Y eso, en parte, se cuece en la cocina. Fuera de casa cada uno es responsable de lo que come o bebe. Pero lo que sale de nuestra cocina, debería ser siempre saludable.

El recetario: un modo de hacer orden

Para mi es fundamental disfrutar con lo que hago y por eso abro los ojos. Necesito aprender de los que más saben y, en principio, no me cierro a nada.

El arte culinario es un verdadero arte y como tal hay que estudiarlo, practicarlo y contemplarlo para disfrutar de la belleza de un plato, de los sabores y de la experiencia sensorial. Kisko García, cocinero cordobés con una Estrella Michelin dice: «Para mí, la cocina no es algo metódico sino que tiene que ver con los sentimientos.

Es algo espiritual y artístico». Cocinar es mucho más, es el ambiente que soy capaz de crear y compartir con las personas.

Estadísticamente hablando me he dado cuenta de que si tengo recetario tengo más posibilidades de hacer cosas buenas y, por tanto, de sorprender desde la cocina, lo que significa aumentar la satisfacción de las personas. No está mal. Por eso comencé a tener mi propio recetario. Ya sabes, la típica carpeta de anillas con separadores. Con el tiempo fue engordando al añadir todas aquellas recetas de mi abuela y de mi madre. Hoy son una verdadera joya. Te animo a que tengas la tuya bien cerca para inspirarte. Algunas con el tiempo ya no tendrás que mirarlas, otras sí para recordar las cantidades. Luego podrás hacer tus interpretaciones y experimentos, anotándolos al margen. Un cuaderno trabajado, con algún lamparón de grasa, son tus condecoraciones de guerra.

Bueno, qué te voy a decir, ya lo ves: que me gusta tener mi cuaderno de cocina y compartir recetas. ¡Cuántas veces el tema de una tertulia informal es la comida, tal receta o tal novedad! Y también es una cuestión práctica de orden y organización: todas las recetas juntas.

— La lista de la compra —

El paso siguiente a hacer los menús es hacer la lista de la compra. Yo tengo una plantilla hecha y colgada en la despensa con un bolígrafo para que cada vez que algo está a punto de terminarse o se coge la última unidad, se anote. Desde que saben escribir, lo pueden hacer perfectamente.

Soy de las que va al supermercado porque me gusta ver lo que compro y leer las etiquetas. Aprendo mucho. A mi este sistema me funciona muy bien. Están apareciendo las neveras inteligentes que hacen la compra por ti, al comprobar que van quedando menos unidades de un producto, pero por ahora no me encaja ya que también tendría que haber cajones y despensas inteligentes. Yo sigo con la lista, al menos por ahora. Pero estoy abierta a innovar.

«Idea fundamental:
compra solo lo que necesitas»

Y para lograrlo tengo en cuenta lo siguiente:

– Saber con qué frecuencia quieres hacer la compra. Establece un día y hora fija y calcula bien para que incluyas el tiempo de descarga y su almacenamiento. Se puede hacer quincenalmente añadiendo un día para lo más perecedero como fruta y verduras.

– Ten tu lista de promedios de consumo y cuélgala en un gancho en la pared o en el imán de la nevera. Trabaja una vez y luego volarás. Si sabes que el consumo de arroz es de 1/2 kg a la semana, cada dos hay que comprar 1 kg. Hazlo con todos los alimentos básicos. Añade los productos de limpieza e higiene.

Un ejemplo: estudié a una familia de cinco miembros durante un mes: dos adultos y tres niños de 2, 5 y 9 años. Me centré en el consumo de leche y de patatas. Los resultados dieron un consumo de leche de 1,5 l/día (10 l/semana y, por tanto, 45 l/mes) y consumo de patatas unos 2,5 kg/semana o 10 kg/mes.

– Compra alimentos multiusos como: pastas, arroz o legumbres, es decir, que puedan usarse para distintos platos en días diferentes. Esto simplifica mucho.

«No salgas a la calle sin ella ni envíes a nadie sin lista.
La lista salvará tu economía además de
tener lo que necesitas sin olvidos ni pérdidas de tiempo»

– Compra alimentos sanos: deben representar el 90% de tu compra, aunque alguna vez te permitas un guiño, no pasa nada.

– Compra alimentos duraderos o que se puedan congelar por si no llegamos a consumirlos a tiempo: carnes, ciertos pescados preparados, verduras precocinadas, pan de molde, etc. Recuerda que la lista de la compra se completa con el ajuste final de los menús para las próximas dos semanas. Conoce las recetas para saber qué ingredientes incorporar.

– Ajústate a tu economía, y no te salgas del presupuesto mensual/semanal. Por ejemplo: si en una compra superas el importe, deja algo en la caja o trata de nivelarte en la siguiente. Te sugiero que compres –como máximo– solo un tipo de galletas, una clase de leche y uno o dos tipos de yogur. Como sabes, aumentar la variedad dentro de una misma línea de productos incrementa considerablemente el precio.

— Mi circuito en el supermercado —

Sí, has leído bien. Cuando hablo de esto hay gente que piensa que estoy fatal. Pero no. He visto que de modo espontáneo lo hace mucha gente, es más, he preguntado y me lo confirman: me estoy organizando para saber por dónde empezar.

Cuando entres en el supermercado no vayas a tontas y a locas. Párate en la entrada y comprueba tu lista y diseña tu circuito en la cabeza; luego, síguelo. Empieza por los lugares en los que hay que hacer cola, el pescado fresco, por ejemplo, y colócalos a un lado del carro porque tendrás que moverlos cuando pases a coger productos más pesados. Antes de avanzar visualiza el orden en el carro o cesta; es importante para que los alimentos o productos no se estropeen.

Si no quieres hacer cola, entonces empieza tu recorrido por los productos envasados, como los detergentes, botellas, cajas de leche, los sacos, es decir, lo más pesado. Sigue por los productos frescos y termina por los congelados. Luego ve directamente a caja.

«Una buena compra
para una familia con niños no necesita
más de 20 minutos»

La descarga en la cinta transportadora ha de ser ordenada. Procura facilitar el acceso a los códigos de barras colocando los productos accesibles al lector. Da igual que el cajero sea una persona o una máquina. Mantente activo ese rato. Aprovecha para ir a recoger tu carro o para ir colocando en el carro del supermercado los productos de modo inteligente para facilitar la descarga en el coche o en casa. Ten preparada la tarjeta o el dinero para agilizar. Revisa siempre el tique retirándote a un lateral para no entorpecer el ritmo a los demás.

«Ten la bolsa adecuada para facilitar la carga en el coche y la descarga en casa»

La descarga en el coche es casi lo más interesante; ten cajas plegables o bolsas resistentes. Distribuye productos. Utiliza el criterio de:

– Conceptos: alimentos de despensa, alimentos frescos, alimentos congelados, higiene, limpieza, mascota, jardín. La ventaja es que ya lo has clasificado y una vez en casa cada bolsa contiene lo que va a cada sitio. Desventaja: el peso puede que no vaya bien distribuido.

– Distribuir por peso: para facilitar la descarga. Este sistema es más lento porque implica reorganizar la compra para almacenarla posteriormente, pensando dos veces sobre lo mismo. La ventaja es que el peso va más repartido. Se trata de elegir el que mejor te vaya. A mí me va mejor clasificar por conceptos.

Pero la cosa no termina aquí, no. Termina con la descarga en casa y la colocación de cada producto en su lugar de conservación. Los productos han de tener no solo su lugar asignado, la despensa, sino que deben tener su posición de salida o visualización: los carteles mirando hacia ti. Son pequeños gestos que no llevan tiempo hacerlos pero que te llevó tres minutos para pensarlo hace un año y desde entonces lo haces así. Los productos se ven mejor. No apiles, pon mejor los productos en vertical, así no se chafan ni se rompen los envoltorios. Como ocupan más espacio, comprarás menos. Pero como en todo, hay que ver qué es lo que más te interesa. Si vives solo o sois pocos y hay sitio este sistema te funcionará; si la familia es más grande lo que necesitas es más cantidad.

Si haces la compra *online*, solo te afectará desde la llegada de la compra a casa. En general, suelen clasificarla muy bien lo cual facilita la comprobación del pedido.

Organizar las sobras de comida

Ya hemos dicho que no se tira nada; que en casa nos lo comemos todo y aprendemos a comer de todo, primero por salud y luego por solidaridad. Hay personas que, por no pensar, tiran la comida. Pienso que por razones humanitarias deberíamos tratar de reutilizarla siempre. Esto supone tener una logística y saber cómo hacerlo.

Un modo de evitar que tengamos que organizar el consumo de las sobras de comida del día anterior es hacer los menús y ajustar muy bien las cantidades que compramos y las que cocinamos calculando de antemano las posibles sobras.

Debemos prestar atención al modo de conservar los alimentos para que no se echen a perder antes de tiempo debido. No podemos confundir la fecha de consumo preferente, que informa del punto máximo de frescura del producto, con el de la seguridad del alimento, la fecha de caducidad.

«No se tira nada; nos lo comemos todo por salud y también por solidaridad»

A veces pasa que no se presta atención a la despensa ni a la nevera, de manera que se almacenan las sobras sin revisarlas ni consumirlas en un plazo corto de tiempo, antes de que se echen a perder, o sencillamente, no nos acabamos la comida del plato y se opta por tirarla a la basura en lugar de aprovecharla para otra ocasión. Para evitarlo o al menos reducirlo, te propongo estas soluciones:

– Planificar las comidas intentando aprovechar los alimentos que hayan podido sobrar; por ejemplo, buscar o crear recetas que incluyan las sobras que tengamos en la nevera.

– Hacer una lista de la compra pensando en el menú de la semana para evitar comprar en exceso.

– Si sobra una gran cantidad de comida preparada se puede congelar adecuadamente o hacer conservas, encurtidos o escabeches para que no se estropee.

– Usar los alimentos que caduquen antes. Un truco para hacerlo es colocar en primera fila en la despensa o la nevera los que caducan antes y al fondo los de fecha de caducidad más prolongada.

Cosas que tengo en cuenta para guardar correctamente las sobras

– Guardar en recipiente limpio.
– La salsa por separado.

– No dejar enfriar a temperatura ambiente más de una hora.
– Meterlas al frío bien tapadas y evitando el contacto con otros alimentos crudos.
– Marcar con etiquetas indicando el producto, la cantidad y la fecha de consumo o de envasado.
– Consumirlas en las siguientes 24 horas.
– Sacarlas de la nevera en el momento de utilizarlas.
– Manipularlas con utensilios limpios.
– Calentar hasta alcanzar 70 °C en el centro del producto.

Ideas para reutilizar las sobras

– La ensalada debe aliñarse justo antes de consumir y en la cantidad que se vaya a comer. Si se hace antes y resulta que no se come, el aliño la echará a perder. Con el aceite, la sal o el vinagre se potencia el deterioro de las verduras, sobre todo de la lechuga.

– El pan puede congelarse, bien en rodajas o entero. Si ya está seco, se pueden hacer tostadas, picatostes, bases para canapés o bien unos montaditos para la cena.

– Si hemos hervido mucho arroz y queremos aprovecharlo para otra comida, debe refrigerarse justo después de cocinarlo. Si se deja a temperatura ambiente mucho tiempo, las bacterias se multiplicarán con rapidez. También es posible congelarlo si no está mezclado con salsas o aceite. Luego lo puedes utilizar en ensaladas o platos cocinados, o en guarnición de carme con salsa.

– Pueden hacerse platos alternativos con la comida que sobra: cremas, croquetas, ensaladas, postres y compotas, que pueden salir de las sobras de carne, pescado o guisos.

– Alimentos como el pollo pueden reutilizarse para hacer guisos. La carne, tras cocinar, aguanta unos tres días en la nevera.

– Con los restos de verduras cocidas se pueden hacer pasteles de carne con huevo o tartaletas al horno gratinadas.

– Las salsas, preparaciones con huevo y pescados pueden conservarse separadas en la nevera un máximo de 24 horas. Mi consejo es no tratar de hacer un plato nuevo con ellas. Lo mejor es consumirlas tal cual al día siguiente.

> *«La clave con las sobras de comida está en recogerlas bien y en consumirlas en 24 horas»*

– Los restos de carnes y pescados se pueden utilizar picados para empanadas, croquetas, canelones, patatas y pasta en general.

– Los restos de bollería se sumergen en leche o en unas natillas con canela; puedes añadir una bolita de helado que tengas por ahí.

– Las tartas se cambian a un plato o fuente más pequeña y es mejor comerla tal cual. Espolvoréale virutas de chocolate o plántale un par de churros decorativos de nata.

– Si la macedonia está muy pasada se puede hacer un batido de frutas o utilizarse como parte de un pastel de frutas.

– Antes de tirar las frutas muy maduras, se pueden hacer postres como compotas o mermeladas.

– Los tomates maduros pueden triturarse y hacer una salsa para elaborar pizzas o macarrones.

Normalmente hay que volver a condimentar las sobras porque por los procesos, no solo habrán perdido caracteres organolépticos, sino valor nutritivo y sabor.

Cuando las sobras salen a la mesa, no hace falta decirlo, pero no pasa nada porque se note: una empanada de ayer es la misma que hoy. Eso es compatible con poner un poco de imaginación para que quede más apetecible – cortada en triángulos o dados – y que desaparezca de la mesa, que en definitiva es lo que queremos. No tendría ningún sentido hacer cosas extrañas para camuflar una sobra ni gastar tiempo ni dinero en disimularla. Todos sabemos que es una sobra y no pasa nada; al fin y al cabo, es comida de ayer con otra cara para hacerla más agradable, pero no imposible de identificar por el aspecto o el sabor.

Las sobras de las sobras ya no se reutilizan. Están sometidas a varios cambios de temperatura y son un riesgo de microorganismos, que aunque no los veamos, están ahí. Liberar la nevera de restos de comida la hace más limpia y menos contaminante.

En las plantillas que encontrarás en los anexos 10, 11, 12 y 13 he preparado propuestas de menús equilibrados para que te sirvan de pauta y los adaptes a tu sistema de vida y gustos. Son reales y ya están funcionando en otras casas.

– *Anexo 10 Menús de primavera-verano.*
– *Anexo 11 Menús de otoño-invierno.*
– *Anexo 12 Menú infantil con tartera.*
– *Anexo 13 La lista de la compra.*

Resumen

Los menús y la lista de la compra

Desde el punto de vista de la organización de la cocina lo más importante es la elaboración de los menús, la lista de la compra y el aprovechamiento de las sobras. Para hacer los menús es bueno tener un sistema, el mío es a base de plantillas sencillas que me facilitan el trabajo y lo hacen fácil y rápido. Es bueno que tú tengas el tuyo. Los treinta minutos de planificación semanal te ayudarán a conseguirlo y verás cómo una vez hechos, los puedes repetir cambiando las recetas. Este es el paso previo para hacer la lista de la compra y siempre aconsejo no ir al supermercado sin tu lista, ya que puedes venir con cosas que no necesites y olvidarte de algunas básicas. Te cansarás menos y ahorrarás más. Compra solo lo que necesitas.

9

La ropa: lavar para no planchar

«Aprender a manejar la humedad es la clave para planchar menos».

— Sonia Vicario

Proponerse ser mejor en el cuidado de la ropa es una mezcla entre actitud y conocimiento. La actitud depende de cada uno, pero el conocimiento se adquiere y, en este caso, se logra experimentando con nuestras propias prendas y consejos de madres y abuelas. Yo llevo años tratando de mejorar mi sistema para alargar la vida de la ropa y hoy me he animado a dejarlo por escrito. Espero que te convenza.

Las tres realidades

¿Sabías que la gestión de la ropa se basa en tres realidades? La primera, que la ropa es uno de los trabajos domésticos con más acciones distintas entre sí pues incluye: reconocer los diferentes tejidos para proceder a separarlos adecuadamente; desmanchar con técnicas y productos propios; lavar con programas mecánicos específicos; tener conocimientos sobre el manejo del agua y su reacción con los productos que compramos; la influencia del secado en la reducción de la plancha; saber planchar y dominar algunas técnicas de distribución, además de ser ordenados.

La segunda, que la clave es la gestión del tiempo útil y de los tiempos muertos ya que, por lo general, detrás de una acción viene una no-acción que impide concluir nuestro trabajo. No podremos acabar la ropa de un único tirón porque entre lavar y secar hay un tiempo muerto y entre secar y planchar, por norma general, aparece otro.

Y la tercera, que deberíamos imitar más a la NASA en su preparación de las naves espaciales: espacios mínimos optimizados al 200%. En un espacio pequeño si está todo pensado, nos movemos menos, está todo a mano, más limpio, y se reconoce rápidamente el sitio de las cosas.

— El espacio: 12 tips para un lavadero *top ten* —

Tengo la suerte de trabajar con mi hermana Maite. Es diseñadora y lleva años asesorando a estudios de arquitectura para que los espacios domésticos estén bien ubicados, dimensionados y relacionados entre sí. Siempre dice que, por lo general, las casas las tenemos a medio resolver por falta de tiempo: «Dale a la gente una semana de tiempo libre y verás cómo mejorarán sus cocinas, lavaderos y trasteros. Dales otra semana más y verás cómo mejoran los armarios y los altillos. Y dale una tercera y ¡me quitan el puesto de trabajo!».

Es cuestión de tener tiempo, sí. Todos querríamos dedicar más horas a la casa, vivir con más orden, tener todo un poco mejor organizado y que las tareas fluyeran con ritmo y sin retrasos. Pero nos falta tiempo. Es cierto. Mírate estos *tips* y dime si tengo razón o no:

– Los lavaderos-trasteros no deberían existir, lo siento, habrá que buscar otro sitio al cesto de naranjas, a los ajos que andan ventilándose, a la sillita del niño, al carrito de la compra, a los sacos de tierra para las macetas, etc. Pero, sí, sí, por favor, búscales un sitio en el que concentrar todo lo de su misma categoría.

– En un lavadero, todo práctico, todo al alcance y sin trastos: las cajitas, sub-cajitas y más cajitas, evítalas. Queda muy mono, pero es preferible tener unas buenas baldas con todo agrupado, que lo veas claramente y que esté al alcance de cualquiera.

– Todo con su orden. Productos de ropa con ropa, productos de limpieza con limpieza y todo lo de planchar unificado, costura incluida. Trata siempre de dejar todo en el mismo sitio.

– Todo igual. Por ejemplo: todo blanco, todo de plástico, todos los botes con un mismo cubicaje, etc. Evita el cristal porque se rompe. Evita el cartón porque se humedece. Recicla todo el plástico que puedas, quítale la etiqueta y márcalo con el nuevo contenido.

– La altura de los productos debe estar acorde con la altura de los estantes: cuando vayas a comprar productos ten claro qué altura tienen todas tus baldas, y mantente fiel a esas medidas. Una idea que funciona bastante bien es reciclar los botes que te encajan y rellenarlos constantemente.

– Ten un plano de trabajo para extender la ropa y una barra mínimo: puede ser algo de quita y pon como una bandeja plegable apoyada entre dos cestos, o en la misma pila, o un carrito con bandejas plegables y con ruedas como los de cocina, etc.

– Busca los rincones de dudosa limpieza y retira los trastos.

– Levanta todo lo que tienes a ras de suelo. Procura que lo que toque el suelo sea de plástico o tenga ruedas, para que si cae agua al suelo no les afecte y sea rápida de recoger. Es vital.

– Evitar conflictos entre puertas: como por ejemplo, entre la puerta de acceso al lavadero y la de las máquinas, o entre la ventana y el armarito, etc. Estúdialo muy bien.

– Repasar las juntas de los azulejos: lleva su tiempo –unas dos horas en total– pero el resultado es muy agradecido. Cuando oigas: «Qué bonito está», que sepas que será por las juntas.

– Cuelga los palos: haz primero una composición de palos en el suelo. Decide bien dónde irán el cubo de fregar y la aspiradora ya que son los más voluminosos. Una vez listo, haz una foto y empieza a plantearlo en la pared. Reajusta lo necesario y a taladrar.

– Quédate con los útiles que están en buen estado y date algún que otro lujo. Lava todo a fondo y compra todo –palos, cepillo, fregona, etc.– nuevo, del mismo color, da mucha alegría.

El detalle: no te olvides de poner una toalla junto a la pila de lavar para secarte las manos, un recipiente autoadhesivo de ventosas a tu pared para el jabón de taco, estropajo, cepillo para desmanchar y algún ramillete de lavanda.

— Primer paso: clasificar bien la ropa —

Todos sabemos que las máquinas debemos situarlas bien, de tal forma que la ropa siga el principio de marcha adelante, es decir, que no haya cruces entre la ropa limpia y ropa sucia que esté en espera. Se consigue colocándolas por el orden de utilización en forma de línea recta o de «L»:

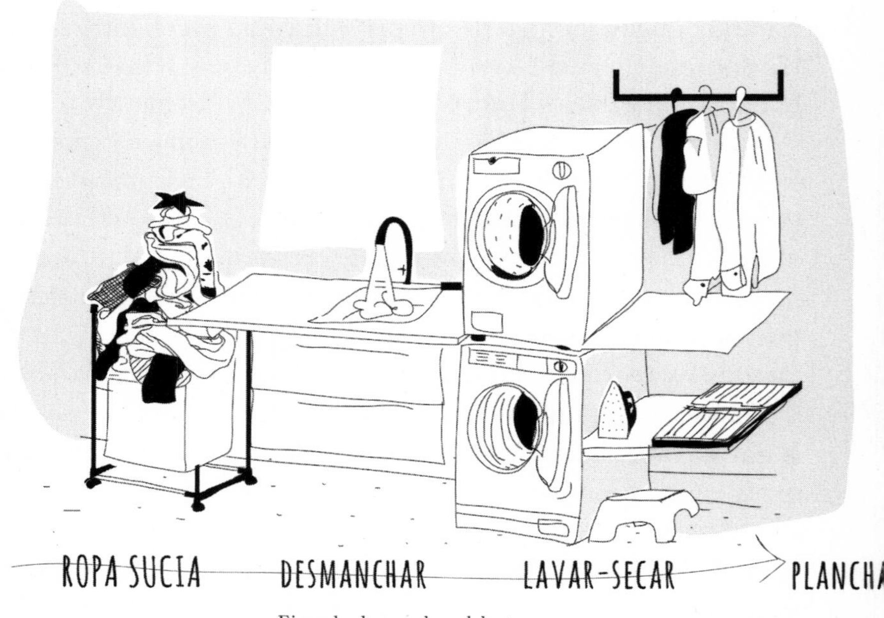

Ejemplo de marcha adelante

– La marcha adelante puedes replanteártela en cualquier momento de tu vida tengas la casa que tengas, estés reformándola o no, o simplemente cuando te apetezca recolocar todo un poco mejor. Esa marcha empieza por delimitar dónde vamos a clasificar la ropa sobre la que vamos a trabajar.

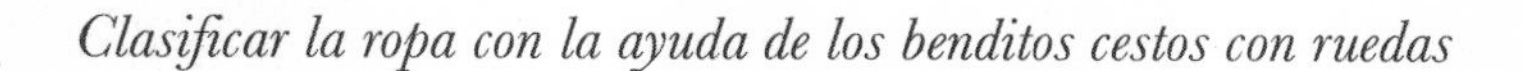

Clasificar la ropa con la ayuda de los benditos cestos con ruedas

– Deben ser del tamaño adecuado. El ideal es el que corresponda a una lavadora de 8 kg o del tamaño que tú tengas en casa.

– Con ruedas y lavables. Estudia el tamaño que se adapte a tu espacio y el diseño que te guste. Los de tela tienen el inconveniente de que si la base no es rígida al cabo de un par de semanas son un nido de suciedad, se desmoronan y pasan a ser un problema. Los de mimbre es mejor hacerles una funda de tela lavable y removible, de quita y pon, pero acumulan mucho polvo. Los mejores son los de tela plastificada o directamente de plástico, porque son lavables. Y a todos, si puedes, hazles una plataforma con cuatro ruedas, aunque con cinco ganas en estabilidad.

– ¿Cuántos cestos? Al menos dos: una para ropa blanca y otro para ropa oscura. Márcalos. Va bien tener un código familiar para la ropa delicada y la de deporte, dependiendo de su frecuencia. Por ejemplo, «la ropa de deporte se deja directamente en la pila y se lava esa noche». «El último en llegar pone lavadora». «Cierra el cesto para que no huela».

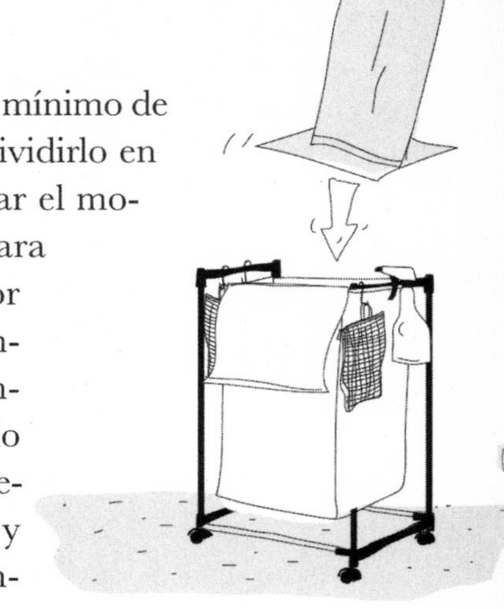

En pisos: para poder cumplir con el mínimo de dos, si no tienes espacio, es práctico dividirlo en dos y en vertical. Si se puede encontrar el modelo, lo ideal es que tenga tapadera para que la ropa sucia no se vea y de mayor sensación de orden. En casas más grandes: añadir algún cesto más puede simplificar la puesta de lavadoras. Yo suelo recomendar añadir uno para la ropa delicada; otro para manteles, servilletas y trapos de cocina y otro para trapos limpieza, jardinería, etc.

– Cuanto más cerca de la lavadora, mejor. Tengas la casa que tengas, siempre date prioridad a ti. Es cierto que a los niños pequeños –de 1 a 4 años– les va muy bien tener sus cestos dentro del baño o la habitación, porque al desvestirse todo lo sucio va directo al cesto y a su red de calcetines, en lugar de ir al suelo. Sí, es la mejor opción sin duda alguna. Pero a partir de los 5 años piensa que podrías pasarle al siguiente nivel: el de que cada uno coge su ropa y la lleva a los cestos que están en el lavadero –o donde a ti te vaya mejor– y ahí es donde se deja siempre.

– ¿Dónde pongos los cestos? En pisos, hay varias opciones y todas ellas funcionan bien, por ejemplo: dentro del lavadero es adecuado y simplifica muchísimo el trabajo. Otras opciones son: dentro del baño, en el pasillo de las habitaciones o en alguna zona común. Si escoges esta opción, intenta que sean bonitos pues están a la vista de todos y pon los dos. Si el pasillo es inferior a un metro olvídate de esta opción, serán un estorbo más que una ayuda.

En casas grandes, si la distribución te lo permite, pon los cestos, la lavadora y la secadora en la zona de habitaciones: ahí está la ropa y ahí es donde ha de volver. Reducirás tus desplazamientos. Entonces, si tengo una casa grande y el lavadero/planchero cerca de la cocina, ¿está mal? Ni mucho menos. En casas grandes con servicio doméstico y niños pequeños, como lo que se persigue es tener un centro de operaciones único para vigilar a los pequeños, es más que correcto. Pero si no tienes niños o son mayores, la ropa se gestiona muy bien de la otra forma.

– Espera hasta que el cesto esté lleno: es una lavadora completa. Muchas veces nos ocurre que recogemos la ropa del día y conectamos la lavadora sin pararnos a pensar si está llena. Mejor no hacerlo y esperar a que esté llena y sea su día. No le pasa nada, tendrás más orden y será más económico.

– Uniformes de riesgo: si algún miembro de la familia tiene un trabajo que requiere uniforme laboral de riesgo como pueden ser: batas sanitarias, de laboratorio o profesiones técnicas, quizá sea importante adecuarles un lugar para que dejen esas prendas que siempre se lavarán aparte.

Clasificar aún mejor: usa redes individuales para los calcetines y las prendas pequeñas

El *workflow* de la ropa tiene un punto débil: los calcetines y las prendas pequeñas como ropa interior, los pañuelos, etc. Tengo experiencia de que el uso de redes individuales facilita su localización, su distribución y nuestra tranquilidad.

Fijémonos en el siguiente dato: en una familia de cinco miembros, cuando sale la lavadora de calcetines y uniformes, hay que emparejar entre 70-100 calcetines, de diferentes tonos, azul, marrón, negros, con tamaños diferentes. Si tardamos una media de 10 segundos en buscar y formar un solo par, emparejar 70 pares (o sea 140 calcetines) tardarás unos 15 minutos. Con las redes bajas a 3-5 min.

Las redes con cremallera son la solución. Cada red es de una persona, cuando te animes a este sistema, la vida te cambia mucho. Marca cada red para distinguirla y cuélgala donde veas más conveniente, en uno de los laterales del cesto de ropa sucia o debajo de la toalla de ducha de cada uno. Enseña a poner los calcetines sucios dentro de su red, del derecho y emparejados, por la parte superior del mismo.

Para la ropa interior, en familias con varios miembros, usa también las redes más grandes. Cada uno tiene su red propia, de manera que salen todas a la vez, se cuelgan las prendas seguidas y al descolgarlas, se recogen agrupadas por persona. Si las tuvieras que meter en la secadora, te recomiendo que lo hagas con la red, no la abras o habrás perdido toda su eficacia. Al ser grande se seca todo bien. Cuando termine, sácalas y estira la ropa, poniendo cada red encima para que los grupos de cada persona se vean claros.

— Segundo paso: desmancha en dos minutos — ¡pero desmancha!

Preparar una lavadora y desmanchar antes se parece mucho a preparar un documento nuevo en word: fijas los márgenes, eliges la tipografía, estableces un cuerpo de texto legible, el interlineado, etc. Aún no has escrito nada, tampoco has lavado la ropa. Pero te has preparado el terreno y las condiciones óptimas para escribir un buen informe. El ordenador simplemente escribe, la lavadora simplemente lava. Por eso, dale importancia al desmanchado.

Las reglas para desmanchar bien

– Revisa la etiqueta aprovechando para aprender. Toca el tejido y memoriza sus características[12].

– Desmanchar en el mismo momento en el que se producen: es la regla de oro del desmanchado y casi siempre desaparecen de forma completa. Un poco de agua fría (que no la fije) y agua

[12] *El cuidado de la ropa*. Mª Asunción Ron. CEICID. Pamplona, 2017.

y jabón en una punta de la toalla o trapo de felpa obran milagros y, sobre todo, hacen que no tengas que aplicar productos fuertes y que con su lavado automático sea suficiente.

– Modo de tratar las manchas: tamponando, no frotando. Tamponar a base de pequeños golpes y hacerlo con el sistema del sándwich, toalla abajo y toalla arriba, de esta forma traspasaremos la mancha a la inferior.

– En manchas superficiales, dale la vuelta al tejido, apóyalo sobre una toalla y tampona por el revés de la tela. Es mejor.

– Es más eficaz, si ves que no desaparece, aplicar el mismo tratamiento varias veces con pequeñas cantidades de producto, que una sola vez con mucha cantidad de todo, mucho producto, mucha agua, mucho tamponamiento y mucho de todo.

– Siempre debemos ir del procedimiento más simple al más complejo y no aplicar un nuevo producto hasta que no ha desaparecido de todo el anterior con el aclarado.

– Si se desconoce la naturaleza del tejido o la solidez de los colores, es prudente hacer una prueba del producto en una tela similar o en el propio dobladillo o costuras internas de las prendas a desmanchar.

«Preparar bien el terreno para sacar el
máximo rendimiento a la lavadora y a los productos.
Eso es lavar bien»

– El desmanchado con disolventes orgánicos debe hacerse en un lugar aireado, alejado de fuentes de calor, y de manera esporádica, porque son tóxicos. Además dejan cerco con facilidad. Respecto a los productos con aerosol, llevan incorporados polvos absorbentes que evitan la formación de cercos en tejidos limpios. No se usan con paño humedecido porque disminuye su acción y facilitan la aparición de cercos. Por lo tanto, paños bien secos, ventana abierta, tamponar e ir secando los exteriores del propio producto.

– Debemos descoser siempre el forro, si lo hay, antes de desmanchar el tejido principal, ya que puede desteñir o encoger.

– Cuando se va a utilizar agua, debe ser fría, la caliente fija la mancha y puede desteñir colores poco sólidos.

– Para tratar una mancha con jabón, debemos frotar en seco, sí, sí, en seco. Veamos: tienes la prenda, tienes tu jabón de taco, mojas un poco la punta del jabón y empiezas a aplicarlo en la prenda. Sí, así. En seco, sin mojar la prenda porque se trata de facilitar la entrada del jabón. Después, con un cepillo de cerdas suaves o tus propios dedos los vas mojando en agua tibia alternado el agua fría y aplicándolo sobre la mancha en cuestión. Seca la prenda entre dos trapos de toalla limpios.

– Una regla extra: no se deberían tratar los tejidos negros con trapos blancos, porque pueden desprender pelusas que se infiltrarían justo en la parte que estás intentando desmanchar. Así que reserva restos de ropa oscura para desmanchar ropa oscura.

– Otra extra más: si programas por la noche, y tienes que desmanchar, ten cuidado con los productos desengrasantes. Puedes aplicarlos por la noche, pero te aconsejo que antes de meterlos los aclares, pues de lo contrario se fijarán a la prenda y al secarse marcarán un cerco.

Mis productos básicos para desmanchar

– Acetona: es un disolvente, elimina manchas de barniz, pintura fresca, alquitrán, cera, betún y grasa en general. Hacer una prueba antes de utilizarlo. Suele dejar cerco. No utilizar sobre acetatos o rayón ya que los destruye sin poderlos recuperar.

– Agua oxigenada: decolorante eficaz ante manchas difíciles como la sangre y las manchas amarillentas de los tejidos blancos. Verificar que no haya perdido sus propiedades burbujeantes ya que si es así su eficacia habría desaparecido por completo.

– Aguarrás: es un disolvente que elimina manchas de pintura, barniz, alquitrán y betún. Es tóxico, por lo que debe utilizarse en

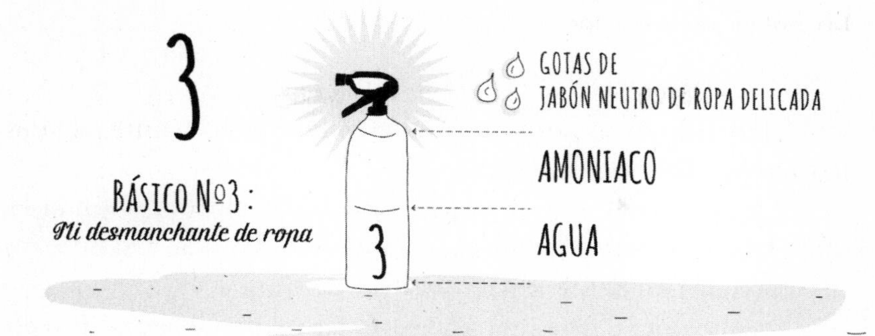

espacios aireados. Tiende a ser sustituidos por químicos verdes, todavía poco desarrollados a nivel doméstico.

– Alcohol: es un disolvente, lo puedes usar para quitar los restos de pintalabios, rotulador, musgo, fruta, café, té y hierba. Rodea la mancha con polvos de talco y empápala en alcohol por el derecho y el revés. Se usa rebajado con agua, tres de alcohol por una de agua. No utilizar en tejidos sintéticos ya que puede romper las fibras.

– Amoniaco: es un desengrasante. Úsalo disuelto en agua, y/o con detergente neutro para eliminar manchas proteicas y grasas. Mezclado con jabón es una buena opción para los cuellos y puños de las camisas. Mi solución de éxito para la ropa: 1/2 litro de agua, 1/3 de amoniaco y un tapón de detergente líquido neutro. Y para quitar manchas de grasa en las tapicerías frota con una solución de tres partes de amoniaco y una de agua.

– Bicarbonato sódico: es un producto alcalino débil. Se usa para eliminar manchas amarillas que aparecen en los manteles blancos; se disuelven tres cucharadas de bicarbonato en un litro de agua caliente, se deja en remojo media hora y se aclara. Mezclado en seco con detergente de lavadora y talco, ayuda a la limpieza de las tapicerías y absorbe las manchas de grasa. Elimina muy bien los olores y los excrementos de pájaro.

– Decolorantes, blanqueantes, oxidantes: son disolventes. Importante: empleálos siempre diluidos. Intenta evitarlos en lo posible ya que su acción prolongada afecta a la resistencia de los tejidos.

– Disolventes clorados van a estar prohibidos en toda la UE a partir de 2020 por ser tóxicos. Están siendo sustituidos por los disolventes orgánicos de la llamada química verde, de los que no hay mucha información. De todos modos, seguiremos de cerca este tema. Por lo pronto podremos utilizar espray en seco o bien alcohol, que disolverá la grasa.

– Limón (jugo): por su riqueza en ácido cítrico, elimina las manchas de oxido en tejidos, suelos de cerámica y sanitarios. Blanquea las manchas amarillas y las de tinta.

– La glicerina y vaselina: ablandan las manchas secas. Son eficaces para las de perfumes.

– Pastilla de jabón: la pastilla de jabón es normalmente jabón puro, neutro, que siempre va bien tener en el lavadero. Con él podemos eliminar muchas manchas de comida, orgánicas, de grasa, etc., frotando un poquito. Es importante que la prenda se pueda lavar y que el color sea sólido.

– Sal de cocina: reaviva la ropa de color, impide que se destiña y fija el color. Absorbe manchas de vino en ropa blanca; hay que eliminarlas con agua fría antes de lavar la prenda. También absorbe manchas de sangre en ropa blanca y despega mucosidades en pañuelos. Blanquea los visillos si se dejan sumergidos una hora en agua y sal.

«Contar con algunos productos en estado puro es lo ideal, pero a veces, los más específicos compensa comprarlos»

– Talco: absorbe manchas de grasa. En el caso de manchas grasientas, echar polvos de talco de inmediato y dejar que absorba todo el líquido. Cuando el polvillo pierde su textura característica y queda apelmazado, es el momento de sacudirlo con un cepillo.

– Vinagre: caliente, abrillanta los sanitarios y quita el verdín de los metales, reaviva el color de los textiles y evita que la ropa destiña. Un chorrito de vinagre en los aclarados de la ropa de color o al menos en el último aclarado mantiene más vivos los colores. También se puede utilizar para los desteñidos, colocando en un barreño la prenda desteñida con agua fría, hielos y vinagre. Para eliminar manchas de taninos (por ejemplo, vino tinto o café) se le añade detergente neutro. Si las manchas son en un mantel, tener en cuenta que no haya otras manchas de tipo proteico ya que estas quedarían fijadas por el ácido. En programas de lana, si se aplica vinagre en el aclarado la deja más mullida. También elimina el olor a moho en la ropa que lleva guardada mucho tiempo.

Y en realidad, esto es todo lo que debemos saber para desmanchar. Hay miles de vídeos que te pueden inspirar, pero si sigues estas pautas y reconoces cada día mejor ante qué tejido estás, te aseguro que la vida y la cesta de la compra se simplifican una barbaridad. Contar con algunos productos en estado puro es lo ideal, pero a veces, los más específicos compensa comprarlos puesto que vienen en dosis pequeñas y con sistemas de cierre herméticos, algo que es básico.

Las manchas una a una: cómo quitarlas

Si quieres investigar la forma de eliminar las manchas más frecuentes en una casa puedes ir al anexo 14 donde tienes una a una y por orden alfabético todas aquellas manchas que he considerado más habituales en una casa con su forma de limpiarlas con productos caseros básicos. Muy interesante, por cierto.

— Tercer paso: lavar con el programa adecuado —

La elección del programa es clave para que la ropa sucia con o sin manchas salga impecable. Por lo general, si desmanchas previamente la ropa, tal y como hemos dicho anteriormente, el programa puede ser siempre uno corto y a temperatura media: entre 30/40 °C; no hace falta más. Ahorras tiempo y energía.

El centrifugado dependerá de si es invierno o verano, y recuerda que no es el centrifugado quien arruga la ropa sino la temperatura de la secadora y el dejarla dentro de las máquinas cuando siguen calientes. Darles un toque corto de secadora —un minuto— ayuda a estirar las fibras. Te puede ayudar el listado siguiente:

Toallas	Ropa blanca / enérgico	50 °C
Sábanas algodón	Ropa blanca / enérgico	40 °C
Sábanas tergal	Ropa sintética / enérgico	40 °C
Ropa interior algodón	Ropa blanca / enérgico	40 °C
Ropa interior lycra	Ropa sintética / delicado	30 °C
Camisas y blusas color	Ropa blanca / enérgico	30 °C
Pantalones lavables	Ropa sintética / delicado	30 °C
Lana: jerséis, mantas	Programa específico lana	Frío
Mantelerías	Ropa blanca / enérgico	40 °C
Trapos de cocina	Ropa blanca / enérgico	60 °C
Trapos de limpieza	Ropa blanca / enérgico	50 °C

Y algo que a veces nos hace dudar antes de conectar la máquina: ¿Qué prendas puedo agrupar?

Sábanas con sábanas	Ropa blanca / enérgico	40 °C
Toallas con toallas, mejor	Ropa blanca / enérgico	50 °C
Sábanas y ropa de tergal	Ropa sintética o delicada	40 °C
Lana es lana	Lana	Frío
Ropa colores claros: gran grupo	Ropa blanca / enérgico	40 °C
Ropa colores oscuro con calcetines	Ropa sintética o delicada	30 °C
Manteles, servilletas, trapos cocina	Ropa blanca / enérgico	50 °C
Trapos limpieza solos	Ropa blanca / enérgico	60 °C

Los 7 magníficos

Aunque tratemos de reducir y reducir, por lo general, casi todos tenemos estos siete productos que ayudan a tener la ropa perfecta. Me encantaría decirte que con tres es perfecto pero no puedo. Se necesita del refuerzo de blanqueantes y anti-grasas.

Mi lista es la siguiente:

Uno: Detergente básico uso diario en polvo o líquido.

Dos: Detergente para ropa de color y oscura.

Tres: Detergente para ropa delicada, lavado a mano.

Cuatro: Suavizante.
Cinco: Blanqueante líquido o en polvo.
Seis: Espray anti-grasa.
Siete: Espray con oxígeno activo para manchas con color.

Suavizante ¿sí o no?

Mi cuñado es el responsable de la ropa en su casa y pone suavizante en todos los lavados porque le encanta el olor que queda en la ropa, le gusta y le gusta, ¡qué se le va a hacer! No hay manera de que entienda el porqué de limitar su uso. Siempre le digo que si quiere que la ropa huela «rico, rico», pues que elija un detergente con olor agradable o que use su perfume al acabar de vestirse. Pero nada, batalla perdida.

Los suavizantes son «una variedad de los detergentes y lo que les diferencia es la presencia de tensoactivos catiónicos, unas sustancias que se adhieren a la superficie de la ropa y le confieren suavidad»[13]. Realmente no son imprescindibles y aunque es verdad que dan un acabado muy agradable a la ropa, sobre todo al algodón, no la dejan más limpia. Por eso, si estamos intentando reducir la plancha, es decir planchar menos, igual necesitamos ajustar la cantidad de suavizante.

Te dejo con mi experiencia con los suavizantes y tú decides:

– Si combinas el suavizante con detergente en polvo los resultados son ligeramente superiores que si lo haces con detergente líquido.

13 www.ocu.org

– No por añadir más suavizante el resultado será mejor, sino todo lo contrario, ya que aparecerán manchas y el tejido perderá su prestancia. Recuerda su precio.

– Es un neutralizante y ayuda a eliminar los restos de jabón.

– Cuando usamos suavizantes en las toallas, albornoces o trapos de cocina de rizo hacemos que sequen menos. Lo que hace el suavizante es reducir un poco la absorción del agua.

– La secadora potencia el suavizante. Abre las fibras. Pero úsala con moderación.

– El suavizante reduce el tiempo de planchado. Tienes que esforzarte menos, y el vapor fluye planchando mejor.

– Eliminan la electricidad estática.

– Si lavas a mano y usas suavizante, aclara bien.

– No usar suavizante en fibras naturales porque les quita su propio apresto.

– La pena es que son poco ecológicos ☹.

– Excluido su uso en la ropa de deporte y en las microfibras, porque al taponar el tejido no transpirarán bien luego.

Por tanto, respondiendo a la pregunta del inicio, suavizante sí pero no siempre y a toda costa. Moderando las cantidades.

Blanqueantes: líquidos o en polvo

En el cuidado de la ropa he eliminado el uso de la lejía, salvo para esas manchas rabiosas que se resisten y que sí trato con lejía. He de confesar que tengo el bote de lejía medio escondido al fondo del armario para evitar posibles sorpresas.

La lejía es hipoclorito sódico, es decir, un producto clorado que desinfecta y decolora, pero que en contacto con la suciedad no limpia. Dada su toxicidad y riesgo de generar cloraminas en contacto con la celulosa, han surgido otras alternativas como los blanqueantes a base de oxígeno, el peróxido de hidrógeno y otros elementos como los tensoactivos aniónicos, que están dando muy buenos resultados y no atacan los colores de la ropa.

El nombre genérico es blanqueante y bajo ese paraguas encontramos los perboratos, percarbonatos y oxígeno activo. Se presentan tanto en formato líquido como en polvo y con iguales características. Probablemente algunos blanqueantes para ropa blanca estén formulados a base de cloro.

– En realidad, todo es lo mismo: blanqueadores en polvo que al contacto con el agua reaccionan haciendo que su oxígeno ataque las manchas y deje las prendas limpias.

– No es tan corrosivo como la lejía.

– No desinfecta igual, pero a no ser que haya enfermos, la ropa no hay que desinfectarla.

– Puedes usarlo con todo tipo de tejidos, oscuros y claros.

– Deja las prendas suaves, algo que la lejía no consigue.

– Es más respetuoso con el medio ambiente.

¿Cuál es el mejor momento para poner lavadoras?

Cada uno conoce sus circunstancias, horarios y dificultades, pero tanto si tienes servicio doméstico como si no, parece que el mejor momento es programarlas por la noche: ganas una hora, y eso a diario, es mucho.

Supongamos que sois cinco en casa: dos adultos y tres niños. Probablemente no puedas bajar de seis lavadoras semanales, unos 40-50 kg de ropa, dicho así parece mucho, pero mira:

– Toallas: 1 lavadora (cambio semanal).

– Sábanas: 2 lavadoras (cambio semanal).

– Ropa blanca, ropa interior, etc.: 1 lavadora/semana.

– Ropa oscura o extra, o uniformes: 1 lavadora/semana.

– Manteles o trapos: 1 lavadora quincenal.

– Ropa de deporte: 1 lavadora/semana (aproximadamente).

TOTAL: 6-7 lavadoras/semana. 6 x 8 kg = 48-52 kg ¡qué barbaridad, por Dios santo! Por eso, teniendo en cuenta lo anterior y tus circunstancias: ¿Cuándo es mejor que pongamos lavadoras? Veamos tres casos prácticos:

Programar lavadoras por las noches, si puedes, es siempre una buena solución, ¡qué digo! ¡la mejor solución!

– ***Caso 1:*** *Trabajas todo el día y tienes una empleada cinco días hasta las 17:00 h.*
El *quid* está en la sincronización entre tú y la persona que ayuda en casa. Por tanto, tú programas por las noches y ella al día siguiente remata. Importante: debe tener muy claro en qué parte del proceso se incorpora evitando cambios innecesarios. Digo esto porque a veces, por la mañana, puede darte tiempo a sacar y colgar las lavadoras mientras la familia se prepara para salir, lo cual es perfecto porque así la otra persona se reengancha en la parte de recogida y plancha. Ya sabes, la sincronización es la clave.

– ***Caso 2****: Trabajas telemáticamente desde casa y te ayuda una empleada del hogar dos días y cada día tres horas.*
Aunque trabajes telemáticamente, estás en casa, puedes optimizar tu tiempo, y adelantar trabajo para que le rinda a la empleada cuando llegue esos dos días. Por eso, decide qué haces tú y qué hace la empleada ya que no se llega a todo y menos si se pretende que abarque también la cocina. El mejor momento para la ropa sigue siendo programar por la noche. Así, a ella la centras en limpiar bien

toda la casa, en planchar con orden y en cocinar adelantando y congelando para no sufrir. No le dará para más. Te lo aseguro.

– ***Caso 3:*** *Trabajas media jornada y no tienes empleada del hogar:* Tienes suerte porque puedes dedicar algo de tiempo seguido a la casa y eso se nota. En este caso, si nos centramos en la ropa, trataría de programar lavadoras por las noches para que cuando te levantes puedas colgadas tranquilamente. Se trata de que a tu regreso estén ya secas y puedas doblar esa ropa. Por las tardes, a tu regreso del trabajo y si lo necesitas, pon alguna lavadora de las complicadas, es decir, de las que requieran desmanchar o cualquier otro tipo de tratamiento delicado. También puede ser buen momento para poner sábanas.

Lavar para no planchar

Esta parte es la que más me gusta porque es la que mejores resultados en términos de eficiencia nos aporta. Lavar para no planchar es estupendo, alivia la carga física de trabajo y la mental. Va todo muchísimo más rápido. Se lava, seca y recoge todo en el día y apenas lo ves pasar. Para ello, si quieres, ten en cuenta lo siguiente:

– Desmancha previamente para poder usar programas cortos y no agresivos.

– Procura lavar a 30-40 °C, y recuerda que las arrugas las produce la temperatura.

– Dosifica el suavizante.

– Saca la ropa justo al acabar cuando pita la lavadora y da un salto acudiendo a esa llamada. Ponte el *timer*.

– Usa la secadora solo un par de minutos, en frío y en tandas medio vacías, por pesos iguales, no mezclando por ejemplo, camisas y ropa interior de algodón con toallas: esta es la clave para estirar las fibras.

– Estira todo con las manos cuanto antes.

– Cuelga sin dejar marca de pinza. Busca costuras, reveses, etc.

– Mira la ropa colgada, tócala para aprender cuál es el momento de descolgarla. Si es verano: con algo de humedad. Si es invierno: seca.

– Descuelga por categorías: todos los calcetines juntos, todas las braguitas juntas, las camisetas seguidas, etc... lógicamente debes colgar todo por categorías a su vez.

– Pliega como si fueras una auténtica dependienta de Zara.

Pros y contras de los programas a 50°, 60° y 90°

Que una prenda soporte temperaturas altas, no implica que todos los lavados de esas mismas prendas deban hacerse a 60-90°, porque estaríamos sometiéndola a un desgaste innecesario. El calor fija arrugas, ya lo hemos repetido varias veces, destroza las fibras que son elásticas y puede hacer que encojan. No compensan esas altísimas temperaturas y, además, el consumo energético es muy elevado.

Hace tiempo que solo uso temperaturas altas para las toallas –a 50 °C–, los trapos de limpieza –a 60 °C– o ropa de algodón muy sucia como los monos de los bebés, camisetas muy sucias, etc. Y siempre con un centrifugado normal/reducido.

Como ves, en términos generales, estas temperaturas son soportadas por tejidos claros, resistentes y muy sucios. No creo que en mis rutinas diarias me vea seleccionando el 90 °C. Me da pavor pensar en las arrugas y en la plancha, ¡quita, quita!

Lo mejor es usar programas en frío o a 30 °C y cortos. Es que no solo reducimos el consumo, sino que la ropa, si está revisada antes y desmanchada, sale bien siempre y menos arrugada. Mi consejo es que desmanches detenidamente, que elijas bien tu detergente ideal, que selecciones una temperatura no dañina y con tendencia a la baja y que observes cómo va saliendo la ropa para ajustar el programa (temperatura, tiempos de lavado, aclarado, etc. y el centrifugado).

— Cuarto paso: secar para no planchar —

Tenemos tres opciones que podemos combinar entre sí o bien usarlas independientemente. Me explico:

– Secar sin secadora.

– Secar totalmente con secadora.

– Secar parcialmente con secadora.

Pero veamos detenidamente estas propuestas:

Secar sin secadora

Personalmente me encanta este sistema porque prolonga la vida de la ropa y el consumo es mínimo, pero entiendo que entonces tienes que tener tiempo y estar en casa. Si es tu caso, procura colgar todo con algo de esfuerzo y pensando en la recogida y en la no-plancha, esa maravillosa liberación que agiliza el orden y el ritmo en casa.

– Saca los calcetines de las redes, emparejados y por tamaños. Cuélgalos agrupándolos por propietarios y colores (con la red al lado). Las medias y pantis igual. Al recogerlos, se van doblando y ya te salen por habitaciones, por personas y por tonos.

– Cuelga todas las camisas seguidas –si puedes en percha de plástico, mucho mejor, y con una pinza para que no se resbalen por el cable. ¡Si tienes barra o soporte abatible de pared en tu lavadero… *wow*!... es lo mejor. Por personas, todas seguidas. Así al distribuir ya las tienes preparadas.

– Pantalones: cuélgalos del revés mejor, se secarán bien los bolsillos, dobladillos y costuras. Yo pongo las pinzas en la cinturilla. Si los cuelgas de los tobillos el agua tenderá a ir hacia abajo y la cintura no hay forma de que termine de secarse. Pero tú eliges.

– Camisetas: en perchas de plástico y por personas, porque así evitas el doblez ahorrándote la plancha.

– Calzoncillos y braguitas: por persona, si puedes, y optimizando las pinzas.

Secado total en secadora

En el secado total con secadora, es muy importante que estés. Nada mas oir que termina, saca la carga rápidamente sobre un plano horizontal y procede a doblar todo de un tirón y perfectamente. Las toallas: sácalas todas y extiéndelas, al estar calientes las doblarás mejor. Por cierto, cuando metas la ropa interior en la secadora, tanto si es de algodón como de lycra, opta por temperatura media. Te durarán más las gomas y costuras.

Secado parcial en secadora

A mí es un sistema que me funciona bastante bien. Le doy un toque de secadora a la ropa en grupos pequeños, de unos 40 segundos, y a continuación la cuelgo bien, estirándola con las manos y dejándola secar sola. Y sí, es cierto, cada vez plancho menos.

– Camisas: localízalas cuando pares la secadora lo primero, busca los cuellos y cuélgalas ¡ya, ya! Lo importante es conseguir que se estiren las fibras y que haya un poco de humedad. Luego se planchan en tres minutos.

– Pantalones: secar del revés, dejar con humedad y colgar con percha de pinza en la cintura. Los bolsillos y las costuras deben acabar de secarse.

– Manteles y servilletas: meterlos muy holgados en la secadora unos 10-15 minutos y al sacar extenderlos rápidamente. Si tienes una barra donde colgarlos directamente sería estupendo y si no, de una percha de plástico con algo de grosor. Las servilletas, estíralas con la mano y al cesto o a una balda de rejilla para que se aireen otro poco.

– Sábanas: yo suelo meter a secar juegos completos. Me esfuerzo en emparejarlos porque al sacarlos ya van completos.

– Ropa de bebé: por supuesto que puedes meterla en la secadora y, además, sale planchada. Pero al ser piezas tan pequeñitas igual te compensa secarla a la intemperie, según el caso.

— Y quinto paso: planchar con comodidad —

Una vez me corrigieron mientras estaba planchando y, como tenía muchísimo sentido, quiero compartirlo con todos vosotros.

– Decidir bien la altura de la tabla en función de tu tamaño. Si te duele la espalda, lo correcto es subirla y, además, poner un pie sobre un taburete, por ejemplo. Se alivia bastante el dolor lumbar. Si te duele el brazo, entonces es al revés, debes bajar la tabla casi hasta estirar el brazo y que no notes malestar.

– Me aconsejaron que debía tener un sistema para planchar, ¿sistema?, sí, sistema. Planchar no es ponerse a planchar una pieza tras otra, tal cual cae en el cesto de plancha. No. Antes de empezar prepara los montones por temas, o habitaciones o lo que quieras, se plancha con más sentido y agilizas la distribución. Recuerda, ten tu propio sistema, como si fueras una empresa de coches en la que cada gesto se mide bien y cuantifica en términos de eficiencia.

– Que me moviera menos o incluso que intentara no moverme apenas: al parecer movía mucho los pies, me iba para un lado y para el otro cuando planchaba camisas y sábanas y eso era una pérdida de energía. Hoy en día, apenas me muevo y lo noto.

– Que utilizara más la mano izquierda. Me insistían en que me pasara con más velocidad la plancha de una mano a la otra haciendo el giro de la plancha casi sin mirarla. A veces pillaba la plancha por el cable a punto de caerse por el extremo de la tabla. Hoy ya ni me doy cuenta.

– Que no debía planchar debajo de la luz por la sombra que me auto-hacía yo misma y que si no había más remedio, moviera un poco la tabla.

– Que cuando cargaba agua podía ir colocando cosas ya qua la plancha tarda unos quince segundos en llegar a la temperatura y presión adecuadas.

Como ves, son detalles y seguramente ya lo haces, pero me han ayudado mucho a lo largo de estos años, haciéndome rápida con la plancha.

Fichas técnicas de cómo lavar y planchar

Si quieres saber más sobre cómo lavar y planchar algunas prendas de vestir y de ropa blanca básicas puedes ir a los anexos 15 y 16 al final del manual o ver los vídeos sobre plancha en www.piaorganiza.es.

Anexo 15: Cómo lavar y planchar algunas prendas de vestir:

– *Camisas de hombre*
– *Pantalones con raya*

– Americana sin forro
– Ropa de bebé
– Ropa de enfermos

Anexo 16: Cómo lavar y planchar algunas piezas de ropa blanca:
– Toallas
– Sábanas
– Edredones
– Mantas
– Manteles y servilletas
– Visillos
– Estores y enrollables

Resumen

La ropa: lavar para no planchar

El cuidado de la ropa es uno de los trabajos que más acciones concentra y donde es crucial la buena organización y la gestión del tiempo. Como todos y cada uno de los trabajos de la casa, se hace por procesos: clasificar, desmanchar, lavar, secar, planchar y colocar. Dominar las técnicas de desmanchado, acertar con el programa y el detergente de lavado, dar con el punto de humedad para planchar menos, son partes importantes dentro del proceso. A esto contribuye también la zona de lavado y plancha ya que hay que poder hacerlo con comodidad. El punto final es la colocación ordenada en los armarios.

10

Ordenar los armarios: más tranquilidad de la que imaginas

«Lo funcional es mejor que lo bello, porque lo que funciona bien permanece en el tiempo».

— *Ray Eames*

Una vez planchada la ropa, dejarla en el armario o sobre la cama para que los que la usan se la guarden, no es complicado. Pero plancharla si el armario no está bien ordenado es un trabajo que no compensa. Hay un par de detalles que si se tienen en cuenta te facilitarán la vida mucho. Y como siempre, empecemos por nosotros mismos.

— **Ordenar nuestro armario** —

No hay nada mejor que dedicar todo un fin de semana a ese capítulo suelto de nuestra propia vida, que es ordenar con mucho tiempo por delante y sin interrupciones nuestro propio armario. Y para ello, si quieres, puedes recorrer este camino que a mí me ha sido muy práctico:

– Hazte a la idea de que necesitas un mínimo de cuatro horas para enfrentarte a un armario. Y luego otro tanto para afinar en detalles, compras y remates, es decir, el broche de oro. Si ordenas pero no rematas, volverás al caos en una semana.

– «Sacar todo es sacar todo»: se trata de poder limpiar el armario por dentro y de ser consciente de todo lo que tienes.

– Clasifica con paciencia y por temas dejando cada «santa cosa en su santo montón» y con cariño.

– Ten bolsas de basura grandes y fuertes: de jardín para que no se desfonden y crea las dos categorías por excelencia: donar y tirar, son las que funcionan porque la de reciclar al final pasa a la zona de donar. Deshazte de lo que ya no te esté bien o no uses. En este punto que no te tiemble la mano; no te concedas ni un segundo. Actúa rápido y recuerda que en el capítulo 2 dedicado a el orden hemos hablado ya de la Big Decision.

– Empieza a ordenar con los recipientes que tienes. Ya comprarás lo que necesites al terminar, que eso es lo fácil, bonito y apetecible. Así compras con la medida clara y la capacidad real.

– Maneja con respeto cada prenda o elemento: si ves que tiras las cosas al montón vamos mal. Son cosas que has usado y que han cumplido un servicio.

– Olvídate de la valoración económica o sentimental de las prendas: porque te querrás morir al ver los desastres que has cometido. Ve a la bolsa de donar y a por lo siguiente con ritmo y sin piedad, que alguien se beneficiará de ello.

– Guarda una prenda si está relacionada con otra: es decir, no guardes prendas viudas. Búscales la blusa que les va y encuentra su chaqueta. Si están, puedes darle una oportunidad. Haz un montón de piezas a emparejar.

– Revisa cuánto tiempo llevas sin mover las camisetas de abajo, sí, esas que tanto te gustan pero que llevan cinco años sin ver la luz. Esas mismas. Dónalas, no las vas a usar. Que no.

– Revisa cuánto tiempo llevas sin usar tanto zapato, tanto accesorio, tanto sombrero, tanto pañuelo, etc. y quédate con el 50% solo. Es decir, que dones la mitad, vamos.

– Si compras hay que eliminar. Si compro es porque lo necesito. Esta filosofía es muy reparadora y evita acumular.

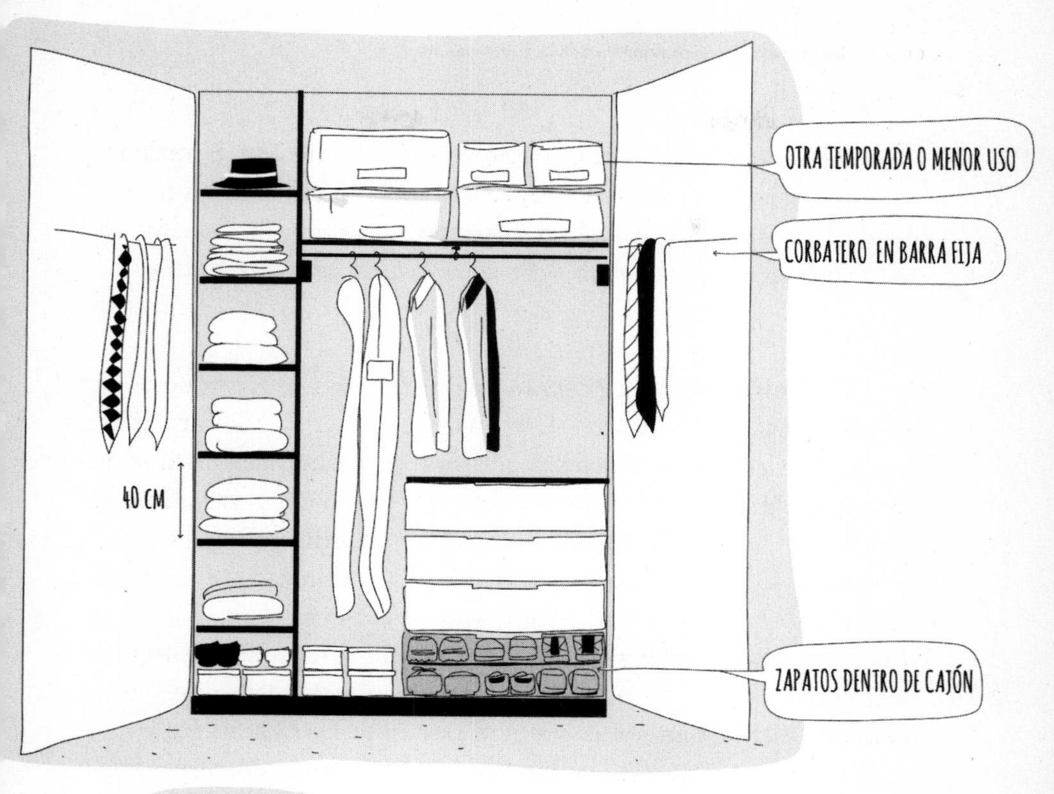
OTRA TEMPORADA O MENOR USO
CORBATERO EN BARRA FIJA
40 CM
ZAPATOS DENTRO DE CAJÓN

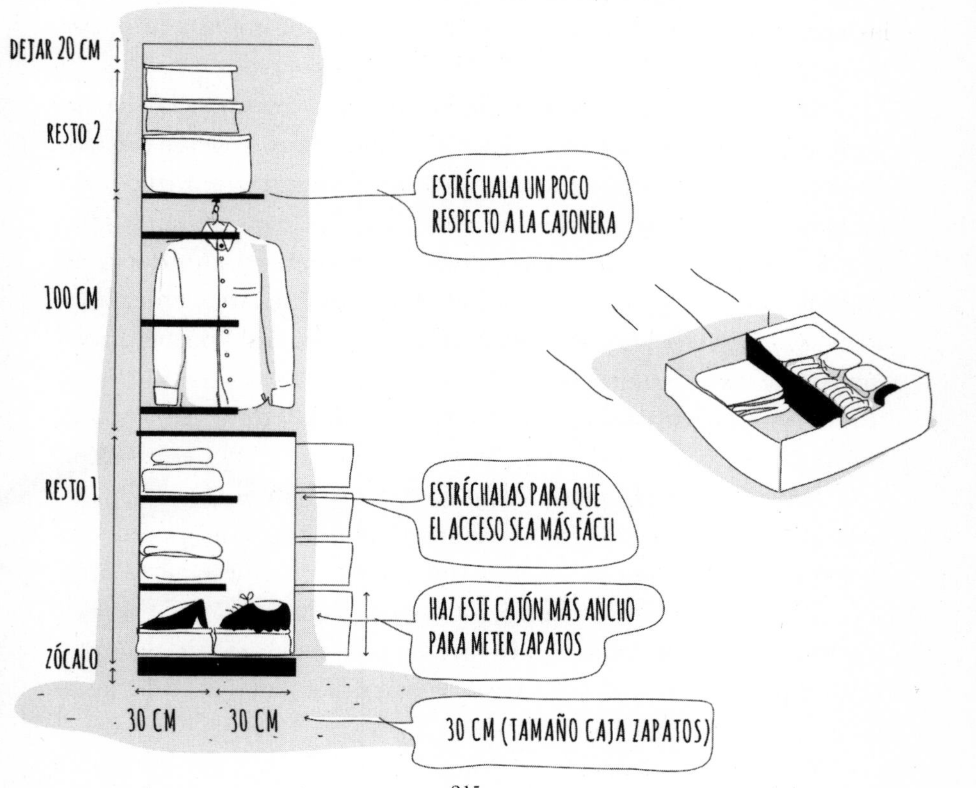
DEJAR 20 CM
RESTO 2
ESTRÉCHALA UN POCO
RESPECTO A LA CAJONERA
100 CM
RESTO 1
ESTRÉCHALAS PARA QUE
EL ACCESO SEA MÁS FÁCIL
HAZ ESTE CAJÓN MÁS ANCHO
PARA METER ZAPATOS
ZÓCALO
30 CM
30 CM
30 CM (TAMAÑO CAJA ZAPATOS)

– Deja espacio libre para que la energía positiva fluya *(feng-shui)*.
– Almacena de forma segura y limpia tus recuerdos en cajas o fundas de tela transpirables y con velcro o cremallera, traje de novia incluido. No te excedas de dos cajas de tamaño medio.

La clave del armario organizado: todo a la vista y todo accesible

Ideas para que un armario sea accesible y con todo a la vista:
– Mejor puertas abatibles o plegables que correderas, siempre que el espacio lo permita. Es más elegante y limpio.
– Ilumina bien la habitación o pon una luz dentro del armario. No pongas el foco donde suele ponerse la persona para abrir el armario, porque anulará su efecto al caerle el haz de luz sobre su propia cabeza.
– La altura de las cosas: recuerda adaptar las barras, cajones y baldas a la persona. Baja la barra si eres de corta estatura y reduce el número de cajones si es necesario. El primer cajón a la altura de tu cintura y no a la altura de la cintura del carpintero.
– Los estantes de arriba deben tener un fondo de 40-45 cm como máximo: para que puedas ver lo que tienes, cogerlo directamente o devolverlo sin tener que usar el taburete.
– El estante de abajo debe tener un fondo de 35 cm como máximo: para que cuando estás de pie con al armario abierto veas claramente los zapatos o lo que tengas abajo y sea fácil de mantener ordenado. Si ese estante lo haces grande, de 55-60 cm, por ejemplo, tendrás que agacharte para coger las cosas, colocarlas de nuevo será complicado y terminará siendo la cueva de Alí Babá.
– Baldas vistas para jerséis con un tamaño de estante calculado tomando como referencia un jersey doblado: es decir, 35 (ancho mínimo) x 35 (fondo) x 40 (alto) cm. Suelen salir cuatro huecos: tres huecos para jerséis y el de abajo para zapatos o la mochila. Es la situación perfecta, es

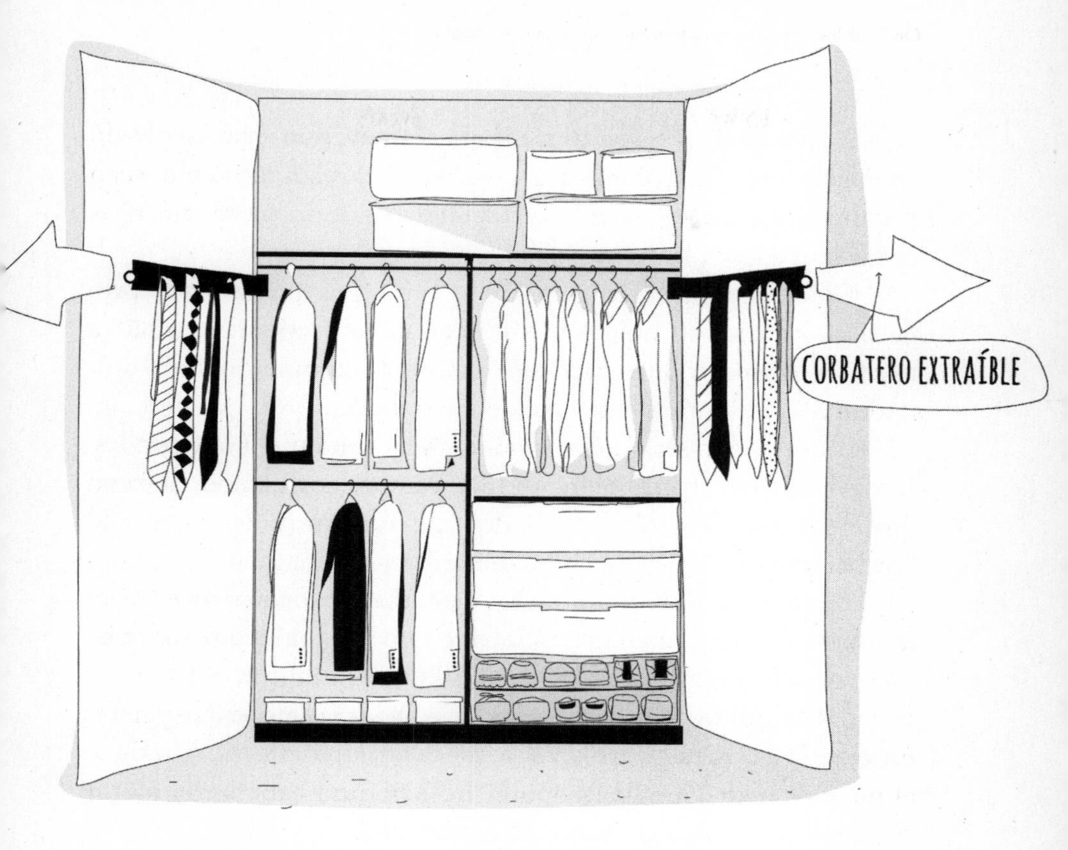

decir, hasta la altura de tus ojos, más arriba se genera desorden, ya que solo ves los lomos. No te engañes, pon arriba una caja de forma que tirando de ella saques todo su contenido o los sombreros.

– Ten algún armario en casa con doble barra para colgar más chaquetas y camisas: si puedes y si cabe, entre ambas barras, incluye un cajón a todo lo ancho del armario para cinturones y calcetines. En esas dos puertas puedes tener tantos corbateros como creas conveniente: caben dos por puerta y puedes tener las de verano por un lado y las invernales por otro, o bien clasificarlas por color.

– Pon cera a las barras de vez en cuando para que las perchas se deslicen. Mi carpintero a veces usa jabón de taco en seco.

– Cajones para ropa interior: no hace falta que superen los 16-18 cm (alto): fíjate en el tamaño, busca una medida múltiplo y dobla todo buscando esa medida.

– Cajones para jerséis delgados: prefiero baldas, pero si los tienes que sean de 20 cm, te cabrán de tres a cuatro jerséis, y te será fácil verlos, extraerlos y colocarlos. Normalmente son cajones de un ancho de 55-60 cm por lo que te sobrarán los laterales. Un buen sistema es enrollarlos y cambiar el sentido. Es decir, hacer dos líneas desde izquierda a derecha.

– Cajones para jerséis gruesos: la verdad es que también prefiero guardarlos en baldas y con el contorno redondeado hacia fuera. Si tienes cajones, haz columnas con un máximo de 2 unidades. Si añades más jerséis se desmoronarán.

– Cajones con separadores: mejor verticales que horizontales. Dividir solo en vertical te ayudará a ser más organizado, pero no estricto. Puedes hacerlos de madera de 5 mm o de otro material lavable. Pueden ser removibles, de quita y pon.

– Corbateros extraíbles en los costados de los armarios o en las puertas parece buen sistema. Creo que no resulta práctico que estén enrolladas individualmente en cajones, aunque estén en separadores, por la cantidad de cajones que debes necesitar y el esfuerzo diario. A tu gusto.

– Perchas de 24 (alto) x 45 (ancho) cm para caballeros, mejor si son antideslizantes y con gancho giratorio.

– Perchas de 24 (alto) x 40 (ancho) cm para armarios estrechos.

– Perchas de pantalones del mismo modelo que de las de camisa, pero con pinzas, así el aspecto interior del armario mejora considerablemente.

– Las pantaloneras deben ser antideslizantes. Instálalas si te compensa verdaderamente y a 75 cm del suelo. Nunca deben rozar el suelo, asegúrate de ello haciendo una prueba con tres.

– Ten alguna parte del armario con un hueco largo, sin cajonera, para colgar prendas más largas.

– Respecto a las baldas inferiores de los armarios, las que quedan por debajo de nuestra rodilla, generan un hueco de difícil acceso y que suele convertirse en un nido de porquería. Dedícale un poco de tiempo a organizarlo bien. Lo ideal es ocuparlo con recipientes traslúcidos y con cosas de poco uso. Si lo ocupas con zapatos: pon algún que otro soporte cómodo.

– En general, compra recipientes trasparentes o traslúcidos.

– Si las fundas de ropa son opacas, puedes colgar una nota con un imperdible señalando el contenido. Yo las marco a lápiz para borrar y remarcar sin compromiso.

– Zapateros cerrados, planteados en escalera, extraíbles y que se puedan limpiar de vez en cuando. Recuerda que tienes que poder ver los zapatos cómodamente, cogerlos con facilidad y dejarlos sin que se caigan, por eso no debemos tener más zapatos que los que quepan en nuestro armario. ¡Qué le vamos a hacer!

Personalmente no me gustan los zapateros verticales. Entiendo que los compres porque creas que así los zapatos quedan ventilados y separados de la ropa. Pero mi experiencia es que, por lo general, al final, los zapatos están abarrotados, desordenados, y el aspecto al abrirlos no es muy agradable. Si puedes, pásate a un buen cajón cerrado pero ventilado por ranuras.

– Ventila el armario cada día. Puedes aprovechar la noche dejando una rendija.

La clave del armario organizado es que no sean excesivamente esquemáticos y que solo se tenga lo que se usa, bien organizado y limpio. Si das ejemplo con el tuyo, te aseguro que ¡se pega!

— ¿Doblar, colgar o enrollar? —

Elegir entre un sistema o el otro dependerá del tipo de armario que tengas, y del tipo de ropa que vayas a guardar. Me explico un poco mejor:

– Si tienes baldas en el armario: no enrolles, guarda en plano. Y en este caso, lo que te interesa es ver los lomos redondeados de los jerséis y camisetas; elegirás rápido y también guardarás rápido. Mantén siempre un criterio. Persevera.

– Si tienes cajones, puedes enrollar las siguientes prendas:

Ropa interior, camisetas de algodón, jerséis gruesos y delgados, calcetines por colores, medias, leotardos, etc. Bufandas y pañuelos aunque si son finitos, se aplastan y arrugan bastante. Guarda también la ropa de playa, pareos, trajes de baño, etc. En los cajones de la cocina: trapos de cocina, baberos y servilletas en uso.

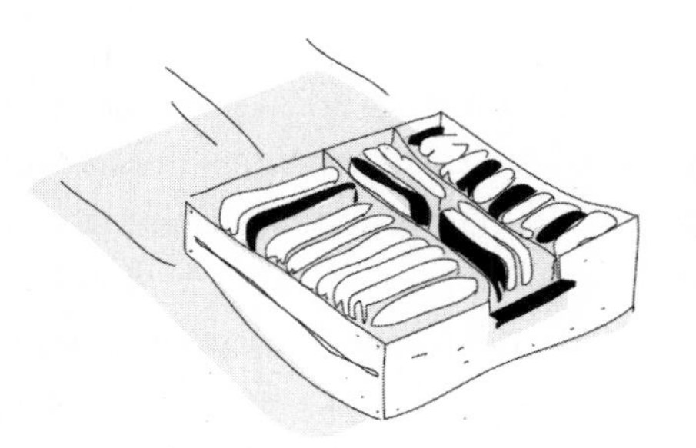

Hazlo con aquellas que no se arruguen o que no te importe que se arruguen un poco. Las líneas del pliegue quedan marcadas, pero es un sistema que optimiza estupendamente el espacio.

– No enrolles nunca las siguientes prendas, aunque puedan estar en cajones: ropa blanca de la casa, toallas y sábanas, mantelerías con servilletas, cortinas y visillos, camisas y blusas, vestidos y faldas, pantalones de vestir o con raya.

– Cuelga siempre: personalmente la ropa me gusta colgada porque la visualizo mejor y la uso toda. Cuelgo todas aquellas prendas que necesitan del peso para mantenerse bien como vestidos largos, trajes de caballero, las chaquetas y chaquetones, los pantalones de hombre, los de mujer especiales. Y no cuelgues la ropa de lana.

Una vez oí que «un armario define a la persona que lo usa». Enseñar a los hijos a ser ordenados tiene beneficios para ti –pues te ayudan a llevar la casa– pero también para ellos ya que entienden mejor la diferencia entre tener y cuidar, son más conscientes de que si algo que les gusta se ensucia o estropea por el mal uso puede no tener solución, y, en definitiva, les estás ayudando a madurar a través del orden de las cosas.

— Los armarios de los niños —
Ideas para mantenerlos en orden

Las habitaciones para los niños necesitan de cierta flexibilidad tanto en su diseño como a la hora de mantener cierto orden.

Respecto a cómo gestionar sus armarios nos vamos a detener en dos edades: niños de 4-7 años y niños de 8-13 años, porque en estos dos grupos tenemos la dificultad de la altura y del tamaño de las cosas. Creo que hay que intentar ayudarles con pequeños gestos: que aprendan a hacer su cama (con sábana de abajo y edredón exclusivamente); que cuelguen las cosas en los ganchos que les has puesto a su altura (mochila, pijama, albornoz, el chaquetón); y que usen el taburete cuando no lleguen.

Niños de 4-7 años: armarios compartidos

A esa edad ya pueden empezar a mantener en orden sus cosas, les gusta mucho. Por eso, si lo adaptamos a su altura todo irá mejor. Deben saber dónde «meter» cada cosa y deben ver despejado ese sitio.

– Centra el uso en las cajoneras y en la tapa superior de la misma. Es una fase en la que todo se puede plegar perfectamente. Por tanto, lo del día a día a su altura.

– Una idea que funciona es poner una barra pequeña y a su altura entre el costado interior del armario y la cajonera.

– La barra de colgar, al ser inasequible para ellos y estar muy alta, puedes utilizarla para colgar su ropa de cambio de temporada, albornoces, chaquetones, etc.

– Tema zapatos: como son pequeños de tamaño, es mejor ponerlos directamente en la parte baja del armario o sobre la balda de madera, dependiendo si es muy profunda o no. Recuerda que son bajitos. Enséñales a emparejarlos por las punteras, todas en la misma dirección y un par al lado del otro. Una fila mejor que dos. Nunca tres. Demasiada profundidad. Desastre total.

– Que sepan bien dónde va lo de deporte, dónde la ropita interior, los calcetines, los polos, los pantalones, etc. Ponles etiquetas con dibujos y con la palabra para que identifiquen rápido.
– Premia el orden siempre.
– Enséñales el uso de las redes para calcetines.
– No mezcles juguetes con ropa. La zona de juguetes debe ser otra y la debes tener controlada.
– Mundo camas-nido-con-cajón: puede ser tu ayuda si la tienes muy bien planteada. No la cedas a los pequeños.

Niños de 8-13 años: empiezan a usar el armario al 100%

– Lo mejor es que vaya todo doblado en estanterías con el sistema damero de 30 (ancho) x 40 (fondo) x 40 (alto) cm. En un armario de 60 cm de ancho te caben dos columnas. En la otra puerta, la barra y los cajones extraíbles.
– Haz que tengan que colgar pocas cosas: les cuesta y les aburre. De hecho, si te fijas, ¿qué tienen colgado? Lo que tú cuelgas: el traje de la boda del primo, los pantalones, las camisas del colegio y… si es niña: algún vestido, las blusas del colegio y poco más.
– Zapatos: controla sus zapatos y controlarás su orden. Pónselo apetecible, fácil y con pocos pasos intermedios. Mira estas soluciones que pueden darte pistas:
• Dentro del armario en un cajón inferior muy amplio, que abra bien y con dos niveles: si son niños de rejilla metálica, si son niñas de madera taladrada para evitar que se cuelen las manoletinas, chanclas o sandalias finas de verano.
• Dentro del armario, abajo, en una o dos bandejas extraíbles taladradas para asegurar la ventilación.
• Fuera del armario, habilitando todo un costado de la habitación con una tabla de 30 (fondo) x 200 (largo) cm, por ejemplo, de modo que dejan debajo cada par y no se ven. Este sistema les encanta, no tienen que abrir armario, llegan y se cambian sin más. Ayuda compartimentarlo con tablillas verticales para facilitarles que

metan cada par en su casilla. Hazlas removibles o autoajustables y así conforme crezcan amplían el ancho. Encima pueden poner libros, juegos, coches, peluches, ganchos para las mochilas, etc.

- Fuera del armario: en un zapatero estándar vertical.
- En el lavadero: nada más llegar de la calle, se dirigen al lavadero, se cambian por otro zapato cómodo y de suela suave y o bien cada uno o bien el responsable de esta tarea, limpia los zapatos que se usarán al día siguiente. El resto de los zapatos puede seguir alguno de los sistemas ya mencionados.

– Logra que usen redes para los calcetines oscuros. Gana esta batalla. Los de deporte, que suelen ser blancos, deben ir en otra red.

– Y consigue que ellos mismos coloquen su ropa.

– Simplifica, etiqueta y premia el orden.

— Cómo guardar la ropa de otra temporada —

Los cambios de temporada

En España y en los países mediterráneos, es normal tener ropa de verano (primavera, verano y playa) y ropa de invierno (de abrigo).

Por eso, cambiar todos los armarios de la casa requiere tiempo y cierta previsión, especialmente si hay varias personas. Por lo general, puedes tener en cuenta lo siguiente:

– Que hay que tener espacio destinado a guardar cierto volumen de cajas o fundas. Si no lo tienes, hay que buscarlo dentro o fuera de casa hasta encontrarlo, no te engañes.

– Que es mejor guardar la ropa de cambio de temporada en fundas o en cajas transpirables o al vacío.

– Que se debe guardar lavada, aunque no siempre planchada.

– Que algunas prendas de invierno debes enviarlas a la tintorería y acordarte de recogerlas.

– Que el cambio de temporada afecta también a las alfombras, mantas y/o edredones.

– Y que se debe preveer dejar al alcance lo que saldrá primero en el siguiente curso.

Guardar ropa de verano

– Ropa de algodón y de hilo: lavar como de costumbre, secar bien pero no la planches.

– Zapatillas de tela: lavar, secar en plano y meterles tanto papel como necesiten dentro para que no se deformen.

– Sandalias y zapatos verano: limpiar bien –interior y suela incluida–, emparejar por las suelas y guardar.

– Chanclas: revisar estado, retirar alquitrán de la planta con gasolina, poner una lavadora junto a las zapatillas de algodón o deporte. Emparejar por las suelas con una goma y guardar.

– Trajes de baño: retirar los restos de cremas, lavar y espolvorear con polvos de talco las gomas. No los metas dentro de bolsas de plástico, mejor si son de algodón que transpiren o papel de seda.

– Toallas playa: lavar y guardar.

– Accesorios varios: revisar y aclarar con agua.

– Bolsa playa: revisar, volcar para asegurarte de que sale toda la arena, lavar y guardar para que no se deformen. Hay gente que mete enroscadas las toallas de playa junto con todo lo que llevas habitualmente. Retira las cremas solares que preveas caducarán.

– Cojines y ropa de casa de verano: seguir el proceso habitual.

> *«Hasta el 40 de mayo no te quites el sayo...*
> *pero cuando te lo quites guárdalo con primor»*

Guardar ropa de invierno

– Chaquetones, *blazers* y abrigos: revisar y ver si es necesario llevar a la tintorería.

– Cuero y piel: frotarlas con alguna crema hidratante, al acabar sacar brillo.

– Zapatos: limpiar a fondo, suela y tacón incluidos, meter papel o pernos. Guardar en sus cajas marcando el contenido.

– Jerséis: lavar, doblar, guardar poniendo al fondo los más gruesos. Saldrán más tarde.

– Pantalones: revisar, lavar, estirar y ver si se necesitan planchar. Colgar o doblar.

Guardar ropa infantil de diferentes tallas, para reutilizar

– Guarda pensando en la «talla»: de modo que al siguiente año veas la etiqueta de la talla.

– Usa formas cuadradas en lugar de redondas: se apilan mejor y se aprovecha muchísimo mejor el espacio, las estanterías, etc.

– Todo transparente: todo bien doblado. Que los costados de las cajas te ayuden a encontrar las cosas cuando las necesites.

– Nadie va a hacerte un reportaje ni te van a sacar en la revista del momento: reutiliza cajas o bolsas y etiqueta marcando con tu código. Eso sí, que se entienda tu letra y que sea grande, que en la oscuridad se agradece ese sabio detalle.

– Pega tu código de tallas en el interior de la puerta del altillo para que se sepa lo que hay allí, por ejemplo: «Luis y Pablo otra temporada. Zapatos al fondo».

– Simplifica y no guardes si no tienes espacio: da lo del bebé a fundaciones que lo necesiten.

Me gusta que se puedan localizar las cosas sin pensar. Por eso, cuando organizamos casas procuramos que cada armario contenga en su altillo toda la dotación necesaria para el cambio de temporada: ropa, zapatos, accesorios, etc. Y también todo lo que afecta a la ropa de cama: manta o edredón. Como si fuera un hotel. Y si sobrara espacio, unifico dos niños o dos niñas.

En casas grandes, lo ideal es tener armario de verano y armario de invierno, aunque siempre surge el dilema de qué hacer con la ropa que se usa en ambas temporadas como la ropa interior o las camisetas. Hace poco mi hermana diseñó una habitación en la que el armario estaba planteado en tres módulos: a la izquierda ropa de vestir de invierno, en el centro ropa interior, deporte y básica y a la derecha todo lo de verano, playa, bolsos, etc. Una versión cuanto menos interesante.

— El armario de ropa blanca —

Es la joya de la corona de los armarios de una casa y te aseguro que llega a ser el único que consigue el respeto de todos.

Como sabes, este tipo de armario está pensado para albergar las toallas, los juegos de sábanas limpios, las fundas de colchones y de almohadas, edredones, etc. y a veces, se pueden encontrar las mantelerías. Digo a veces, porque por norma general, estas suelen ir en cajones amplios fáciles de abrir y cómodos de acceder.

Buscar el mejor sitio

Me gusta mucho ubicarlo en una zona cercana a las habitaciones y algo reservada. Lo ideal es en el pasillo porque así distribuyes toda la ropa —sábanas y toallas— más cómodamente porque estás en zona de paso.

Un detalle: es un armario que debemos tener más que limpio por dentro. ¿Lo ideal? Tenerlo forrado de madera barnizada o lacado interior. Pero si no puede ser, empapelado queda estupendo y, además, le da ese punto *chic* tan interesante y que recuerda a madre... ¿Alguna experiencia mía?

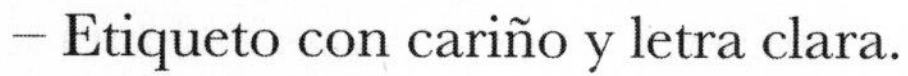

— Etiqueto con cariño y letra clara.
— Siempre busco ese olor a lavanda tan estupendo.
— Compro ropa de casa de colores claros y coordinados.
— Cuido especialmente el interior: papel, pintura, madera o tela.
— Doblo la ropa al estilo Zara Home.
— Me trabajo la iluminación del pasillo o de la sala.
— Lo tengo ventilado y muy bonito.

Equipar bien tu armario de ropa blanca:
las toallas

Antes de nada, vamos a ver las ventajas y los inconvenientes de los colores.

¿Vale la pena tener toallas de colores iguales? En familias con niños es una buena opción porque:

— Se lavan a la vez.
— Se desgastan a la vez.
— Los baños tienen un aspecto más ordenado porque no hay información cromática extra.
— Si una se estropea compras otra igual sin dejar juegos viudos.
— A la hora de guardarlas, te simplificas mentalmente.
— No hace falta que hagas juegos completos.
— Las columnas de toallas se mantienen en orden visual pues al no estar compuestas de diferentes tamaños no se desequilibran.
— Puedes coger una toalla nueva extra, si entre semana se ha

manchado alguna más de la cuenta. Y no pasa nada con el resto de los juegos.

– Nota: las toallas blancas son ideales pero en menos de un mes las tendrás grises. Lo único que tienes que tener en cuenta, es que todos sepan cuál es su gancho o toallero dentro del baño y que este se ponga a su altura. El matrimonio puede optar por comprar juegos diferentes y/o personalizados.

¿Y si tengo toallas de colores diferentes? En familias en las que hay pocos miembros o ya son adultos este es el sistema más usado. El beneficio a nivel práctico no es tan llamativo como en el caso anterior pero lo que sí es cierto es que un baño con unas toallas bonitas es un auténtico placer.

Respecto al número de toallas normalmente se calcula 2 juegos completos por persona y alguna toalla extra de lavabo. Dos juegos de toallas de pies por plato de ducha o bañera y dos por cada bidé.

¿Cómo se equipa una cama?

Si quieres evitar la presión de lavar, secar y hacer camas en el mismo día, y si quieres tener cierta sensación de control, conviene que cada cama esté equipada con lo siguiente:

– Funda del colchón: cada colchón tiene una y suele tener cremallera completa. Su finalidad es mantenerlo intacto de polvo, ácaros, pelusas, manchas definitivas, etc. de forma que el uso no haga del colchón una pieza sucia e inservible. Se suele lavar cada cambio de estación aproximadamente. Por favor, que sea blanca.

– Protector de colchón: uno por colchón y alguno extra de recambio general. Se cambian una vez al mes. Me gusta que sean blancas porque el aspecto es de higiene y, además, puedes aplicarles blanqueantes cuando lo necesiten. Cuando se cambian las sábanas es bueno comprobar si hay alguna mancha de resto orgánico y cambiarlo en el momento. Tardan en secar puesto que suelen ser acolchados. Tenlo en cuenta en invierno. Y si hay hombres en casa, te aconsejo que tengan una cara plastificada transpirable. Te evitarás muchos problemas.

– Protector de almohada: dos por almohada. Se cambian cada quince días. Es una funda blanca con cremallera que protege la almohada de posibles manchas. Son fundamentales.

– Juego de sábanas completos: dos por cama.

– Edredón: uno por cama y alguno extra para la casa.

– Funda de edredón: dos por cama, igual que las sábanas.

– Compra por separado un par de fundas de almohada extras blancas, sin estampados, porque a veces, si no te diera tiempo a cambiar las sábanas, simplemente cambiando las almohadas recuperas esa sensación de frescor que tanto gusta a todos y, además, reduces plancha. Siempre se guardan separadas de los juegos completos, en lugar visible y muy a mano.

– Para el caso de bebés: una vez que tienes los hules de recambio, mi consejo es que hagas muchas sábanas bajeras para que el niño estrene cada día una limpia, como mínimo.

– Personas mayores o enfermas: debemos tener un juego de sábanas por día, ya que se cambian a diario. Lógicamente tendremos bien protegido el colchón, las almohadas y almohadones que se necesiten. Un enfermo es una joya: debe oler bien, contar con ropa suficiente personal, estar arreglado y con su cama impecable a todas las horas del día.

– Si tienes familia numerosa: sigue criterios lógicos como, por ejemplo, que las semanas pares se cambien las sábanas de las niñas y las impares los niños. Y aunque es cierto que pasas al sistema quincenal, ya tendrás tiempo de retomar el semanal cuando lo consideres: y recuerda que las sábanas no te «pueden comer». Las sábanas son la clave de la gestión del lavadero, no te atasques ahí y todo irá sobre ruedas.

Resumen

Ordenar los armarios: más tranquilidad de la que imaginas

Poner orden en el armario es un comienzo para poner orden en tu vida. La relación entre ambos es real, por eso hay que saber que vale la pena el esfuerzo que se hace para ponerlo a punto. Cuando tenemos nuestro armario ordenado y toda la ropa –la personal y la de casa– bien clasificada nuestra vida marcha mucho mejor y estamos preparados para ordenar cualquier armario de casa o del despacho. Luego amarás el orden por encima de todas las cosas. Ya no colocarás sino que clasificarás. Verás que las rutinas son tu mejor aliado y el caos, el peor. Aprenderás a disfrutar del equilibrio, la armonía, la seguridad y el bienestar que da tener los armarios actualizados y posiblemente ahorrarás dinero porque sabrás lo que tienes.

11

Organizar el presupuesto de casa

«Si te debo una libra, tengo un problema; pero si te debo un millón, entonces el problema es tuyo».

—John Maynard Keynes

Hasta ahora hemos hablado de la organización de la casa en lo que afecta al conjunto de las tareas que hay que hacer para que nuestra familia viva en un entorno agradable y lleve una vida saludable. Dejo para el final el tema económico, no por ser el menos importante, como dirían los ingleses, *the last but not least*, sino porque es la guinda del pastel que nos ayudará a llevar una vida más ajustada a nuestra realidad. A veces me preocupa que haya personas que dejan este tema de lado por ello quiero insistir en su necesidad.

Hay tres ideas que pueden salvar tu economía:

– Se puede ahorrar.

– Se debe ahorrar.

– La clave está en el control.

Yo creo que es bueno estudiar los gastos y llevar un control diario de ellos porque no es tan difícil. Si lo conseguimos, tendremos más posibilidades de estar nivelados y tener capacidad de respuesta cuando aparece un gasto inesperado, como, por ejemplo, la compra de una lavadora.

«Pía, hice ese esfuerzo que comentas durante los tres primeros años de casada. Tenía dos pinchos en la mesa de la cocina, en uno metía todos los tiquetes de alimentación y en el otro, el resto de los gastos. Así, veía lo que se gastaba claramente. Al final del mes pasaba todo a un Excel que me descargué tuyo. Hoy, ya no lo hago, me los se de memoria. Mi marido se sorprende cuando le explico las tarifas que tenemos contratadas, la potencia de las máquinas, y los promedios de consumos. Domino el tema económico y sé lo que puedo gastar a la semana gracias a ese primer y largo esfuerzo. Controlo, sí, pero ya es de otro modo».

Además de lo que sugiere esta seguidora un buen punto de partida es elaborar el presupuesto a tres años vista y llevar la contabilidad semanal. Se trata de prever y enfocar el ahorro hacia algo concreto, pactado y decidido. De esta forma, ahorrar adquiere sentido, compromiso y evitamos gastar ese dinero en otro asunto. Veamos, si el presupuesto de gasto de gasolina del mes es de 100 € y he gastado 120 €, he de estar pendiente de reajustarme como sea en esa misma semana reduciendo de algo ¿de qué? Pues... 20 € no es sencillo pero saldrían de no salir ese sábado, por ejemplo. Esto que parece una cantidad pequeña, multiplicada por los 12 meses, son 240 €/año fuera de presupuesto; o lo equivalente a lo que una familia de cuatro miembros puede gastar en quince días en alimentos.

Una buena gestión económica se basa en detectar ese error y corregirlo rápido, reduciendo el consumo y si no se puede, prescindiendo de otro gasto menos importante: suscripciones a revistas, gastos de ropa, juguetes, alimentos más económicos, etc. En definitiva, se trata de poner tu economía a salvo.

— Contar con datos para presupuesar —

Para hacer bien el presupuesto anual de casa hay que dedicar tiempo. Si lo ves necesario, tómate una mañana de vacaciones para analizar la situación, ver qué ha pasado con el año anterior y plantear el siguiente de forma mucho más objetiva.

Hacer un presupuesto por aproximación no sirve y es una pérdida de tiempo. Si te decides a hacerlo, hazlo bien. Plántate delante de un Excel y ponte a rellenar, abre tus carpetas con facturas, anota los importes medios, busca los seguros, IBI, préstamos, ingresos, etc. Si algún dato te falla tira de memoria y saca experiencia para recogerlo el año próximo. Ya me entiendes.

El objetivo de recoger toda esa información es ver si puedes ahorrar, sí, ahorrar. Si los gastos superaran los ingresos hay que reajustarlos hasta que la ecuación de ingresos = gastos, sea real. Si los ingresos son mayores que los gastos se llama ahorro.

«Enseñar a los niños desde pequeños a cuidar y valorar lo que se tiene es una tarea emocionante que tiene muy buenos resultados; los hará más cuidadosos y más generosos»

— La hoja de cálculo perfecta para una casa —

De esa fase de recogida de información sacarás datos valiosísimos que vamos a ir incorporando en una hoja de cálculo como la que hay en el Anexo 1. Lógicamente podrás modificarla y añadir los campos que estimes oportunos. La explicación que doy a continuación es más sencilla de entender si la tienes delante:

– Como podrás ver, la plantilla consta de varias partes o tablas (los datos son ficticios con el fin de rellenar celdas con números):

– Cantidad de partida: introduce ahí la cifra que calcules puedes gastar el próximo año. Directamente. (30.000,00 €).

– Resumen del presupuesto: te sintetiza los ingresos y los gastos. No tienes que introducir datos porque se hace justo debajo, en las siguientes filas.

– Tabla resumen de Ingresos: no tienes que introducir datos. Es una celda de suma automática de todas las partidas de ingresos listadas un poco más abajo y que se van sumando hasta dar con un total, en este ejemplo de: 36.111,00 €.

– Tabla resumen de Gastos: ocurre igual. En esta tabla no debemos introducir nada, solo recoge los datos de las tablas que aparecen por debajo de ella, las suma y las envía a ahí directamente.

Resto de Tablas

En las tablas que aparecen más abajo se encuentran los diferentes gastos agrupados de la siguiente manera: Gastos de la vida diaria | Gasto sanitario | Gastos en entretenimiento | Gastos de transporte | Cargas | Ahorro, etc.

En ellas es donde tendremos que introducir los datos según se vayan produciendo y corresponda. Hay que aclarar que la categoría «destinado al ahorro» no es un gasto, pero lo contabilizamos de esa manera porque sería una parte de nuestros ingresos que quitaríamos para destinar al ahorro. Queremos recordar lo importante que es destinar una parte de nuestros ingresos al ahorro que como mínimo tendría que ser el 10% de los ingresos.

Ingresos-Gastos

Conforme vamos rellenando conceptos, nos va apareciendo el resumen de nuestro presupuesto doméstico. En tiempo real. Puedes añadir conforme recuerdes nuevas partidas olvidadas, otros cargos que van apareciendo a lo largo del año, imprevistos con el coche, las vacaciones, etc.

«Destina un 10% de tu sueldo directamente al ahorro»

Normalmente, es bueno hacer el presupuesto en septiembre-octubre, para empezar con buen pie y ajustar los gastos, especialmente el de Navidad. Es uno de los momentos, junto con el de las vacaciones, de mayor riesgo. No gastes por encima de tus posibilidades reales, que son las que te indican esos números que estás registrando.

Personalmente, creo que nada me agobiaría más que adquirir una deuda por no haber trabajado bien el presupuesto. Menudo error.

— Lleva la contabilidad y archívalo todo —

Hay personas que se me quedan con los ojos como platos cuando les hablo de llevar la contabilidad diaria o mensual de los gastos de la casa. En realidad, solo hay que entender las consecuencias positivas que tiene hacerlo y lo que se nos viene encima si no lo hacemos.

Pero ¿y si te cuento que yo solo le dedico unos cinco minutos a la semana? Ya tengo esa rutina y me va bien. Sole, por ejemplo, es más partidaria de recopilar tiques y facturas en un cajón de la cocina. Lo ha diseñado de tal forma que le entra una carpeta que se abre perfectamente y que, a su vez, tiene separadores por temas (los mismos del Excel), ¡una auténtica pasada! Todos lo saben, meten ahí sus tiquetes y una vez al mes, su hijo de diecisiete años lo pasa al Excel, es su encargo.

A mí me gusta manejar cifras reales, para saber cómo vivo, por eso ajusto mucho y no teorizo. Si un gasto está presupuestado se hace; si no está presupuestado y es importante, lo estudiamos, nos reajustamos y vemos el modo de financiarlo. Pero gastos imprevistos por capricho, mejor no. Por ahí se inicia el camino de la desestabilización. Tengamos mentalidad empresarial en nuestra casa.

Como dato curioso he llegado a contar cien gastos distintos en una casa en un mes; es real. Si quieres un mes haz la prueba y te sorprenderás. Y supongo que, aunque esto es muy personal, ante cualquier gasto conviene hacerse estas preguntas:

– ¿Es absolutamente necesario?

– ¿Nos pasa algo grave si no lo tenemos?

– ¿Podemos hacer el experimento de prescindir de esa compra y comprobar que no pasa absolutamente nada y que las neuronas se reprograman y se adaptan a lo que tenemos de forma asombrosa? ¿Podemos?

– ¿Nada de lo que tengo lo puede reemplazar?

– ¿Lo podría comprar de segunda mano?

– ¿Conozco a alguien que me lo pueda prestar? (La cortadora de césped, el destornillador eléctrico, ese tipo de cosas).

En parte, lo hago por concienciación humanitaria de vivir con lo necesario, sin falsas necesidades ni dejarme llevar por el impulso de la publicidad. Es lo que he visto en mis padres y en casa. Es más bien un momento de auto reflexión que me libera de compras absurdas o precipitadas. Aunque reconozco que más de una vez me he equivocado. Pero creo que sin ese parón reflexivo me podría haber equivocado aún más.

— Ten los bancos al día —

Controla y comprueba. Comprueba y controla. No hay que tener pereza o alergia a analizar las cuentas, al contrario, hay que dominarlas, y hay que revisarlas con frecuencia. Cuando se va justo, a diario.

Las cuentas del banco parecen que, como no las vemos, siempre tienen fondos. Y no es así. Tenerlas bien supervisadas contribuye a generar estabilidad familiar. Por eso hay que llevar control. Controlar es ver si los pagos están hechos y si hay saldo suficiente para que no haya problemas.

Hay familias en las que cada uno se encarga de pagar unas cosas. En este caso, es bueno hacer puestas en común de vez en cuando, imprimir los extractos y pasárselos al otro. Hay que ser transparentes. Recuerda que siempre hay uno que debe gobernar toda la economía, aunque estén divididos los pagos.

— Ideas para ahorrar —

La verdad es que a lo largo de los años vas aprendiendo un montón de cosas que te enseña la vida, las personas y el trabajo. Una de ellas es que no pasa nada si retrasas un gasto o si decides comprarlo por otra vía menos convencional. Es un estilo de vida algo más sobrio, y por ello más relajado.

Te cuento ideas que he puesto en marcha en algún momento de mi vida familiar que me han ido bien. Algunas de ellas me han dado auténticas lecciones de vida.

AHORRO

– Pedir siempre los tiques y facturas de todo, archivarlas y pasar los datos a mi contabilidad. Aquí no hay que permitirse olvidos o descuidos.

– Tener los menús hechos para comprar solo lo necesario y no de más. Aprende a no comprar lo que no aparezca en la lista.

– Almacenar poca cosa ya que se deterioran, ocupan espacio y, a la larga, sale caro.

– Comprar alimentos de temporada.

– Comprar siempre en Rebajas todo, la ropa personal, la ropa de la casa, ¡todo en Rebajas! sin escusas de que es que mi talla...

– Consumir energía en la franja horaria más económica y comunicarlo a los miembros de la familia. Agua caliente mejor por la noche que por la mañana, termostatos de calefacción a 22 °C fijo en invierno.

– El mayor gasto de un hogar es el energético, después de los colegios, si hay niños.

– Tener limitado el gasto semanal en alimentación. Si son 60 €, me quedo ahí, si son 120 € no me muevo ni un euro más. Control y más control.

– Pensar antes de hacer un gasto, también si lo tienes presupuestado, y si no está presupuestado, repiénsalo varias veces.

– Tómate tu tiempo y evita la compra por impulsos. Cuando sientes ese impulso, no lo compres. Ya volverás mañana o no.

– Buscar tiendas de segunda mano u ofertas por internet. Puedes encontrar desde una nueva bandeja para servir el café a tus invitados hasta una descalzadora *vintage*. Hoy en día, se encuentra todo de segunda mano en buen estado. Y piezas muy originales de otros países.

– También se pueden vender objetos por este mismo sistema y es una fuente de ingresos estupenda.

— Consecuencias de «no tener en cuenta» el ahorro —

– No dar el máximo en nuestro trabajo y aspirar a extras.

– No dar valor a 1 €.

– Tirar la comida que sobra.

– Comprar por impulso.

– Comprar en el primer sitio que encontremos.

– Tirar a la papelera los extractos del banco sin leerlos ni procesar la información.

– No aprovechar los sobres o el papel escrito a una cara.

– Dejarse guiar por la rumorología o por lo que la gente hace o tiene. Dejarse influir por la publicidad.

– No esforzarse por aprender.

– No leer los manuales de instrucciones de las máquinas; o bien funcionar por intuición o por conocimientos aproximados.

– Realizar y contraer préstamos arriesgados.

– No asistir a las reuniones de vecinos.

– Comprar cosas que no se necesitan.

– Estar constantemente en el supermercado. Te aseguro que sales con algo seguro. Hay gente que tiene este hábito: pasar todos los días por el super a ver si veo-compro algo. ¡No! al supermercado voy con una finalidad y siempre con mi lista en mano. El supermercado no es como un museo donde admiras obras de arte y te vas. ¡Qué va! Sales con algo seguro. Y si la compra es de 3 €, a tenor de 5 días ya serán 15 €, que multiplicado por 4 semanas son 60 € o 720 € al año ¿Qué tal? Reconoce que hacer números te sitúa en la realidad y te ayuda a reaccionar.

— Comprar comparando —

El sistema de producción Toyota dedica mucho tiempo a estudiar lentamente y por consenso todas las decisiones, pero una vez que lo han hecho y lo tienen claro la ejecutan rápidamente. A mi me parece que es una medida muy inteligente. Por eso, cuando se hace bien un presupuesto y se decide cuándo es el mejor momento para hacer la compra, se lleva a cabo. Sin más.

Hay distintos niveles de compras. No es lo mismo hacer la compra semanal o quincenal de una casa, que comprar el comedor o decidir cambiar un baño. Está claro. Para lo cual, tanto si te enfrentas a uno o a otro nivel de compra te irá muy bien:

– Pedir más de un presupuesto. Especialmente si vas a una compra importante. Cógele el gusto, aprende de precios, descubre zonas de tu ciudad que manejan otros precios, etc. Hazte experto.

– Planificar las compras importantes. A veces, basta con saber que «este año vamos a poner las cortinas» y ya está o que «compramos el comedor». Es el objetivo familiar de gasto. Y nos dedicamos a él con ganas, sin agobios, comparando, sin estresarnos y disfrutando. Empleando sábados y recorriéndonos la ciudad y las webs que ya llegará el momento y la oportunidad.

– Compra con decisión, conciencia y sin demorar ese gasto, es decir, hacer la compra sin dudarlo. Se supone que está presupuestado y que se cuenta con ese dinero para optar por el mejor presupuesto. Ahí que no te tiemble la mano.

— Seleccionar y cuidar a nuestros proveedores —

Comprar ahorrando ya sabemos que cuesta. Que vengan a casa los proveedores y estemos contentos con su trabajo, lamentablemente también cuesta.

La selección de nuestros proveedores es muy importante. Hablo de calidad, cantidad y economía ¿Muchos, pocos? Creo que hay que buscar el equilibrio. Me refiero a la calidad, precio y servicio. Si llegas nuevo a una ciudad hay que tantear; tener paciencia y poco a poco darás con ellos.

Personalmente distingo dos líneas de proveedores: los de productos y los de servicios.

– Los proveedores de productos: son todos aquellos a los que acudimos para comprar cualquier cosa que necesitemos en casa o para vivir. Por ejemplo, los alimentos, los productos de higiene o de limpieza. Los encontramos en tiendas físicas o bien *online*. Ser fiel a ellos, especialmente cuando los conocemos y nos reconocen, es un placer que no se puede perder.

– Los proveedores de servicios: son los que con su trabajo cubren una necesidad técnica en nuestro hogar como, por ejemplo, cualquier servicio técnico, de reparación o de suministros. Normalmente hay que cogerlos con tiempo ya que, además de ser caros y estar solicitados, suelen ser trabajos cargados de incidencias y que por tanto, llevará tiempo ejecutarlos. En este caso hay que seguir el trabajo para que se haga perfecto y según lo convenido. A mí me pasó hace unos años que me dijeron que en tres días me remodelaban unos armarios en casa. Se convirtieron en catorce.

En fin, me da hasta pereza recordarlo. Además del desorden y desajuste de la casa, tenía planeado un viaje que tuve que posponer. Por eso, si al terminar, tenemos algo que decir, obviamente se habla con educación y si no queremos volver a contar con ese carpintero –mi caso–, quizá ni haga falta decirles algo.

Te animo a hacer arreglos caseros que sean fáciles de ejecutar. Ten la caja de herramientas con lo necesario y si necesitas, acércate a la ferretería y pregunta, que estarán encantados de atender a un cliente involucrado y motivado. Una vez que hayas desatascado un par de tuberías, verás cómo lo haces con los ojos cerrados. Y aunque es cierto que al técnico de turno hay que llamarle si no sabemos cómo arreglarlo, a veces, los atascos en las máquinas, se producen por falta de limpieza diaria. Hazte experto/a en filtros y cubetas de la lavadora, del lavaplatos, de los aparatos de aire acondicionado, de masillar azulejos y de purgar radiadores.

Por tanto, cuando se llama a un servicio técnico hay que tener muy claro lo que le pasa a la máquina y a mano los datos: tipo de máquina, modelo, años de uso y garantía. Luego hay que estar cuando vienen y facilitarles el trabajo. Pregunta siempre qué le ha pasado a la máquina para tenerlo en cuenta, aprender y deducir, de modo que no vuelva a pasar. Explicarlo al resto de la familia de forma convincente os ayudará mucho.

¿Cómo elegir a un buen proveedor de servicios?

Mis parámetros son: rapidez, calidad, trato y precio. Y añado siempre, pulcritud y cuidado de las cosas. Me puedo equivocar, pero no suele fallar. En general, por la calidad del servicio y por las referencias. Recomendación: desde el punto de vista de la organización te recomiendo tener en un lugar visible de la cocina, –además de en tu móvil–, pegado en el imán de la nevera o donde decidas, los datos de los proveedores y distintos gremios, por si pasa algo y no estás.

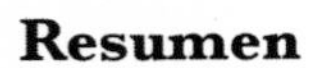

Organizar el presupuesto de casa

Mal que nos pese la estabilidad personal está muy vinculada a la económica. Por eso, si queremos vivir seguros y sin sobresaltos hay que organizar el presupuesto anual de los gastos e ingresos de la casa y ajustarnos como si de él dependiera nuestra vida. Es lo que haría cualquier empresa y la nuestra es una en pequeño. Planificar y organizar los gastos, estudiar las mejores ofertas y momentos de compra o de mejoras en casa, son aspectos que ha de controlar un buen organizador de una casa.

12

Comunicarse es estar organizados

«Lo más importante de la comunicación es escuchar lo que se dice».

— Peter Druke

Si por un momento cerráramos los ojos y pensáramos, desde que nos hemos levantado hasta ahora, cuántos mensajes hemos dado, enviado o recibido en casa, hoy mismo, nos quedaríamos impactados. A estas horas yo llevo, entre WhatsApp, grupos, el administrador y varias llamadas obligadas, unos treinta mensajes y solo son las 11:00 h. Y mira que me esfuerzo en concentrarlos, pues nada. Esto ya no tiene freno. Es la forma de comunicarnos.

En la familia la comunicación también es fundamental, mucho más de lo que a simple vista parece. Que todos lleguemos a tener la misma mente, el mismo ritmo y la misma información sin grandes esfuerzos, solo se logra o a través de los «poderes telepáticos de la mente» o con un buen sistema de Post-it, grupos familiares de WhatsApp o tablones en la entrada, además de habilidad.

Aprender a comunicar bien no es cuestión de talento ni de habilidades especiales, simplemente hay que tener en cuenta un par de cosas y nada más ¿Seguro que te acuerdas del canal, el mensaje y el receptor, ¿verdad? Pues es simplemente eso. Yo me he propuesto muchas veces mejorar, con más o menos éxito, mis propias habilidades comunicativas. Y tengo que reconocer que después de haberlas trabajado mucho, modestamente veo que ese esfuerzo sí ha tenido un impacto positivo tanto en lo personal como en lo profesional. Todavía queda camino, pero estoy más enfocada.

En una familia hay multiniveles para todo y por supuesto también para la comunicación. Creo que no es tan complicado y que simplemente hay que acertar con el canal, creando hábitos con todos los miembros de la familia: mayores, medianos y, por supuesto, pequeños, que quizá son los que mejor se lo pasan –es un juego– y son los que más nos ayudan a mantenerlo.

> *«La peor organización es la que no existe o está solo en mi cabeza»*

Con los multiniveles en la comunicación quiero decir los distintos flujos y temas que a diario se dan en casa.

– Si un niño de dos años sabe dónde debe dejar el pañal, lo dejará donde toca y no en otro sitio. Si sabe que después de tomarse la leche, el vaso va dentro del lavavajillas, lo hará y así con todo. Eso se llama comunicar bien y como resultado hay orden. Pero si el niño no tiene la orden clara, seguramente dejará el pañal en medio del cuarto de baño o de la habitación compartida. Y en ese caso, además de desorden, habrá malestar en el siguiente que use el baño o la habitación y te llegará a ti.

– Un adolescente tiene un nivel diferente y, por lo tanto, un canal distinto y más directo. Si Luis –16 años– tiene que recoger a Natalia de nueve años en el conservatorio, se lo puedo decir por WhatsApp. Es un canal más personalizado.

– Un adulto necesita saber por dónde va la organización y más concretamente cómo le afecta a él directamente. Si lo personal funciona es más fácil que funcione lo general, que es lo que nos afecta a todos.

Para que la organización sea eficaz y haya armonía, hace falta comunicarla.

Y para hacerlo más sencillo inventa un espacio común y accesible a todos: en el hall de entrada o en la cocina podéis instalar vuestro centro de operaciones estratégicas. Igualmente, y dependiendo de las edades de los niños, puede ser que te vaya mejor un grupo de WhatsApp familiar en lugar de la pizarra Villeda (yo dudaría mucho en quitarla, cada vez me resulta más esencial); o una simple libreta abierta en la cocina en la que quedan reflejados los planes, la compra, las llamadas, las citas…, y a la que todos tienen acceso, etc. Inventes el que inventes todos deben conocerlo y participar a su nivel.

Las reuniones de familia, ¡funcionan!

Ciertamente lo son si entendemos para qué sirven. Para mí la clave es prepararlas bien y dejar que se desarrollen con naturalidad. Recuerdo de pequeña que en mi casa se hacían y centraban bastante bien a cada uno. Que yo recuerde, las teníamos cada mes, en la mesa del comedor con mi padre y mi madre y eran rápidas, se rotaban los encargos, nos anunciaban algún que otro plan y nos daban pequeños consejos de mejora.

Una de las cosas que se consigue es estar todos más involucrados, ser más responsables y más solidarios. También es verdad que conforme los hijos se van haciendo mayores ya no son tan necesarias y las cosas se plantean de modo distinto, pero mientras que tienen entre 4 y 15 o 16 años, son una herramienta estupenda para ir todos a una.

Pautas para que las reuniones de familia tengan éxito

Como en todo en la vida se trata de tener los objetivos claros: ¿Qué queremos conseguir a nivel familiar? ¿Involucrarnos más en ayudarnos para ser más generosos? Pues a por ello.

Y, ¿cómo se gestionan esas reuniones? Aunque lleves alguna cosa pensada, pregúntales para que sean ellos los que aporten ideas. Luego las secundarán mejor, porque son suyas.

– Procura que no sean demasiado largas, pero sí efectivas.

– Anota lo pactado en lugar visible; en la nevera. Anótalo en tu agenda de casa y pon fecha para la siguiente.

– Termínalas siempre con alguna sorpresa al estilo: *pizza*, helado, o anunciando que por fin se acomete alguna mejora en la casa que están pidiendo todos, o en la habitación de Carlos, etc.

– En el seguimiento está el éxito, es agotador, pero... se trata de montar un buen equipo y ¿quién ha dicho que fuera fácil?

– ¡Ah! y siempre premia, siempre.

¿Por qué funcionan las reuniones de la familia?

– Porque todos participan en las soluciones. Los niños se implican más al ver que sus propuestas se tienen en cuenta. Y entonces, crecen y se refuerza su autoestima.

– Porque es una forma de conocernos mejor todos. A veces no sabemos –porque no los vemos– de qué forma razonan nuestros hijos en los conflictos no-caseros –en el colegio, con amigos, etc.– y las reuniones en casa son una buena ocasión para observarles y descubrir sus sentimientos, su estructuración mental e inquietudes.

– Porque es una forma de encontrar soluciones a los problemas de convivencia. Hablando se entiende la gente. Por lo tanto, que nadie se levante herido, se piden disculpas y se celebra siempre con ánimo positivo y animando a todos.

– Porque aprenden cómo pensar en lugar de qué pensar. Para ello, hay que tratar de no dar criterio sobre qué está bien y qué mal. Quizá es más difícil lograr que ellos lleguen a esa idea con su proceso personal, pero vale la pena.

– Hay que tener en cuenta que el buen ejemplo es mejor que mil reuniones. Los niños se fijan si sus padres cumplen con los encargos y también si ponen excusas para no cumplirlos.

– Porque los niños también pueden proponer temas desarrollando la capacidad de observación y la parte ejecutiva de sus propuestas. No basta dar una idea, sino que «te toca ejecutarla». Por ejemplo, si dices que no te gusta ir al campo los fines de semana porque «siempre» es el mismo plan, debes proponer una salida alternativa.

– Porque pueden aprender que los errores son una oportunidad para aprender, llegar más lejos y ser más responsables.

– Porque los padres deben saber escuchar, negociar y debatir. Esta actitud los acompañará a lo largo de su vida. Se fijan en cómo nos tratamos y aprenden a ser amables y ceder.

– Y porque, finalmente, estas reuniones las extenderán a su vida personal: es decir, aprenderán a colaborar en casa o en clase, con los abuelos o con un compañero. Dará igual el sitio en el que estén. Serán personas con criterio propio. Si en casa se recoge un papel del suelo, se debe hacer por igual en la calle o en el colegio o allá donde estén.

¿Y qué pasa si no se cumple lo acordado?

Pues nada, paciencia y vuelta a empezar. Se ha de confiar en la capacidad de cada uno para sacar adelante sus objetivos. Y si hay problemas es bueno ver qué ha pasado sin hacer un drama, pero recordando los beneficios de su cumplimiento. Y siempre con buen humor, apoyándonos todos.

Yo te animo. Al principio, suele ser un poco complicado hasta que todos van entendiendo que la vida familiar se resuelve mejor con reuniones que sin ellas. Mi consejo es que perseveres porque las ventajas son reales.

— Comer juntos —
Mini-cumbres caseras de la ONU

Estoy convencida de que comer juntos es un bien personal y social. Alrededor de la mesa se te pasan las penas y se resuelven muchas dudas. Hasta al más tímido o menos hablador se le suelta la lengua cuando todos lo conocen y percibe el cariño y la confianza. En torno a la mesa todo son experiencias vitales, nos hacemos más participativos, mejores conversadores en el sentido de que estamos más orientados a la conversación abierta y natural, somos más proactivos y cogemos el estilo de estar a la escucha y de aprender a opinar. Las personas que comen juntas ríen juntas, son más sólidas y mejores padres, hermanos y amigos.

Porque al comer juntos, te acogen las personas con su actitud generosa y sus palabras amables, acoge la comida, acoge la mesa puesta con elegante sencillez, acoge la luz cálida, todo. Lo recomiendo al menos los fines de semana y las noches.

— La comunicación externa —

La comunicación externa son las relaciones que tenemos con nuestros parientes, amigos, vecinos, gremios, proveedores, médicos, colegios, banco, Hacienda, abogados, comunidad, garaje, etc. y viceversa. Estos flujos de comunicación –desde dentro de casa hacia el exterior y del exterior hacia dentro– es aconsejable que se fijen de forma clara, para que la vida sea mucho más sencilla.

Cosas que podemos tener en cuenta para comunicarnos bien hacia afuera:

– Pensar el canal más adecuado para que el mensaje llegue bien, se informe y las cosas se puedan resolver a tiempo. Por ejemplo, lo normal será llamar por teléfono al proveedor y los presupuestos recibirlos por correo electrónico.

– Pautar nuestro estilo de comunicación en casa con los de fuera: que siempre sea amable, respetuoso y sencillo.

– Mensaje claro y breve para que se entienda y después de contactar, enviar mensaje al grupo para información.

Algunos ejemplos de cómo manejarnos con proveedores o gente ajena a casa:

– El tapicero nos llama (comunicación verbal): «Ya está arreglado el sofá». Respondo para fijar fecha y que lo traigan a casa. Pongo un WhatsApp al grupo para que todos lo sepan, porque es por la tarde y estarán estudiando. Yo no estaré.

– La vecina del 7º nos dice (comunicación verbal) que le estamos mojando el techo del cuarto de baño. Llamo al fontanero y al seguro, en ese momento. Pongo en el grupo lo que sea importante reflejar: «la llave de paso os recuerdo que está nada más entrar arriba a la derecha, que se deje copia de lo firmado del seguro en el pincho de la cocina», etc.

– Recibimos una carta de Hacienda (comunicación): «la dejo en la zona de asuntos a resolver». Ese mismo día lo hablamos y resolvemos.

– Recibimos una participación de boda del primo Albertito (comunicación): 1º lo comentamos en la cena verbalmente y 2º se llama para dar la enhorabuena. Mejor que un WhatsApp.

– Encontramos un folio pegado (comunicación escrita) en el ascensor convocándonos a la reunión de vecinos: 1º WhatsApp al grupo familiar para información y ver quién va, por ejemplo: «papá con Luis que tiene vena de abogado».

– Nos encontramos una pegatina en la acera (comunicación escrita) donde estaba aparcado el coche: «Se lo ha llevado la grúa»: WhatsApp al grupo avisando que «llego tarde a casa. Coche. Grúa. Luego daré explicaciones».

– Un papel en el parabrisas del coche (comunicación escrita) que dice: «Contacte conmigo; soy el que ha abollado su coche». Coger el papel o hacerle una foto, mandarla al grupo y llamar. «Ya he llamado, en la cena comentaremos».

La comunicación para ser eficaz tiene un sistema, en el que es crucial el sentido común, el sentido del tiempo y los plazos. Te aseguro que no falla. Da mucha satisfacción ver que vamos resolviendo cosas. Pero si se alargaran en el tiempo la solución es mantenerlas en modo seguimiento y ponernos alertas hasta que les llegue su momento. No almacenes información en la cabeza.

Terminar las cosas hasta el final y acabarlas bien. Hacer las cosas en el momento sin dejarlas para luego. Reconozco que es un entrenamiento diario, pero se llega a coger el hábito y luego es una delicia; te quitas muchos pesos de encima porque resuelves en el momento. Altamente recomendado.

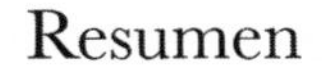

Resumen

Comunicarse es estar organizados

En la familia estamos constantemente comunicándonos, aunque no nos demos cuenta. Para que la casa funcione bien, la información ha de llegar en el momento y a través del canal adecuado, para que haya orden, eficacia y armonía. Estar atentos a los flujos de comunicación y determinar los mejores sistemas para hacerlo es parte importante de la organización ya que hay distintos niveles: hacia dentro y hacia fuera de la familia.

Con los años he llegado a la sabia conclusión de que hay dos momentos fundamentales y sanísimos que refuerzan la buena comunicación: las reuniones familiares y comer juntos. De hecho, las personas que comen juntas, ríen juntas, son más sólidas y mejores padres, hermanos y amigos, porque se comunican mejor.

El éxito de la buena comunicación está en escuchar y cerrar el mensaje lo más completamente posible, sin dejar flecos. Y asegúrate que se ha recibido y entendido.

13

El *modus operandi* del perfecto anfitrión

«Tener un amigo no es algo de lo que pueda ufanarse todo el mundo».
— *Antoine de Saint-Exupéry*

Me hace especial ilusión escribir este capítulo, porque uno de mis grandes placeres es estar todos juntos sentados en una mesa bonita, disfrutando de una comida bien elaborada y tratando de arreglar el mundo. Esta pasión sigue viva en mí al ver cómo mi madre continúa dándome clases magistrales de innovación y creatividad.

Mi intención en este capítulo es la de tratar de plasmar de forma muy sencilla cómo acoger a nuestros invitados con una mesa bien puesta según el momento en que nos encontremos. Muchas de las cosas que te voy a contar son opinables, pero ya sabes que escribo con ilusión y desde mi experiencia. Por eso, cualquier sugerencia será bienvenida y me ayudará a enriquecerme.

Es cierto que hay unas normas elementales que siempre nos sirven de guía y que iremos viendo, pero también hay que absorber los cambios, las propuestas de nuevos estilos, materiales, objetos e incluso incorporar nuevos hábitos en alimentación de otras culturas.

En realidad, solo quiero que pongamos cada día la mesa con estilo, sencilla y con algún detalle. ¡Algún detallito! ¡alguno! Son esas pequeñas cosas que potencian la sensación de bienestar y que

Fuente: adobestock.com / #124672587

impiden que te levantes de la mesa por lo a gusto que estás. Veamos, despacio, qué podemos hacer nosotros para convertir esto en un disfrute y que se note.

Al final del capítulo he incluido cómo preparar una habitación de invitados como muestra de hospitalidad. La verdad es que todos los detalles se agradecen cuando se es invitado, y a la vez, es un placer tenerlos, ver con qué alegría se reciben y lo mucho que hacen la vida agradable.

Y ahora, a la mesa.

— Las servilletas, finura del alma —

Comienzo este capítulo por las servilletas porque me parece importante que siempre que vayamos a ofrecer un alimento por pequeño que sea, vaya acompañado de una servilleta. En realidad, es una pieza elegante que ayuda a sentirse bien y seguros a nuestros invitados. Es un recurso de nuestra buena educación y nos ayuda a mantener las formas. A partir de aquí se abre un campo amplísimo del uso correcto o más formal que interesa saber y adaptar a nuestra vida.

> *«La servilleta se usa solo para*
> *secar o limpiarse la boca, con pequeños toques.*
> *Para nada más»*

Normalmente en casa tendremos dos tamaños de servilletas, las de comida de 50 x 50 cm y las de aperitivos de 25 x 25 cm. En algunas casas hay incluso de bufé o comidas ligeras de 30 x 30 cm, pero las de comida te pueden servir también, aunque si hay mucha gente, te vas a ver en un apuro y puede ser una buena opción comprarlas de tela, sueltas o en rollo, en blanco o beige. Así ya las tienes para siempre.

La servilleta se pone a la derecha, a la izquierda o encima del plato. Mi consejo es que si estás en familia, la pongas a la derecha. Si hay una ocasión más especial puedes permitirte presentarla de una manera sencilla, pero cuantos menos dobleces mejor. Evitaría ponerla encima del plato y desde luego nunca dentro de los vasos o copas. Tampoco le haría muchas formas extrañas pues denota que se ha tocado en exceso resultando poco elegante.

No se usa ni para limpiarnos los ojos, la nariz, una mancha, ni como posavasos en un aperitivo. Si los tienes es el momento de usarlos y si no el vaso va a la mesa de cristal, nunca al suelo. Mi experiencia es que si sirves un aperitivo, incluyas en la preparación los posavasos; evitarás situaciones incómodas para las personas y manchas de cercos en las mesas. Los puedes encontrar de materiales muy variados, algunos incluso los puedes meter en el lavaplatos. Guárdalos en su caja para que no se pierdan junto a los vasos de aperitivo.

En la comida, la servilleta se pone en el regazo –no así las de papel–, para evitar mancharnos, desde el momento en que nos sentamos. Si es una comida más formal, esperamos a que lo haga el anfitrión. En cualquier caso, se usa con un movimiento discreto; se despliega casi ya a la altura del regazo, y con la apertura hacia nosotros, la usamos por la parte interior, para que las manchas no se vean. Al acabar, vuelve a su sitio, hasta que la necesitemos de nuevo. Al terminar de comer, no se dobla y se deja encima de la mesa de una forma discreta.

Si estamos en un bufé, la servilleta se tiene debajo del plato, a mano, y cuando terminamos la dejamos encima de la mesa donde está la vajilla, no en la mesa de la comida.

> *«Una persona, ya sea en casa o como invitado,*
> *con una servilleta, está más segura*
> *y puede centrarse mejor en la conversación»*

— La logística del desayuno —

Una de las cosas que más puede gustar a nuestros invitados es disfrutar de un desayuno diferente, entre otros motivos porque no se lo esperan. Por eso, teniendo en cuenta qué tipo de desayuno queremos preparar vamos a ver qué necesitamos.

Como siempre te digo hay que tener las cosas previstas, pero tampoco hace falta contar con todo tipo de vajillas pues no somos un restaurante. Lo importante es simplificarse sin perder el estilo. Por ejemplo, será suficiente tener un servicio completo de desayuno y luego otras piezas accesorias como cestos para el pan, platos para los bollitos o el bizcocho, cuencos, o unas fuentes para las tortillas, que a su vez forman parte de la vajilla diaria. Por tanto, lo primero es elegir nuestro estilo de desayuno y luego buscar en nuestra vajilla qué pieza puede encajar mejor. Añadir detalles de ambientación, como unas banderitas del país o cualquier idea creativa barata hará el resto. Vamos a repasar la vajilla que se necesitaría para preparar varios tipos de desayuno:

La vajilla para un desayuno especial

– Plato de postre.
– Plato y taza de café con leche.
– Cubiertos: tenedor, cuchara y cuchillo de postre.
– Recipiente para los cereales y cuchara grande.
– Servilleta de desayuno (30 x 30 cm), a la derecha.
– Servicio: jarras de café y de leche caliente. Pan del día o tostado, al gusto. Aceite de oliva y mermelada. Cesto con bollería

del día siempre es mejor y se agradece. Frutero de temporada y yogures variados o al gusto.

— Desayunos especiales del mundo —

Desayuno a la inglesa

– Plato de postre, para tostada.
– Accesorio para servir huevo poché o pasado por agua.
– Plato y taza de té o café.
– Cubiertos: tenedor, cuchara y cuchillo de postre. Cuchara para huevo pasado por agua.
– Vaso de zumo.
– Plato para la mantequilla con pala o cuchillo mantequero.
– Servilleta de desayuno (30 x 30 cm), a la derecha.
– Servicio: tetera, cafetera y jarra de leche fría. Sal y pimienta. Pan para tostar y tostadora. Soporte de tostadas para la mesa con bandeja o plato. Platitos de mantequilla y palas. Mermelada. Jarra de zumo de naranja. Fuente con huevo revuelto y salchichas.
– Si se toman cereales/semillas, hay que incluir un bol y cuchara de cereales, algo más pequeña que la de sopa; la de consomé serviría y el bote con los cereales (no la caja).

Desayuno a la francesa

– Plato de postre.
– Plato y taza de café con leche.
– Cubiertos: tenedor, cuchara y cuchillo de postre.
– Vaso de zumo o de agua.
– Servilleta de desayuno (30 x 30 cm), a la derecha.
– Servicio: jarras de café y de leche caliente, paneras con baguettes o tostada, *tartine*, mantequilla salada o normal según la zona, cestos con cruasanes y *brioches*. Mermelada. Fuente con

queso de desayuno preparado. Jarra con zumo de naranja, plato con frutas y jarra de agua.

Desayuno a la americana

– Plato llano para huevos fritos o revueltos, con o sin bacon.
– Plato y taza de té/café con leche.
– Cubiertos: cuchara de café con leche, tenedor y cuchillo comida.
– Vaso de zumo.
– Bol para cereales.
– Servilleta de desayuno (30 x 30 cm), a la derecha.
– Servicio: termo con agua para el té, termo con el café, jarra de leche fría. Fuente con los huevos, beicon y salchichas. Recipiente con los cereales. Jarra para zumo de naranja. Frutero con fruta del tiempo.

Si te acuerdas añade unas sencillas flores en el centro de la mesa. Las tostadas y la repostería deben estar calientes y crujientes. El café y el agua para el té calientes, y la leche fría o caliente, según países. Puedes tener cerca más platos limpios por si alguna persona toma huevos y luego quisiera tomar un cruasán o *brioche*. La luz es importante. La acogida está resuelta. Ahora toca disfrutar del momento.

— La Navidad y las fiestas —

Las fiestas de Navidad son las más bonitas de todo el año, por lo que significan –el nacimiento de Jesús– y por lo alegres y estéticas que son. Sí, la Navidad por todo lo que significa, es preciosa. Yo disfruto mucho. Y como soy una apasionada de la planificación, esto me lo hace muy fácil. Como ya sabes, empiezo a finales de octubre, con eso te lo digo todo. Es decir, comienzo, sobre el papel a poner fecha a lo que necesito y tengo que comprar o hacer. Así llegamos todos a Nochebuena de buen humor, con ganas de celebrar las fiestas de esos días porque está todo listo. Eso sí, no lo hago en solitario. Procura que todos se involucren en cosas pequeñas y concretas. La cocina apasiona a unos y la decoración a otros. Haz una reunión familiar con alguna sorpresa, y reparte tareas a compartir.

Preparar una mesa de Navidad significa en casi todos los casos, sacar las galas, es decir, todo aquello que no usamos casi nunca, mantelerías, vajilla, cristalería, y que se reserva para las ocasiones especiales como es la Navidad y las celebraciones importantes. Sigue este orden y te saldrá perfecto.

Pasos para preparar la mesa de Navidad

Para poner una buena mesa, lo primero es elaborar cuanto antes el menú, pues determina la vajilla a usar y la lista de la compra a encarar y valorar económicamente.

En segundo lugar, esta lista:

– Saber el número total de comensales.

– Comprobar que tenemos mesa y sillas suficientes para todos; no olvides incluirte.

– El buen estado del muletón, sin manchas en ninguna de sus caras, de la mantelería y las servilletas.

– Comprobar si tenemos cristalería suficiente y estado. Limpiar la cristalería y jarras de agua.

– Comprobar si tenemos suficiente vajilla y estado. Pedir prestado si fuera necesario al resto de familiares y pasar a recogerla.

– Comprobar que tenemos suficientes cubertería y estado. Incluye los cubiertos de servir, no te olvides que habrá muchas más fuentes y salseras.

– Contar con una mesa auxiliar para vajilla y la comida. Lo puedes montar con una mesa de playa cubierta con un mantel hasta abajo o dos caballetes y una tabla.

– Comprueba los accesorios: platos para el pan, cestos del pan, jarras de agua, salero y vinagreras.

Colocación de un servicio completo en la mesa de Navidad

– Preparar la cocina para que se pueda dejar con facilidad los platos y fuentes al terminar.

– Si vas a poner un adorno, calcula bien la altura y el ancho para que no invada ni la mesa ni los platos. No te olvides incluir las velas.

Partiendo de la base de que los platos están en la mesa y de que la comida llega en fuentes a la mesa, la colocación sería:

– Bajo plato decorativo; opcional.

– Plato llano para el segundo.

– Plato llano para los entrantes si los hay.

– Plato hondo para la crema, sopa o consomé. Si tienes taza especial, la de las dos asas, es el momento de utilizarla con su plato.

– Las copas van al frente del plato, en paralelo o un poco ladeadas, como más te guste.

– Cubiertos de comer: tenedor a la izquierda, cuchillo y cuchara a la derecha.

– Cubiertos de postre: se colocan entre los platos y las copas. El tenedor con el mango hacia la izquierda y el cuchillo y la cuchara con el mango hacia la derecha. Si el helado va en copa, solo se pone cuchara. Si es tarta se pone cuchara y tenedor. Si es fruta, en cualquiera de sus presentaciones, mejor tenedor y cuchillo.

– El platito del pan a la izquierda.

– La servilleta a la derecha es más cómoda.

¿Qué cosas no se me deberían olvidar si soy anfitrión de una cena navideña o de cualquier tipo de cena?

– Ambientar el comedor: unas tiras de bombillas LED con un par de lazos rojos es suficiente; o unos dibujos de tus hijos con algún detalle verde y rojo y una bola en cada plato felicitando a cada uno la Navidad es muy correcto. O poner un papel de seda rojo en alguna pantalla de lámpara, o simplemente preparar un detalle para colgar en el respaldo de las sillas. Sin complicarte, pero ambientando. ¡Ah! y unos villancicos o la banda sonora suave es el broche de oro. Al sentaros a la mesa, que un encargado baje el volumen para facilitar la conversación. Tenlo previsto.

– No quieras hacerlo tú todo, delega, y recuerda que a los demás les descansa mucho vernos relajados.

– Preparar a «los camareros oficiales» de la casa. Es una buena ocasión para formar a los hijos en la atención a los demás: servir los aperitivos correctamente, estar atentos a las bebidas de los mayores; prever quién hará el cambio de los platos insistiendo en que se retiran por la derecha de uno en uno acercándolos al trinchero sin hacer torres en la mesa... Creo que cuidar estos detalles en la familia endulzan los momentos y dignifican las celebraciones.

– La ropa que todos vamos a ponernos para ese día: una semana antes, piensa qué te vas a poner tú y tus hijos, con la idea de revisarlo, por si hay que plancharlo.

¿Quieres saber más ideas para que todo salga aún mejor?

– Horario familiar: pacta desde el principio el horario de llegada de los invitados. Ten en cuenta que si hay gente que trabaja, un horario prudente podría ser las nueve de la noche. Si no hay problemas, entonces, que lleguen a las ocho de la noche y así dará tiempo para unos aperitivos, charlar o disfrutar del tiempo de preparación. Si hubiera personas mayores o enfermas, hay que tenerlo en cuenta y en ese caso, nos adaptamos todos: los mayores y los enfermos son lo más importante.

– Los aperitivos puedes tenerlos listos en una mesa auxiliar, que luego usarás para dejar las fuentes de la comida.

– Hay dos zonas de la casa que deben estar perfectas: el ropero y el cuarto de baño.

• El ropero: ¡¡despéjalo!! de forma que quede espacio para los abrigos de los invitados. Es más elegante que dejarlos sobre una cama o un sofá. Si no tienes, puedes improvisar una zona cercana a la salida.

• El cuarto de baño: recuerda que ese mismo día debes darle un repaso extra. Todos van a pasar por allí en un momento u otro de la velada, y nada invita más a sentirse cómodo que un cuarto de baño limpio, con papel higiénico de repuesto, la toalla limpia y buen olor.

Y nada mejor como este consejo: a primera hora de la tarde descansa algo. Luego con ropa cómoda, termina de preparar la comida colocándola en las bandejas de servir, y pide a tu familia que rematen el orden de la casa. Ten listos los regalos, para llevarlos debajo del árbol justo a la medianoche.

Ya ves, la organización con tiempo tiene enormes ventajas: te ayuda a tener las cosas previstas, a trabajar con más orden, sabiendo lo que te toca hacer en cada momento, optimizando los esfuerzos y consiguiendo mejores resultados

— Y si alguien viene a las 11:00 h, ¿qué le ofrezco? —

A lo largo del día en una casa pueden pasar muchas cosas. Una de ellas es que alguien se presente a las once de la mañana, para darte algún paquete u otra cosa.

Quien sea el que se deje caer, puede necesitar un café caliente si hace frío o un buen vaso de agua fresca si hace un calor horrible. Se acogedor y sonríe, aunque te venga mal. Realmente, a las 11:00 de la mañana es pronto para tomar un aperitivo y lo mejor es ofrecer un café, pero si ha madrugado y lo que tiene es hambre, entonces lo mejor es darle un sándwich y una bebida tonificante, al gusto. Los zumos de tomate son muy socorridos; si no los tienes fríos, no importa, añade unos hielos, sal y pimienta. Se rápido en la preparación y procura mostrar calma y recursos para que no se sienta incómodo.

Cuando ofrezcas un vaso con bebida, cógelo por la base y si es una copa, por el tallo para no poner los dedos cerca del borde; no es higiénico.

Si te da tiempo pon todo en una bandeja: vaso alto, plato con el sándwich cortado en triángulos para que no parezca que se está tomando un bocadillo sino un apetitivo, y no tenga que dar grandes bocados. Añade la servilleta y unos frutos secos. Siéntate con él y tómate una bebida al mismo tiempo para acompañarle. Cuando se vaya, reprográmate y mete el acelerador. Estas cosas pueden pasar.

— Hoy tomamos el aperitivo en casa —

Entre las 12:30 y las 13:00 h, es la hora del aperitivo. En realidad, hace unos años, el aperitivo quedaba más reservado para el fin de semana y los días de fiesta o simplemente para celebrar algo, en plan rápido, entre amigos. Hoy el aperitivo, como todas las reuniones en torno a la mesa, es un modo de parar y estar con la familia o los amigos. De hecho, nos montamos el aperitivo con cualquier bebida y picoteo, incluso mientras cocinamos.

Lo normal, si lo preparamos en casa es que después haya comida. En ese caso, debemos pensar muy bien lo que servimos para que luego podamos comer. Puede incluir unos tres elementos distintos y en unas cantidades que denoten cierto control, suficientes para abrir el apetito, pero sin saciarnos en exceso.

El aperitivo está pensado más para charlar que para comer: bebida y picoteo. Eso no significa que no hagamos cosas más elaboradas; dependerá de muchas cosas, por ejemplo, del estilo de personas o la razón por la que estamos allí, etc… no es lo mismo celebrar un 40 cumpleaños que estar en un domingo cualquiera. Hay que pensar y decidir con cierto margen. Si puedes, evita las patatas fritas que son más de excursión que de aperitivo entre adultos, sin embargo, a los niños les encanta.

Si vas a servir un aperitivo con invitados

– Hay que saber si es de pie o sentados porque cambia bastante el menú. De pie es más informal y será lo más frecuente, siempre que tengas una buena terraza o porche o sala de estar. Sentados exige más trabajo, es probable que se alargue y que nos veamos obligados a reponer.

– El diseño del aperitivo calculando que todos puedan tomar de todo: vegetarianos, veganos, celiacos.

– Seleccionar el punto de apoyo, la mesa o el carrito para ver si ponemos mantel y/o los posas vasos, según el lugar y el momento. Incluiremos unos cuencos para dejar los huesos, cáscaras o conchas y unos pinchitos para tomar lo que sea necesario.

– Si tienes invitados de otros países ten en cuenta que no se suele coger nada con la mano. Para no hacer sentir incómodo a nadie, añade unos tenedores de aperitivo y si pones croquetas, aceitunas, calamares, lo tienes resuelto. Por ese motivo y porque es más cómodo, ten previsto un plato pequeño para cada persona; así podrá apoyar las frituras o los canapés mientras habla. Añade un cesto con rebanadas de pan del día o tostadas de un solo bocado, si el aperitivo lo necesita.

– Las bebidas pueden ir en una bandeja, bien frescas, con el abridor. Luego los vasos de refresco y las servilletas. Si has improvisado un aperitivo y no hay bebidas frías, siempre quedarás genial con un vino tinto o un zumo de tomate. Mejor no sacar zumos de frutas porque son muy dulzones, y nos quitarán el apetito para comer. Antes de que lleguen tus invitados o tu familia supervisa que no falte nada.

– Sirve los aperitivos calientes a su temperatura, cuando hayan llegado y los fríos a la suya.

– Si hay una mesa auxiliar o carrito, lo dejamos todo allí, ordenado. Pasamos a comer y después de la sobremesa, cuando todos se hayan ido, se recoge todo; y cada cosa vuelve a su sitio.

– Ten previsto un perchero para los abrigos y revisa el cuarto de baño. Si hay mascota en el jardín, tenla sujeta y si es en casa en una zona estanca.

— Te invito a un café en casa —

Invitar a tomar un café a casa es lo más normal del mundo. Va incorporado a un rato de charla o de tertulia distendida y relajada.

– Sacaremos en una bandeja la jarra de café y de leche caliente/fría con el azucarero o edulcorante y en otra las tacitas de café con sus platos y cucharas. Ya sabes que no es correcto sacar las tazas montadas ya con su plato; si son muchas personas lo mejor es sacar las tazas de dos en dos y columnas de platitos. La servilleta no puede faltar. Si lo que quieren es té debes preparar: taza de infusión y jarra termo con agua, además de la selección de tés que hayas preparado.

Si queremos ofrecer alguna cosa podemos sacar algún detalle casero, hecho por nosotros como un *cake*, unas pastas, unas trufas, lo que sea, pero pequeño, de un bocado.

— Conoce los gustos del invitado: café con leche, cortado, capuchino, café bombón, moca o irlandés, alguna infusión concreta, para tenerlo previsto. Si es Navidad es el momento de los turrones y mazapanes, pero insisto, más bien en plato pequeño. Si son bombones mejor servir en un plato de cristal, si tienes y recordar que se toman de un bocado; no se muerden y luego se toma el resto, no; a la boca de una vez. Sin embargo, si los ha traído el invitado, se abren y se toman desde la caja, como señal de agradecimiento.

Y recuerda que como lo mejor en esta vida es la simplificación, si no tienes platito de cristal, siempre que no sea una caja que mida un metro, puedes sacar la caja, sin problemas. Yo te doy ideas para que tengas dónde elegir según la persona invitada. Lo mejor es siempre pararse y pensar ¿Qué es lo mejor? ¿Qué puedo hacer? ¿Qué tengo a mano? Especialmente si no he tenido tiempo de hacer nada o de comprar nada porque me ha «pillado el toro». Hay que hacer las cosas fáciles, pero con estilo.

— Venid a casa a tomar una copa —

Esta pregunta se suele hacer a partir del mediodía y te encontrarás, probablemente, con los gustos de cada cual. Y así, por ejemplo:

— Si planteas la pregunta justo antes de comer, la copa será un vermú o un fino, con unos frutos secos, un bíter o un ajenjo, por ejemplo. También entra muy bien un buen vino blanco o una copa de cava.

– Si preguntas después de comer la respuesta es coñac o su versión española, *brandy*. También puede ser un anisado: anís o pacharán, ambos fríos. Es el rato de la tertulia y la copa es el final.

– Si preguntas hacia las 19:00 h, la respuesta es la misma que en el aperitivo, aunque puedes añadir un vino de Oporto, y si es verano un gin-tonic. En España, también suele caer el tinto.

– Si la pregunta es justo después de cenar, podrías ofrecer las mismas copas que después de comer, o incluso –según los gustos– se puede ofrecer un vinito dulce tipo Pedro Ximénez o Moscatel, dos variedades de uva muy agradecidas.

Ten en cuenta en cada caso servirlo en la copa correcta. No hace falta tener una relación grande de copas en casa, pero sí las indispensables y desde luego un vaso para servir *whisky on the rocks*.

En el caso de servir una copa, no es imprescindible poner servilleta porque no va acompañada generalmente de comida.

— Gente a comer o cenar en casa —

Este tipo de encuentros no son fortuitos, sino que están programados, al menos en la fecha y la hora. Por eso son tan fáciles de organizar. Párate y piensa un poco y trata de simplificar; marca un estilo informal y familiar, y cuida los detalles. Los treinta minutos de organización semanal te pondrán en órbita. Ya verás. Son claves y, si tienes lío en casa, con más razón. No te los saltes o desde el lunes estarás perdido.

Necesitamos hacer sencillas las cosas de casa, por eso hay que ver con objetividad hasta dónde puedo llegar en cada ocasión.

Luego organizarme. Después, ver qué cosas puedo delegar y en quienes. Te sugiero unas preguntas que, por lo menos a mí, no me fallan para organizarme:

– ¿Quiénes son? No es lo mismo que sea tu jefa, que tu mejor amigo o tu padre; es evidente que la cosa cambia. Y habrá que esmerarse en todas, pero más en la primera.

– ¿Cuándo vienen? La hora de llegada a tu casa la estableces tú, una vez que has hablado con los invitados. Esto les ayudará a ser puntuales, aunque tengamos que darles los cinco minutos de cortesía.

– ¿Celebramos algo? Si no hay celebración a la vista, es una comida o cena familiar sin más. Te tomarás la licencia o no de hacer algún postre si has tenido tiempo y vas bien organizado; pero tú marcas la pauta.

– Ahora bien, si los invitados, mayores o pequeños, vienen por una ocasión especial, entonces la organización es algo diferente. Se ha de planificar una celebración con todo lo que eso implica de menú, compras, elaboración y preparación de la mesa. Pero siempre simplificando y midiendo las fuerzas tuyas y de tus pinches infalibles.

– ¿Qué edades y gustos tienen? Dato importante para hacer el menú. Si hay gente menuda: huevos fritos con patatas, no falla. Y con los mayores también; les darás la alegría del siglo.

– ¿Hay algunas intolerancias a algún alimento? Para hacer el menú hay que evitar los alimentos que no sienten bien o que sabemos que no le gusta tomar a alguien, porque de pequeño tuvo una indigestión de champiñones y no los puede ni ver. Solo olerlos se pone enfermo.

– ¿Puedo hacer algo que ya domine y que les pueda gustar y no me complique mucho? Sí, pues entonces no lo dudo. Unas natillas o un tiramisú, y en el café saco unos bombones estupendos.

– Selecciono la mantelería de siempre, porque no tengo otra, pero me permito unas servilletas de otro juego, que le van genial. ¡Ah! y pongo unas flores en un recipiente que he comprado al venir por la calle, y que quedan estupendamente. A partir de ahí lo siguiente es hacer el menú e ir a la compra para prepararlo todo. Después le toca el turno al lugar donde vamos a estar: interior, exterior, terraza o porche, y pensar en la mesa y los manteles. El menú va a condicionar la vajilla y todo lo demás.

– A continuación, preparar una mesa teniendo en cuenta lo que hemos dicho en el apartado sobre la mesa. Recibirlos, invitarles a dejar los abrigos y los bolsos y acompañarlos al lugar donde va a ser la comida, normalmente precedida de un aperitivo.

– Repasa el cuarto de baño y da un vistazo general a la casa para ordenar y ambientar.

– Y si nos invitan, es un detalle de cortesía llevar algo. Te aconsejo que lo hagas de acuerdo con el anfitrión, porque por ejemplo puede ocurrir que nuestro vino no maride bien con la comida prevista y les ponemos en un compromiso, ya que se verán en la obligación de abrirlo por deferencia contigo.

Personalmente me gusta llevar un buen licor; o unos detalles para después de cenar. Algo sencillo que todos puedan compartir. Si sabemos que hay personas con intolerancia al gluten, lo podemos tener en cuenta porque hay muchas posibilidades de acertar.

Si no conoces al anfitrión no regales flores ni plantas extrañas porque le desconcertará.

— Meriendas inolvidables —

Cualquier hora del día es buena para poder ofrecer a nuestros familiares y amigos un detalle. Si los desayunos han cobrado fuerza, la ocasión de reunirnos para merendar, especialmente en invierno, no se ha quedado atrás. A mí me encanta invitar a gente a casa a lo que sea; tal vez porque me gusta verlos disfrutar de lo que hago y compartir con ellos una receta o lo que se tercie.

Al referirme a meriendas voy a incluir todas las modalidades que tengo en la cabeza y tú puedes añadir todas las que se te ocurran. Sobre todo, vamos a ver la preparación de la mesa y lo que necesitamos para que quede todo perfecto.

Como sabrás hay dos tipos básicos de meriendas según la estación del año:

– La merienda con café con leche, infusión y repostería.

– Y la que se sirve con bebidas, zumos y mini sándwiches o galletas saladas.

Te corresponde a ti decidir cuál es la mejor, ya que son tus amigos y los conoces bien. Los pasos a seguir:

– Selecciona la mesa: si es baja, es para un ambiente más distendido. Todo se pone ahí. Puedes utilizar un carrito como soporte auxiliar. Si la mesa es alta, entonces estamos en un ambiente más formal. Resulta muy práctico porque además de que todo va en la mesa es más cómodo para comer y no mancharnos. Hay que tenerlo en cuenta, si elegimos esta opción, ya que normalmente se come más. Yo veo más a personas mayores en esta opción, porque es más cómoda al estar sentados.

– Preparar lo necesario en la mesa o carrito.

– Mantel, adecuado al tamaño de la mesa. No pongas manteles minifalderos. En mesas de comedor el largo debe estar entre los 45 y 50 cm. En mesas bajas debería quedarte a unos cuatro dedos del suelo más o menos. Si no tienes para mesa baja puedes inventar caminos de mesa u otra cosa. Pero no es elegante poner el mantel cruzado en pico; en el fondo se nota que es corto. Puedes dejar la mesa vista si es de material noble o cristal. Si optas por bebidas y sándwiches y no tienes mantel *ad hoc*, no te compliques y usa posavasos. Te quedará muy bien.

– Las sillas, limpias y el número adecuado. Si son sillones, tenlos limpios y con cojines que ayuden a estar más cómodos.

– La vajilla y los vasos limpios y sin gotas. Puedes hacer un guiño y combinar entre sí toda la cristalería y vajilla suelta, variándola. Dependerá de la formalidad de la ocasión.

– Si usas carrito es mejor cubrirlo con un tapete, especialmente si es de cristal o madera. Los hay que se ajustan a tamaños estándar, muy monos y económicos. Te servirán también para comer, como manteles individuales, si comes solo o si sois dos. Sin embargo, cuando nos sentamos a la mesa, siempre mantel.

Nos coloca en otro nivel; el de valorar los detalles, por eso cuidamos el modo de servirnos, para evitar mancharlo.

– Cuando estamos de merienda lo importante es estar de tertulia, a gusto y tranquilos. No hace falta retirar nada hasta que las personas se hayan ido, para no dar sensación de prisa y porque rompe la dinámica de la conversación y distrae. Luego puedes hacerlo tú con la ayuda del carrito, si lo tienes, o haciendo viajes. Limpia y recoge todo hasta el último detalle. Ventila antes y después.

– Si los invitados traen un detalle para ese momento, es bueno compartirlo con ellos, aunque te desmonte la merienda; es mejor dar gusto y es una muestra de agradecimiento y cariño.

– Cuida los detalles que dan un toque especial de acogida: reordena lo necesario, pon luz indirecta, música, ambiente caldeado o refrigerado según la época del año, unas flores, en fin, lo que te parezca mejor.

– Repasa el cuarto de baño y el perchero.

— ¿Si se presentan sin avisar? —

La espontaneidad es maravillosa, pero hay que saber encajarla bien. Dominar la situación se consigue parándose unos minutos y pensando ¿Te acuerdas del inicio del libro cuando hablábamos de la organización? Pues esto es un ejemplo de aprender a gestionar un sencillo imprevisto. Así tendremos una sonrisa, los recursos necesarios y la paciencia para reajustar lo que estábamos haciendo hasta ese momento.

Solo dos o tres cosas para tener en cuenta por si alguna persona viene por sorpresa:

– Ofrécele quitarse el abrigo si es invierno, para dar a la situación algo de estabilidad.

– No te quedes hablando de pie, pásalo al cuarto de estar, pero antes ofrécele pasar al cuarto de baño, especialmente si es mayor, e indícale dónde está.

– Una vez sentados y, según las costumbres de cada país,

ofrécele algo para tomar, seguro que te lo agradecerá. Mientras lo preparas, aprovecha para centrarte rápido ante el imprevisto.

– Si hace frío algo caliente y si hace calor una bebida fresca sea la hora que sea. Normalmente:

– Hasta las 12:00 h, un café

– Desde las 13:00 h, un aperitivo

– Después de comer, un café, infusión o copa de coñac

– Hacia las 18:00 h, una merienda

– Cerca de las 20:00 h, una copa

– Prefiero no preguntar «¿Quieres tomar algo?», salvo que tenga la certeza de que por confianza me va a decir: «No, muchas gracias». Voy directa a decir: «Te voy a poner algo fresco, ¿qué te apetece limón o naranja?» Ofrece solo lo que tengas para que elija. Si es prudente no te pedirá nada que no hayas ofrecido.

– Si estás en un espacio intermedio, por ejemplo, las 17:30 h, y no sabes qué preferirá, puedes esperar un poco mientras habláis, y cuando haya pasado algo de tiempo sugerirle: «Es hora de merendar, perdona que no te haya ofrecido algo. ¿Prefieres un café, un té o un refresco?».

– Lo que necesitamos preparar es una bandeja que contenga: dos vasos de refresco/dos tazas de café, las jarras de café y leche y el azucarero. Unas cucharitas. Un plato con sándwiches variados/plato con pastas dulces y las servilletas.

– Durante la visita, las cosas se quedan encima de la mesa; una vez que se haya ido, es cuando se recogen con la ayuda de la bandeja, limpiando la mesa y ventilando dos minutos.

— Hoy hay partido, ¡oé, oé, oé! —

Reunirse con la familia o los amigos para ver un partido de futbol es una de las cosas más emocionantes de esta vida, por la descarga de adrenalina que implican, y más si se acerca un mundial. Prepararlo es muy sencillo porque se trata de comer algo que sea muy fácil para no distraernos un segundo de lo que está pasando. Lo

que no falla es la *pizza*, el bocata de calamares, la hamburguesa o la *baguette* de jamón serrano. Cerveza bien fría y helados para sellar el partido. El picoteo en plan palomitas, patatas fritas o cortezas de maíz funcionan muy bien y en cantidad.

Pero, además, vamos a ver algunas cosas a tener en cuenta:

– Lo primero es que son ellos los que tienen que encargarse de la logística: preparar los bocatas, comprar la *pizza*, recaudar fondos, preparar el cuarto de estar, etc.

– Lo mismo con las bebidas y toda la intendencia.

– Hay que asegurar las servilletas.

– Cuando se acerca ¡partido! Te aconsejo cubrir los sofás con una tela para protegerlos de las manchas. No me gusta, pero es lo único que te salvará.

– Otra idea es un mantel de tela resinada, para que, si algo se derrama, por el nerviosismo del gol, no se manche la mesa.

– Al terminar el partido hay que enseñar a ventilar, recoger el cuarto de estar o la sala de juegos, y como si allí no hubiera pasado nada. Y hasta el próximo partido.

— Organizando un *brunch* —

Había oído hablar del *brunch*, pero hasta mi última estancia en Nueva York, no había tenido la posibilidad de ser invitada a uno de estos desayunos-comida al más puro estilo americano. En mi caso, comenzamos a tomarlo a las 11:30 h y terminamos con una sobremesa hacia las 14:30 h.

En muchos países de Europa los restaurantes ya ofertan este tipo de desayuno-almuerzo. En Estados Unidos las familias lo toman en fin de semana. Y en realidad tienen presupuestos y estilos muy diferentes según las zonas.

Sin ser una costumbre europea, poco a poco se ha ido introduciendo en nuestro país y a día de hoy es una ocasión más para disfrutar especialmente con los amigos. Por eso, es interesante saber que existe, por si te invitan o por si decides hacer tú la invitación. Vamos a ver:

Tipo de comida que se sirve en un brunch

– Salado: huevos, tortillas rellenas, embutidos, salchichas, verduras cocidas, carne, salsas, etc.

– Dulce: *croissants*, *muffins*, dónuts, *cake*, tarta de limón o frambuesas, helado preparado, *pancake* con nata y sirope, etc.

– Frutas: normalmente preparadas y servidas en fuentes.

Preparando el brunch

– Ver el número de personas.

– Saber si hay alguna persona con intolerancias a algo, vegana o vegetariana.

– Diseñar el menú.

– Comprobar que dispongo de la vajilla, cubertería y cristalería necesaria. Así como asientos y un lugar cómodo donde comer durante un par de horas.

– La recogida de la mesa durante el *brunch* se puede hacer entre dos o tres personas de modo ordenado y silencioso, para no interrumpir mucho la conversación. Eliminar los platos y fuentes. Se pueden dejar las tazas de café o té y los vasos con el zumo y los dulces. La retirada final se hace cuando los invitados se han ido, recogiéndolo todo, ventilando y dejando todas las cosas en su sitio. La satisfacción al día siguiente es impagable. Así prepararía yo la mesa:

– Vajilla: en Estados Unidos se pone siempre la misma vajilla para comer que para cenar o desayunar.
– Plato llano.
– Taza y plato para café o té.
– Plato para la mantequilla con pala.
– Vaso pequeño para zumo.
– Tenedor, cuchillo grande y cuchara para los cereales.
– Servilleta grande.
– Fuentes para cada uno de los alimentos.
– Jarras para el zumo.
– Tetera para el agua caliente y termo para el café.
– Jarra con leche fría.
– Recipiente para cereales.

— Cómo preparar un bufé en casa —

Hace un par de años me invitaron a un bufé y he de decir que disfruté muchísimo. Aquello estaba preparado al milímetro. Se notaba la mano profesional de la anfitriona que con días de antelación había pensando en todo, buscando apoyos y todo lo necesario para que los invitados, muchos, pudiésemos disfrutar de aquel momento. Un profesional sabe que un bufé requiere de una organización diferente y muy anticipada.

Por eso quiero explicar que cuando pensamos en un bufé como una solución rápida, como para salir del paso, nos estamos, casi siempre, equivocando. Un bufé, aunque sea para 4 o 6 personas, lleva su logística y hay que saberla para acertar y quedar bien.

– Primero, pensar un menú completo y variado, que estará en función del tipo de celebración. Dependiendo del motivo haremos un diseño más familiar cuidado, o más formal. Aunque la organización varía poco, ten en cuenta la época del año para elegir lo que sea más adecuado.

– Mi experiencia es que esté ya preparado en la mesa cuando llegan los invitados, excepto los alimentos calientes. Y por supuesto, tendremos en cuenta las personas que asistirán y sus costumbres alimentarias para tenerlo todo previsto, incluidos los carteles que indiquen el tipo de alimentos para intolerantes, vegetarianos o veganos.

– La vajilla: el diseño del menú facilita saber si disponemos de lo necesario o si hay que pedir prestados: platos, vasos, neveras, etc. Pero si es algo que hacemos con cierta frecuencia, entonces vale la pena tener todo guardado en una zona con la etiqueta de «Bufé».

– Elegir el lugar: debe ser una estancia amplia para facilitar el flujo de personas que se moverán con las manos ocupadas. Puede ser en interior o exterior dependiendo del clima y del espacio disponible. Si es en jardín asegúrate de que no merodeen los insectos. Si es por la noche, mejor poner velas para ambientar y ahuyentar a los mosquitos.

– Recuerda avisar a los invitados para que vengan con calzado adecuado, especialmente las mujeres.

– Tres mesas distintas: una para los alimentos; otra para platos, cubiertos, vasos y postre. Y la tercera, para dispensar las bebidas en contenedores de frío con hielo.

– Un recipiente discreto en las mesas, donde depositar los palillos y pinchos que ya no se usen.

– Manteles que lleguen hasta el suelo, mejor blancos. Añade para combinar otros más cortos de colores variados. Si no pones manteles, asegúrate de limpiar muy bien las mesas ya que al final, las buscarán y la gente tenderá a sentarse y conversar lo que queda de la noche. Ten previstos puntos de apoyo para que se puedan dejar los vasos o platos que ya no se usen.

– Si la cena es al aire libre, pon ceniceros, papeleras y sillas, en lugares estratégicos y siempre de forma discreta. Y, por favor, no te olvides de iluminar de forma acogedora y creativa.

Mesa de vajilla: debe tener un circuito lógico

– Dos filas de platos grandes apilados (6 + del número previsto), al principio de la mesa.

– Detrás de estos, dos filas de platos de postre apilados (4 + del número previsto).

– Las servilletas colocadas superpuestas, para que ocupen menos y sean fáciles de coger.

– Vasos y copas bien dispuestos (10 + del número previsto) según las distintas bebidas que ofrezcas.

– Sobre el mantel, ordenados todos los cubiertos hacia arriba, y mejor, si puedes por espacio, al final de la mesa.

Mesa con la comida

– Las fuentes con los alimentos preparados y los cubiertos de servir al lado y hacia arriba porque es más elegante.

– Dispón los alimentos según la temperatura.

– Los alimentos deben ser de bocado para que no haya que usar los cubiertos. Por eso hay que pensar muy bien el menú: croquetas, pintxos, volovanes rellenos, empanadillas, canapés, etc.

Mesa o zona de las bebidas

– Con suficiente cantidad de botellas y de opciones según menú. Ten prevista la copa inicial, los vinos para la comida y la copa para la sobremesa, como mínimo.

¿Qué circuito debo seguir cuando me invitan a un bufé? El más lógico

– Cogemos el plato y la servilleta, que ponemos debajo. No cogemos aún los cubiertos, están al final de la mesa.

– Nos dirigimos a la mesa de la comida, apoyamos el plato en la mesa y con los cubiertos de servir nos servimos usando las dos manos, sin prisa.

– Volvemos a la mesa de la vajilla y cogemos los cubiertos y la bebida.

– Nos dirigimos a un punto para poder apoyar la bebida y comer tranquilamente.

– Repetimos, ya sin el vaso en la mano, que sigue apoyado donde lo dejamos y a donde nos interesa volver.

– Si queremos cambiar de zona, ya con el plato lleno, cogemos el vaso y nos movemos entonces para seguir hablando con el resto de invitados recordando que esta es una muestra de cortesía.

La ambientación

Como siempre te sugiero: cuida la ambientación y los detalles, ya que te pueden dar la vuelta a la comida y al momento. Los invitados lo recordarán, seguro.

Por ejemplo, una música suave al inicio de la cena, una luz ambiental conseguida con el apoyo de velas distribuidas por la zona donde vais a estar. Centros con flores y frutas pueden dar un toque de frescura si es verano. Ten previstos los asientos. Despeja el guardarropa, si es invierno, y revisa el cuarto de baño. Si hay mascotas deben estar en su zona y no salir.

— Preparando una habitación de invitados —

Tener invitados en casa, que todo salga bien y que disfrutemos, supone organización y previsión. Como los invitados que tendremos en casa serán familia o amigos, vamos a ver algunos aspectos para tener en cuenta desde la logística de la organización para que todo esté perfecto y disfrutemos de ese rato o esos días, en un clima distendido y agradable.

Cuando los invitados llegan a casa, se les recibe y se les conduce a su cuarto, indicándoles dónde pueden dejar la maleta, una vez que la vacíen. Allí mismo se les comenta lo que necesitan saber: horarios de comida y cena, o los planes. También se les da un tiempo, a solas, para que deshagan su equipaje.

Un punto importantísimo es la planificación del menú de esos días y dónde vamos a hacer todas las comidas para que haya suficiente espacio y sillas. En la medida de lo posible, una buena organización calcula todos estos aspectos y las compras por adelantando. Una solución es cocinar y congelar los días previos para estar el mayor tiempo posible con los invitados. Y así, llegado el momento, la preparación será rápida y sencilla. No te olvides de conocer de antemano si los invitados tienen régimen o intolerancia a algún alimento, para excluirlo del menú y si necesitan alguno otro, poder comprarlo.

En realidad, hay que coger práctica en recibir invitados porque pasará muchas veces al año y nos conviene aprender a simplificarnos para seguir organizándolas.

¿Quieres saber lo que debe incluir una habitación de invitados completa con cuarto de baño? Pues toma nota.

– Una vez que sabemos quiénes vienen a casa y por cuanto tiempo, nos ponemos a organizarlo todo para que cuando vengan esté dispuesto y se sientan como en su casa.

– Empezaremos limpiando la habitación y el cuarto de baño, así como todas las dependencias cercanas, incluida la terraza, si la hay. Si es una habitación que no se usa hay que hacerlo más a fondo y ventilar. Si se ha usado como almacén, hay que retirar todo y dejarla ordenada.

– Se hacen las camas y se ponen las toallas colgadas en el cuarto de baño, comprobando que funcionan bien todas las instalaciones y que no falta nada: secador, un pequeño juego de champú, crema corporal, gel, esponja para limpiar calzado, papel higiénico, etc. Hay que ponerse en la piel del invitado y pensar qué puede necesitar. Normalmente traerá sus cosas, pero si tiene un olvido hay que ser ágiles y ofrecérselo lo antes posible.

Es bueno que haya en el armario por si lo necesita: perchas suficientes, zapatillas de rizo, una manta y una almohada extra.

– En un lugar destacado de la habitación hay que dejar la contraseña wifi, por si la necesita. Yo la tengo plastificada y así me sirve para siempre. Si viene de otro país de Europa o Estados Unidos, hay que facilitarle el enchufe múltiple.

– Si es una persona mayor, es bueno dejarle una botella de agua con un vaso en la mesita de noche. Si no tiene cuarto de baño dentro, hay que indicarle dónde está y dejar una luz encendida por la noche, por si se levanta.

– También se puede dejar la prensa y las revistas que suelen leer, en la habitación o en el salón.

– Una vez instalados se les pregunta, si necesitan alguna cosa que echen en falta: almohada, cojín, etc., más que nada para dar pie a que si necesitan algo, tengan la confianza de pedirlo. Y una última cosa es respetar el silencio en los momentos de descanso, siempre que se pueda porque a veces no es sencillo.

Si hubiera que adaptar una habitación para invitados

Lo primero es reubicar a la persona que deja la habitación, en otra zona de la casa. Es un detalle coger todo lo necesario para evitar entrar los días que esté ocupada la habitación, especialmente si son personas mayores, aunque comprenderán que necesitemos entrar a coger lo que nos haga falte. Trataremos de quitar todo lo que sea más personal y poner el máximo orden posible.

Lo segundo es dejar una zona del armario completamente despejada para que los invitados puedan colocar ahí su ropa. Luego se limpia a fondo y se hace la cama, poniéndoles al pie de cama los juegos de toallas que luego ellos colocarán en el cuarto de baño. Es mejor, si se puede, dejar un cuarto de baño de uso exclusivo para los invitados y en ese caso las toallas se dejan preparadas en el cuarto de baño que vayan a usar. Se debe arreglar el baño y retirar todo aquello que no se vaya a utilizar o que la familia necesite usar, transportándolo a otro baño de la casa.

Y al llegar la noche, conviene preguntarles si necesitarán otra almohada o manta.

Resumen

El *modus operandi* del perfecto anfitrión

El *modus operandi* del perfecto anfitrión o cómo recibir en casa a nuestros familiares y amigos, es uno de los gestos de hospitalidad más bonitos y elegantes que podemos tener con aquellos a quienes queremos. «Bienvenidos todos a mi casa» es un modo de decir que las puertas están abiertas para que entren. Yo me esforzaré en acoger con una buena mesa o con una casa bien preparada, cuidando todos los aspectos que implica la organización hasta el más mínimo detalle. Seré un auténtico profesional del arte de recibir en casa.

14

Organizar a la empleada del hogar

«Ella y yo éramos más que un equipo.
Le enseñé muchas cosas y nos coordinábamos siempre bien».

— *Mabel Villa, mi madre*

Como ya hemos visto, al frente de la organización de la casa, por eficacia y productividad, solo hay una persona. Quién sea corresponde a cada familia decidirlo y ahí no te puedo ayudar demasiado. Lo que sí me gustaría decir es que una cosa es organizar y otra diferente es ejecutar lo organización. La parte de organización normalmente la asume la persona que se hace cargo de la casa. La parte de ejecución puede ser con o sin empleada del hogar.

Decidir si necesito una empleada del hogar es algo que resuelvo con unas sencillas preguntas porque las respuestas te darán la solución. La más importante, o por lo menos la que no falla y es la que hace sonar la alarma es: ¿Qué coste emocional y físico te supone seguir así, sin ayuda? ¿Crees que vas a resistir mucho más? ¿Es esta la calidad de vida y bienestar que quieres tener? En la vida hay que resolver rápido lo que afecta a la salud y al bienestar. Yo lo tengo clarísimo y una vez que también lo tengas tú es cuando comienza el proceso de búsqueda, selección, contratación y formación.

Quiero decirte que cada vez es más frecuente teledirigir la casa a distancia. Es decir, que hay personas que no tienen más remedio que organizar y dirigir a su empleada por el teléfono, WhatsApp o por Skype, sin coincidir apenas con ella ni un rato por las mañanas. Esto se da cada vez con más frecuencia y lo veremos llevado hasta el extremo, a una virtualidad absoluta, al 100%. Cada uno que analice bien qué beneficios tiene para su familia, estilo de vida y bienestar. Será una cuestión de confianza extrema en el otro que no estará exenta de sorpresas. Pero es cierto que, a veces, no se puede hacer de otro modo.

Esto no me parece mal para una gestión puntual, pero no se puede hacer por sistema porque el control acerca también a las personas. Os debéis ver al menos una vez a la semana.

— Selección y entrevista —

Preparar bien la entrevista supone ya un 50% del éxito. Conciértala por teléfono, explicando muy brevemente lo que necesitas, facilitando cierta información, como el sueldo, el número de hijos que tienes, el tipo de casa –grande, pequeña, aislada, urbana– para que cuando os veáis cara a cara sean datos que ya se han pensado con cierto tiempo.

Lo primero que conviene tener en cuenta es hacerse con referencias que aporten valor a la persona, a su trabajo y buena reputación. Es un paso importante en el que no se puede correr y, mucho menos, omitir. Es lo primero que haría un empresario para contratar a un trabajador. Recuerda que estará en tu casa y que le confiarás muy probablemente a personas. De modo que si el perfil de la persona y su cualificación no se ajustan a tus necesidades, no inviertas tiempo en entrevistarla. Deberás seguir buscando pacientemente y tanto tiempo como sea preciso. Si las referencias son positivas y parece que se ajusta a lo que necesitas, pues adelante, la entrevistamos y seguimos con el proceso.

Temas que conviene preparar

En general, yo suelo aconsejar los siguientes temas:

– Las tareas exactas que necesitas que haga. Piénsate unas cuatro o cinco preguntas muy concretas, y así podrás observar si responde con conocimiento de causa o le falta experiencia. Explícale que tienes una organización que se debe cumplir y que es la que hace que la casa funcione bien y que en principio, no se altera.

– Horario y días de trabajo. Días de descanso y vacaciones.

– Contratación y condiciones laborales.

– Periodo de prueba de 1 o 2 semanas.

– La ropa de trabajo que quieres que se lleve en tu casa.

– Formación y aprendizaje en el caso de que lo necesite y quién cubre esa formación.

Es decir, hay que tener las ideas claras de lo que necesitamos, así como conocer los aspectos legales para la contratación; como si fuéramos una empresa. Igual. No se nos puede olvidar y mucho menos dejarlo pasar.

Con las ideas claras de lo que necesitas estás en condiciones de hacer la entrevista. Es mejor estar sentados y relajados que de pie, se habla mejor.

Inicia la conversación como un profesional, explicando lo que necesitas con claridad, de modo concreto y breve. Si al final la contratas, poco a poco irá fluyendo de modo natural la información que necesita para hacer bien su trabajo.

Es el momento de concretar las horas, los días, el contrato, el sueldo y las retribuciones en especie, si se dieran, las vacaciones, etc. Normalmente hay un periodo de prueba; cítalo. Explicar de modo claro y conciso las cosas ayuda a entenderlas bien. Si hay alguna duda, facilitamos que se nos pregunte. Di el día y la hora exacta que necesitas que empiece.

Mantén una actitud siempre de empatía, un estilo sencillo y moderado al hablar. Utiliza un tono de voz cercano y amable. No demuestres ignorancia o falta de interés por la casa; eso se transmite y es negativo para ambos. Cuando termines, pregunta si tiene alguna duda. Si te hace preguntas de tipo laboral, que en ese momento no sabes responder, es mejor ser claro y decir que lo vas a consultar y que ya le contestarás por teléfono lo antes posible.

Para terminar la entrevista. Concreta. Basta dar un par de días para que ambas partes lo piensen y contestar por teléfono, mejor que por mensaje. Cierra bien, no dejes flecos. Comprobar que os habéis entendido es parte del propósito de la entrevista.

— La ropa de trabajo —

ES MÁS PROFESIONAL

Como has visto, a la hora de prepararte la entrevista hay un apartado que dice ropa de trabajo. Además de darte mi experiencia y mi visión profesional del trabajo en casa, quiero contarte lo que piensa mi madre. Te lo copio de la entrevista que le hice y que he publicado en mi blog PiaSweetHome.com en enero de 2018.

A mi comentario: «Yo recuerdo a Isabel con su bata blanca trabajando algunas horas en casa», su respuesta fue: «Sí, cuando ya nos cambiamos de casa vino Isabel. Le pedí que para trabajar se pusiera una bata blanca y zapatos cómodos. Me parecía más profesional. No te olvides que vengo del mundo farmacéutico y la bata blanca es lo habitual. Creo que fue un acierto y desde entonces siempre ha sido así. Las personas que han trabajado conmigo en casa siempre lo agradecen y se sienten más valoradas; es una predisposición para tomar más en serio el trabajo y estar más motivadas».

En realidad, no tengo más que decir. Las personas uniformadas marcan el nivel y la categoría perfecta del trabajo que realizan. La ropa profesional habla por sí sola y el modo de llevarla limpia, también.

> *«Comprenderás que trabajar con vaqueros, bermudas y camisetas de tirantes, queda fuera de la órbita de lo profesional»*

Partiendo de la base de mi visión profesional del trabajo y, ya que la nuestra es una profesión dentro del sector servicios, me dediqué a ver cómo hacían las grandes empresas. Cómo visten a sus empleados para el trabajo. Ahí fue cuando decidí que los equipos de trabajo que yo formaría llevarían una ropa adecuada y adaptada al trabajo a realizar.

Cuando formé a Marga, empleada del hogar, me dijo: «Sabe, quiero darle las gracias por todo lo que me ha enseñado. Al principio, recordará que puse pegas a ir con una bata blanca y zuecos. Me parecía extraño, no sé, no me gustaba la idea, la verdad. Pero tengo que serle sincera: la primera vez que me lo puse y me vi en el espejo, con el pelo recogido y la bata, me sentí importante; me parecía que formaba parte como de una empresa y que las personas me tendrían respeto. Se lo agradezco en el alma. Y le digo más, el uniforme me ayuda a tener un sentido más profesional del trabajo, a ser más cuidadosa, a ir limpia siempre. Luego cuando me lo quito y me pongo mi ropa, he aprendido a cuidarla como la bata. No me lo podía imaginar».

Ir uniformado tiene todo ventajas desde la organización del trabajo; una persona uniformada está predispuesta al trabajo, es como que en su cabeza hay un corte con lo anterior y dice: «Aquí vengo a trabajar». Eso es fabuloso y ojalá mucha gente lo entendiera así. Y otra ventaja, experiencia pura, es que es cómoda, no desgastan su ropa y tú te aseguras de que la empleada está correcta, venga quien venga o esté en casa.

Siempre me fijo en cómo hacen los grandes almacenes o los hoteles con el personal de limpieza y de atención al público. Según lo que veo así es la calidad del servicio. No falla. Esta es mi experiencia de años y me ha ido muy bien.

¿Cómo te comunicas con tu empleada?

Si la peor organización es la que no existe o solo existe en mí cabeza, también la peor comunicación es la que no existe o es la que se hace a medias. A veces hay que ser rápido y, con los elementos que tenemos a mano en ese momento, escribir una sencilla nota que diga: «Mira la pizarra, hay cambios».

Cuando alguna persona me dice que no está contenta con los resultados del trabajo de la empleada, normalmente los escucho hasta el final para ver qué pasa. Y hay una pregunta clave que siempre les hago:

– ¿Hablas con ella cada mañana? ¿Cuánto tiempo?

– ¿Has comprobado que te ha entendido?

– ¿Dónde queda escrita la organización o los datos de ese día o esa semana?

– Es decir: ¿Qué sistema de comunicación tienes de modo habitual con ella? ¿Cómo os comunicáis? Esto todavía es más interesante si la empleada es de otro país. Estas personas, aunque hagan un verdadero esfuerzo por entender, no pueden hacer milagros.

El problema lo resuelvo –y es mi técnica– con una pizarra, un rotulador en la cocina y un borrador. Así anotaremos siempre lo siguiente:

– Comen: 2

– Cenan: 5

– Menús: comida: alubias, ensalada de hoja verde, atún y tomate/fruta. Cena: tortillas y jamón York, tomate/fruta.

– Comprar: fruta, yogures, leche –15 litros–, aceite, etc.

Otro modo puede ser una agenda por días donde las cosas se quedan escritas al día. Lo que de verdad importa desde la organización es llegar a comunicar los datos necesarios en el tiempo preciso para que se pueda trabajar del modo más eficiente posible.

— Dirigir como un profesional —

Según mi modo de dirigir el trabajo, habrá más o menos resultado. Es decir, si mi estilo de dirigir el trabajo es coherente, si digo lo mismo que hago, eso produce un efecto ejemplar en la empleada y tenderá a tener un alto nivel de exigencia. Si voy por delante en puntualidad, calidad y compromiso, ella hará lo mismo. Siempre hay más probabilidades de éxito si se dirige con coherencia. Por ejemplo, es bastante habitual, en modos de dirigir coherentes, el siguiente escenario: si hemos quedado que todos los viernes, antes de que se vaya, hacemos «el resumen semanal», presencial o por teléfono para ver qué tal ha ido todo y preparar la semana próxima, lo cumplo cada viernes. La falta de coherencia viene cuando planteamos algo y no respondemos. Si falta coherencia o interés decae la motivación y el compromiso; los resultados serán peores.

Una parte importante de la profesionalidad es que la empleada no es una amiga que me ayuda en la organización de mi casa. No. Tampoco es la amiga de mis hijos. Es una persona contratada para hacer un trabajo bajo mi dirección. Esta visión es necesaria para centrar la relación profesional y conseguir un mayor nivel de compromiso por ambas partes.

Es necesario conocer las distintas tareas para no pedir más de lo que objetivamente se puede dar. Intenta dar cierto margen a la empleada para que tenga iniciativa; si secundas sus sugerencias, rendirá bastante más. Por ejemplo, déjala que haga cuscús alguna vez. Todavía recuerdo cuando Gema quiso hacer las tortitas a la americana para cenar. Fue una fiesta, lo pasamos muy bien. Y si algo sale mal, con no repetir sería suficiente. Pero deja hacer pues muchas veces te sorprenderás y será para bien.

Si en algún momento hemos pedido algo imposible y nos hemos dado cuenta después, o si hemos tenido una palabra desacertada o un tono de crítica o actitud de excesiva queja respecto a lo que sea, hay que pedir disculpas. Me parece que es de lo más bonito y de lo que más felicidad nos puede dar. Y aquella persona se sentirá mejor.

«La amabilidad hace rendir mucho más a la persona, facilita el compromiso y es contagiosa. Son todo ventajas, ¡cultivémosla cada día un poco!»

— La formación y el seguimiento —

Si queremos que la inversión sea productiva, hay que contar con un periodo de formación, dependiendo del nivel de conocimientos y destrezas que tenga la persona. Algunas acuden a trabajar con la mejor voluntad, pero necesitan aprender algunas cosas. Hay que ver en qué son buenas y, apoyándonos ahí, formar en aspectos que nos interesen más.

Por ejemplo, Evelyn (filipina) era muy buena cuidando niños y cocinando, pero no sabía nada sobre el cuidado de la ropa. Tuve que enseñarle durante una semana con un plan de formación intenso; ahora está encantada. Tampoco su fuerte era la limpieza y ocurrió igual. Todo eso me llevó tres semanas. Claro que podrías pensar, «¡Pero eso es una exageración! Yo no tengo tiempo para dedicarme a enseñarle». Pues tú decides: o inviertes tiempo en la formación, o los resultados, en términos de calidad y tranquilidad, no serán los que esperas. Ten en cuenta que donde hay niños todo se hace más complicado, porque el tiempo no rinde lo que quisiéramos.

Pero no te agobies, si no tienes tiempo para formar, si no sabes nada de la casa, también puedes contratar a un profesional de la organización doméstica que lo haga. Ese es mi trabajo. La formación ayuda a ver la importancia del servicio doméstico y dignifica la función de empleada de hogar. Incorporan conocimientos profesionales en temas relacionados con los materiales, productos, maquinaria, utensilios de limpieza, clasificación de las prendas textiles, los productos de lavado de los tejidos y la alimentación.

La formación debe ir siempre de la mano de la práctica. Hay que hacer las mismas tareas varias veces hasta coger la destreza necesaria para tener la seguridad de que las sabemos hacer bien. Una persona que aprende rápido y practica luego va sola. Normalmente tiene iniciativa y piensa; eso no se paga con nada. Lo mejor que te puede pasar cuando la organices o le digas algo es que te diga: bien, pero si se hace de este otro modo, es más fácil y ahorramos tiempo.

Hay clientes o personas que me preguntan inquietos, ¿y si después de formarla, se va? Pues vuelta a empezar; yo tendría el desconcierto inicial lógico, pero también el orgullo de que aquella persona se ha ido más preparada de lo que vino y donde vaya, dará –si quiere– un buen servicio. La vida es así. Pasa en todas las empresas. Lo que puedes hacer es darle tú la formación inicial y, según vayas viendo, más adelante, puedes contratar a un profesional que te la forme *in situ*, o pagarle un curso de formación en alguna escuela, descontándoselo de su sueldo, si está de acuerdo y si lo habéis hablado en la entrevista. Hay que ir viendo y ser prudente.

— Organizar a mi empleada del hogar —

Una vez que tienes hecha tu propia organización de la casa, la has testado y has comprobado que es real y eficaz, lo siguiente ya es pasársela a tu empleada. Nunca antes.

La organización debe estar escrita. A mí me resulta más práctico que tenga forma de cuadrícula semanal. Cuélgala en un lugar donde se pueda ver, especialmente al principio, hasta que tenga un poco de rodaje. Si la casa es grande, imprime tantas unidades como creas que necesitas y pégalas en aquellos lugares estratégicos donde, al principio —que no se recuerda bien— puedan surgir más dudas: armario de limpieza, nevera, habitación de la empleada y lavadero.

Organízate para estar con ella un par de días explicándole con detalle cada aspecto del trabajo en el que quieres que se fije y cómo necesitas que se hagan las cosas. Verás cómo en tres días ya está lista y el cambio es importante. La casa ya está cogida y poca cosa queda por decir. Cuando ha llegado a esa fase, tres o cuatro semanas después, entonces es el momento de escucharla y reajustar teniendo en cuenta lo que te propone, pero no te precipites y en tus treinta minutos de organización semanal dale un par de vueltas. Una vez que se han hecho los cambios necesarios, se vuelve a trabajar sobre ella de nuevo observando si el ajuste ha valido o no la pena.

Por sistema aconsejo no cambiar nada sobre la marcha, a no ser que se vea muy claramente. Una organización en la que hemos invertido tiempo, cabeza y energías, si se altera constantemente no debe ser tan correcta, y habría que haberlo pensado mejor. Ya lo sabemos para la próxima vez.

Decidir solo una vez y avanzar. Y así, por ejemplo, si después de reajustar el menú con ella, aprovechando las sobras del día anterior, aporta otra sugerencia al cabo del rato —aunque sea mejor— suelo decirle con amabilidad que ya lo hemos determinado así, y que ahí tiene una idea para otro día. «Mati, no vayamos hacia atrás gastando un tiempo que no tenemos. Ya hemos quemado ese cartucho». Mi método es ir siempre hacia adelante. Esto puede parecer inflexibilidad, pero no lo es. Me he ahorrado muchos minutos en mi vida y he enseñado a muchas personas a adquirir este decidido sistema.

«Entrénate en pensar rápido,
decidir a la primera y acertar»

— Supervisar el trabajo —

Hace poco terminé de organizar una casa. El mayor problema era que no había organización y que no se supervisaba nunca a la empleada del hogar: «para que no se me vaya». La empleada había llegado a través de una agencia y el primer día no coincidió con la señora; se puso a trabajar como pudo, sin saber dónde estaban las cosas ni qué criterio había en la casa. No había menús, no sabía el horario, no sabía qué hacía ella ni qué hacía la ayudante de la tarde, con lo que el desasosiego fue tremendo. Y así estuvo unos quince días hasta que llegamos para ayudar.

Es un error pensar que si se dirige a una persona se va a ir. En todo caso se puede ir precisamente por el caos que supone la falta de dirección. Supervisar no significa estar encima de la persona y agobiarla constantemente. Si diriges bien, es probable que tengas que supervisar poco. Pero al inicio sí. Al principio no solo hay que supervisar, sino que hay que ser muy claros para que se entienda perfectamente lo que queremos.

Es verdad que hay modos muy diversos de controlar la calidad del trabajo, pero no conozco ninguno mejor que verlo. Hay que descartar la idea de que supervisar es como desconfiar del trabajador, ni mucho menos. El empresario supervisa porque tiene un capital invertido, tiene clientes ante quienes responder, un servicio que dar y unos proveedores a los que pagar. Es una cuestión de profesionalidad y responsabilidad.

Personalmente me motiva para trabajar mejor saber que detrás hay una leve supervisión que saque lo mejor de mí misma; es como una llamada a no «dormirme en los laureles» y a superarme cada día. Sí, me motiva y me compromete. Así es como superviso yo, a modo de *coach*, animando y ayudando.

No podemos supervisar si antes no hemos enseñado y trabajado con la empleada unos días. Sencillamente no es posible.

La supervisión logra corregir a tiempo y mejorar. Eso es siempre muy positivo, entre otras cosas porque el servicio es de más calidad. Hacer las cosas bien aporta satisfacción al trabajador y dice mucho de su persona pues nos transmite que siempre está dispuesta a aprender.

Hay que dedicarle tiempo y serenidad. A la hora de supervisar, no es que vayamos con lupa; basta una mirada rápida al trabajo realizado, unas preguntas de situación en caso de tener alguna duda, y ya está. De esta forma, es más fácil hacer el seguimiento, dar sugerencias o una explicación a tiempo de porqué necesito que haga esa tarea así y no de otra forma. Explica las cosas con amabilidad y no te preocupes, que si vas por delante no se te va a ir nadie.

Al supervisar también se pueden dar las gracias y decir algo positivo del trabajo. Es un modo sencillo y muy humano de mostrar reconocimiento a quién ha hecho un servicio para que nosotros estemos mejor y seamos más felices.

— Fase de consolidación de la organización — La casa va sola

Llegar a este momento es como ir en patines. La casa marcha casi sin esfuerzo y apenas supervisión. Ahí es donde tenemos que apuntar siempre en nuestra organización; llegarás si eres constante y tienes una línea clara de trabajo. Llegaremos a esta fase, tarde o temprano, aunque haya subidas y bajadas. Pero no te preocupes, que se llega y se puede. ¿Qué cosas son necesarias para llegar a que la casa vaya sola? Pues te las resumo:

– Los imprescindibles de una mente organizada.
– Los treinta minutos de organización semanal.

– Pararte y pensar ante cualquier tema.
– La actitud de querer aprender cada día.
– Tener un horario.
– Hábitos y rutinas.
– Tener objetivos claros.
– Supervisión.
– Cuidar el descanso y tu tiempo para ti.

> *«En una casa, a diario, pasan muchas cosas,*
> *hay días en los que solo podremos apagar fuegos y poco más,*
> *pero no pasa nada porque lo importante es tener las metas claras*
> *e ir a por ellas recomponiéndote cuanto antes»*

— Las empleadas de hogar de otros países —

Cuando contratamos a una persona de otro país o cultura, además de todo lo dicho anteriormente, hay que tener en cuenta:

– Preparar la entrevista de selección ya que, al no conocer nuestro idioma y costumbres, puede que no nos entendamos bien. Todavía recuerdo cuando una clienta tuvo que pedirle a su hija que hiciera de traductora en la entrevista con un matrimonio de filipinos. Tenía recursos, pero en el caso de contratarlos, ya no era tan fácil tener traductora: o ellos aprendían español o ella aprendía inglés. En el caso de países eslavos, normalmente hablan español, pero la cultura es muy diferente; sin embargo, aprenden muy rápido. Con los hispanos, no hay problemas de idioma, pero sí de adaptación de costumbres y de ritmos. Sinceramente creo que la virtud más importante es tener empatía. Y luego paciencia y buen humor.

– Durante la entrevista, además de lo ya citado, hay que poner el acento en hablar claro, despacio, con un lenguaje sencillo para entendernos todos. Suele ser una buena idea tomar notas y mostrárselas para que lo vean de un modo más gráfico.

– Estar muy atentos a la comunicación, mejor todo por escrito en una pizarra. Y desde luego, comprobar que nos han entendido, dejando que ellos se expresen. Una vez Rowena me dijo que su amiga filipina compró veinte paquetes de pañales, en lugar de veinte unidades de pañales. Bueno, esto hasta es simpático, porque se devuelven; pero lo que quiero decir es que hay que anotar y extremar la paciencia, porque hace falta tiempo para adaptarse, y un buen organizador lo sabe y cuenta con ello.

Respecto a la formación, ir poco a poco cada día, pasando a la fase de practica y luego consolidación.

Si son personas internas, debe quedar muy claro el horario de trabajo, las horas y días de descanso. Así se podrán organizar, y en el caso de que la casa esté en urbanizaciones alejadas de la ciudad, facilitarles el necesario acceso a los transportes públicos, para su desplazamiento y seguridad.

Respecto a la contratación, cualquier persona que quisiera trabajar en nuestro país, debe tener la tarjeta de residencia y el permiso de trabajo. Además, deberá solicitar un número de afiliación a la Seguridad Social. A partir de ahí se siguen los mismos tramites que cualquier otro empleado del hogar.

Hay que tener en cuenta, además, que el buen organizador trata de hacerse cargo de la situación de traslado y de cambio que han sufrido. Han tenido que dejar su país, sus seres queridos, su cultura y tradiciones, para buscar condiciones de vida mejores y más dignas. Como es normal, estas situaciones de sufrimiento les pueden afectar a la hora de hacer el trabajo, aunque no sea su intención. Hay que tener paciencia y ser muy solidarios. Por eso, cuando hay confianza es bueno preguntar, interesándonos sinceramente por ellos y ver, si en algún caso, podemos ayudar.

— El mundo *au pair* —

CONDICIONES Y SU HORARIO POR ESCRITO

Las personas *au pair* están acogidas temporalmente por una familia, a cambio de un trabajo auxiliar que habitualmente es el de cuidar de los niños en las familias. Suele convivir con la familia receptora como un miembro más, y recibe una pequeña remuneración, además de comida y alojamiento gratuitos. En la mayoría de los casos son estudiantes de otros países [14].

A la hora de entrevistarla ten muy claro sus tareas y su horario de atención a los niños. Organízala muy bien y dale la planificación por escrito, para que luego no queden dudas. Recuerda que necesita, como la empleada, dirección y supervisión.

Tareas para asignar a la au pair *y que funcionan bien*

Un de mis plantillas –Anexo 7 – es el resultado de un caso real. Antes de contratar a la persona y de ofrecerle la casa, se le envió

[14] aupairworld.com/es

su plan de ayuda en casa por correo electrónico. La idea era hacerla partícipe de las necesidades de la familia y de la ayuda que se le iba a pedir. En realidad siempre es reforzar la educación y hábitos de los niños.

Pusimos en práctica su viabilidad y comprobamos que la *au pair* estaba más centrada, organizada y sabía en cada momento qué hacer y a quién acudir. En resumen, le puedes encargar:

– Por las noches: dejar uniformes preparados, recoger los juguetes y dejar las habitaciones recogidas. Ayudar a los niños a que aprendan a hacerlo cada día.

– Por las mañanas, al levantarse: levantar y vestir a los niños. Antes de bajar a desayunar: camas hechas y habitaciones recogidas, ventilar, juegos recogidos. Desayunar. Enseñar a recoger cada uno su desayuno. Uso del lavavajillas y dejar las cosas en «su» sitio. Uso de la basura. Lavarse los dientes. Llevarlos al colegio.

– Por las tardes: recoger a los niños y merendar juntos, enseñar ciertas normas de educación a la vez. Todo debe quedar bien recogido. Los niños colaboran. No se entra en el salón a jugar ni a ver la televisión. Se juega en su zona. Respetar a los mayores.

– Momento duchas: hacer lo previsto y coordinar si hay varios niños. Los baños deben quedar perfectamente recogidos y en orden. Cada niño tiene un encargo en el baño. Toallas en su sitio. Echar su ropa a lavar clasificándola. Llegan a cenar en bata, zapatillas de noche y con el pelo seco, o como decidáis vosotros.

– Y, por fin, las cenas: los niños cenan con la *au pair*. Cada uno recogerá su servicio completo, lo mete en el lavaplatos y guardará su servilleta o babero.

– ¡A la cama!: juguetes guardados y uniforme preparado. Lavarse los dientes. La habitación debe quedar perfecta antes de meterse en la cama. Cultivar afición por los libros y los cuentos.

Hay que asignarle una habitación y explicarle las reglas de la casa y el estilo de familia que sois, por un tema de orden y armonía. Como suelen ser estudiantes extranjeros, comprueba que os entendéis. Haz un seguimiento de sus tareas y ayúdale a integrarse lo antes posible.

Resumen

Organizar a la empleada del hogar

El trabajo se puede delegar, la organización no. Por eso, si tenemos empleada del hogar hay que darle los recursos necesarios para que pueda desempeñar su trabajo del modo más eficiente. Para lograrlo la organización y el seguimiento son fundamentales. Una empleada bien dirigida y con quien se tiene buena comunicación, está motivada para dar lo mejor de sí misma aportando un trabajo de calidad que favorezca el bienestar de la persona.

15

«Las tareas compartidas son para los héroes»

Mis conversaciones con Fernando Alberca

El primer libro del profesor Fernando Alberca[15] del que oí hablar fue *Todos los niños pueden ser Einstein* (Toromítico), más de tres meses consecutivos uno de los dos libros más vendidos de España; traducido a numerosos idiomas, tan distantes y extendidos como el chino y muy pronto al esloveno, según tengo entendido. Es uno de los únicos doce españoles con algún libro de ensayo traducido al chino.

Más tarde, durante meses, le pude escuchar en una sección semanal sobre la relación entre la actualidad y la educación, que protagonizaba junto al popular locutor Javi Nieves, en *La Mañana* de la *COPE*, cada miércoles por la mañana. Allí confirmé su sentido común, su humanidad y optimismo: «En educación, hoy siempre es el mejor día para comenzar algo que debió hacerse si aún no se ha hecho, no importa la edad».

---

[15] Fernando Alberca es Licenciado en Filosofía y Letras, Máster en Neuropsicología y Educación, Máster en Asesoramiento Educativo Familiar, Máster en Dirección de Centros Educativos, Orientador en un centro educativo de Primaria y Secundaria, Profesor titular de Secundaria y del Grado de Educación Infantil y Primaria en el Centro de Magisterio Sagrado Corazón de la Universidad de Córdoba (España), colaborador en prensa, radio, televisión, asesor de familias e instituciones y autor de dieciocho libros, más de once *best sellers*, en España y otros países.

Mi hermana lo conocía y me habló muy bien de él. Luego oí que algunos organismos e instituciones le consideraban uno de los mayores expertos en educación del mundo y que a su consejo acudían familias, centros educativos, universidades y medios de comunicación de muy diversos países y culturas. El doctor Enrique Rojas llegó a decir de él que era uno de los mayores expertos en afectividad adolescente del mundo.

Y en su último libro, *Hijo, tú vales mucho* (Toromítico), sobre las claves para subir la decisiva autoestima de un hijo y una hija, descubrí lo que terminó de convencerme para buscar su opinión para mi Manual. En ese libro suyo sobre autoestima incluía dos epígrafes que me hicieron buscarle para entrevistarme con él. Uno se titulaba: «*Ayuda en tu casa: la ayuda en los encargos o tareas domésticas*» y otro que remataba el mismo capítulo: «*Otras prácticas importantes indicadoras de buena autoestima, que generan aún más y cuyo contrario baja la autoestima de un hijo*», donde incluía por ejemplo: cepillarse los dientes, ducharse rápido, comer bien y de casi todo, evitar las manías, recoger la ropa, ordenar la mesa y el armario, no tener nada en el suelo que no deba estar ahí, hacer la cama, volver a la hora pactada, no evadirse de cómo es ni esconderse en el alcohol u otras drogas, no enfadarse por no hacer lo que se quiere, no enfadarse por tener que hacer lo que no se quiere, ceder con buena cara aunque se puede dejar claro que algo no gusta, ser allá donde se esté uno mismo y huir de donde no pueda serlo, ser prudente, retrasar un minuto un vaso de agua cuando se tenga sed, adelantarse y hacer favores antes de que se pidan, ser sincero y aprovechar el tiempo.

Llamé a mi hermana y le dije que lo quería conocer y aunque no fue fácil cuadrar nuestras agendas, finalmente nos vimos en una agradable cafetería en la ciudad donde reside. Hablamos de este Manual. Le encantó sinceramente la idea, vibró ilusionado como si fuera un profesor y escritor principiante, pensando en «el bien que podría hacer un libro así», dijo, y añadió: «Es muy necesario en los días que corren, para padres, madres y para cada hijo e hija, que puede hacerle aumentar su autoestima, sentirse más valioso y

aprender a ser más eficaces con estos consejos». Supe entonces que había acertado y quise preguntarle más.

— *Pía (P): He leído en tu último libro la relación estrecha que existe entre lo que un hijo hace en casa y su autoestima.*

— Fernando (F): Las tareas que un hijo puede realizar en casa en beneficio de toda la familia están directamente relacionadas con su autoestima. Quien ha aprendido a ser útil en la casa y en la familia, a ser héroe, a implicarse activamente con hechos, sorprendiendo a los demás, adelantándose más allá de un encargo incluso, es un hijo con recursos, que tiende a superar los obstáculos de todo tipo en su vida, su pereza, su insoportable egocentrismo, que si no es así no se para ante la contrariedad ni ante la dificultad, sino que la gobierna. Los hijos que participan en las tareas domésticas experimentan la satisfacción inigualable de provocar la satisfacción de los demás por algo que ellos han realizado, que se saben con hechos muy queridos, más de lo que merecen, y que están queriendo también con hechos más de lo que creían que eran capaces. Recuérdese que, tras más de quince años de estudio y siete libros sobre la felicidad, estoy convencido, como suelo decir, de que la felicidad es la combinación de dos sensaciones o impresiones: la de ser más querido de lo que se piensa se merece, junto a la de estar queriendo más de lo que se creía uno capaz de querer. Al participar en las tareas y, sobre todo, al hacer alguna de ellas no por encargo, sino por iniciativa propia, adelantándose a que otro las tenga que hacer –especialmente la madre–, el hijo experimenta la sensación con la que se elabora la felicidad y empieza a ser feliz. Sin hacer tareas domésticas no hay sencillamente felicidad. El ser humano, el hijo, no está diseñado para vivir únicamente mirándose su ombligo: esto solo le condena a la soledad, la desesperación, la impotencia, la ineficacia, la infelicidad y la incomprensión de lo que le sucede, sin remedio.

Al hacer tareas domésticas, además, el niño siente que está sacando la casa y la familia adelante, que la humanidad que tiene a su alrededor, empezando por su familia, es mejor gracias a él, a su diligencia, su esfuerzo, su delicadeza y su astucia. Sin sentirse buen héroe, un hijo no puede sentirse buen hijo.

— *(P): En el caso de la madre y el padre ¿esto es igual?*

— (F): Sí, siempre que el hijo o la hija lo haga por iniciativa propia y siempre que no tenga la sensación real de que, si no lo hace, nadie lo hará o al menos no como él o ella. Es importante no tener la sensación de sirviente o sirvienta, sino de héroe o heroína, artífice de la felicidad familiar: algo muy distinto.

— *(P): ¿Qué aporta esta autoestima que facilita las tareas en casa?*

— (F): Los beneficios de quien desempeña un encargo concreto, estipulado o no, es decir, un encargo previsto y asignado a él o ella, o un encargo que sin estarlo se asume responsablemente antes de que otro tenga que hacerlo, aporta nada más y nada menos que los beneficios de todo gesto que provoca autoestima en el ser humano, a saber: ser positivos y optimistas, conocer los propios defectos, conocer los propios puntos fuertes, aceptar su físico, salir de sí mismo, pensar en los demás, aumentar su fuerza y su poder, tolerar la frustración y la contrariedad, tener buen comportamiento, tener personalidad y autoliderazgo, encontrar modelos adecuados, calcular el valor de lo que vale todo, querer hacer también lo que no le apetece, tratar bien a los hermanos y a los padres, hacer con diligencia tareas domésticas, estudiar eficazmente, trabajar con autonomía, comer bien, tener seguridad y confianza, no tener complejos, ser realista, encontrar la motivación necesaria, tener ilusiones, aumentar la creatividad, desarrollar la inteligencia, admitir errores y aprender de ellos, disfrutar de salud emocional, proteger su intimidad, tener el antídoto de la soberbia desmedida y de la violencia, evitar miedos, manías y adicciones, crear un ambiente familiar pacífico y feliz, desenvolverse en las relaciones sociales, destacar por sus habilidades sociales, tener prestigio, disfrutar de lo extraordinario de cada día, querer más a más gente, leer con placer e intensidad, valorar lo que se tiene, ser consciente de lo bueno, ser capaz de esforzarse y de lograr satisfacción por ello, enfrentarse a grandes retos, actuar con libertad, sentirse más querido y descubrir la felicidad.

(P): Con esto, ya sé que merece la pena seguir preguntando y transmitiendo buenos consejos a familias y hogares sobre cómo organizarse entre todos para que todos se beneficien. Así que, aprovechando que hemos encontrado un filón de conversación y curiosidades educativas, seguiré preguntando a Fernando en estos cafés para los que hemos quedado, y con los que me confiesa que está encantado, porque cree que el hogar es el mejor núcleo y escuela de felicidad, de educación y de eficacia del ser humano. Ya metidos en harina le hago la panorámica, que él conoce perfectamente porque tiene familia numerosa, y le explico la logística del funcionamiento de la organización. Si hacemos una fotografía simple de qué pasa en una casa entre semana, creo que todos podríamos describir lo siguiente: las mañanas, para hacer el trabajo físico y técnico: limpiezas, máquinas, cocina y elaboraciones varias. La primera hora de la tarde, para la plancha de la ropa. Las tardes, para la atención a los hijos por normal general. Por eso, las mañanas deben estar muy bien organizadas, tener ritmo y ser concluyentes para que todo salga bien por las tardes.

Como estamos de tertulia cafetera, también él me pregunta porque no quiere dejar cabos sueltos, como buen profesor e investigador:

(F): ¿«Ser concluyentes»?, ¿qué quieres decir con esto Pía?

(P): Que empiecen y que se terminen. Que no se queden abiertas, que todo el trabajo previsto quede concluido, aunque sea de forma rápida, en el caso de que haya alguna cosa inesperada. Es lo ideal. Por ejemplo, cuando entras en la cocina por la mañana debes mirar todo el menú para el día y hacer la comida y adelantar la cena en ese momento, de modo que la tarde se quede libre completamente. Igual pasa con la ropa: ¿cuál es su ciclo ideal? Pues el concluyente: lavar, secar, planchar en el día. Cerrar ciclos. Cerrar.

(F): Buena idea aplicable a todo, a la vida misma de cualquier persona y más de un niño o un adulto. Es decir, que una clave para estar serenos y atender bien las demandas de los hijos por las tardes puede estar en haber sacado todo lo posible durante la mañana.

P): Efectivamente. Se nota mucho cuando una casa funciona, como si fuera por inercia, en las mañanas. Se llega a todo, porque se sabe bien qué hacer en cada momento. Hay seriedad profesional y serenidad, porque la improvisación ya no tiene tanto lugar, es mínima. Está todo atado y el mejor secreto es no cocinar por las tardes. Liberarse de todo trabajo doméstico. La máxima tensión profesional está en las mañanas; y la máxima tensión emocional entra por las tardes. Si la primera, que puedes controlar, no la tienes dominada, te aseguro que la de la tarde no podrás con ella. Habría que recapacitar, pararse, reorganizarse y volver a comenzar.

— *(P): Hoy en día tener tiempo es un lujo.*

— (F): Me encanta esta idea de dejar la tarde para la máxima tensión emocional en lugar de para tareas domésticas y escolares: hay que empeñarse en lograrlo, ganaríamos todos mucho. Aunque el sistema parece ponerlo difícil. Quizá sea un tema de decisión, de prioridades y de necesidades. No es tanto que no tengamos tiempo, sino que en realidad tenemos más tiempo que orden.

Es lo bueno que tiene que todos realicen sus tareas a la vez: los padres pueden dedicar ese mismo tiempo a ayudarles simultáneamente y todos saben que quince minutos de «todos a una» es lo suyo.

— *(P): ¿Cuál crees que es el objetivo de que los niños colaboren en las tareas de la casa?*

— (F): Que aprendan destrezas muy útiles para el día de mañana, que disfruten, que se hagan responsables y que se sientan héroes, encontrando también una forma amable de cuidar de sus seres más queridos de una forma completa: práctica y no solo sentimental o intencional.

— *(P): Como profesor, ¿crees que ayudar en las tareas de la casa contribuye a que los hijos sean mejores estudiantes?*

— (F): Los niños que colaboran en las tareas domésticas o que cuidan de sus hermanos normalmente obtienen mejores calificaciones a corto plazo y maduran antes. Ayudar en casa hace que tengan más confianza en sí mismos, que sean más disciplinados, salgan de sí mismos, acepten la importancia de otros, se sientan bien, útiles y valiosos y fortalezcan su carácter. Son factores fundamentales para el aprendizaje, para la convivencia y la vida familiar actual y futura, y también que se acostumbren a dar cuenta de sus responsabilidades, encargos, o tareas hechas, lo que se traslada a la forma de enfrentarse a toda responsabilidad, el estudio también, claro. Si un niño hace bien las tareas de casa que le corresponden, lo bien que corresponde a su edad, entonces sabemos que hoy ya es un buen profesional, estudiante y trabajador, o lo será con toda seguridad en cuanto madure un poco si aún no lo hace.

Pero como profesor, lo que opino –y lo he publicado en un libro que prologué hace poco sobre los retos de la educación y lo expongo en muchas conferencias– es que debería haber una asignatura obligatoria de Tareas Domésticas: aprender a poner una lavadora, a recoger un cuarto de baño, a hacer mejor la cama, pintar un cuarto, arreglar una cisterna, batir un huevo, colgar la ropa en el tendedero para que no se marquen las pinzas, hacer la compra con planificación, lavar a mano una prenda, etc.

(P) Estoy muy de acuerdo. De hecho, en el colegio, teníamos una asignatura llamada Pretecnología que la considerábamos una «María», pero que en el fondo nos encantaba y deseábamos que llegara, porque era algo relajado, creativo, interesantísimo y gran parte de lo que soy hoy, se lo debo a esas horas. ¡Quién lo diría!

— *(P): ¿Piensas que una casa mal organizada hace que esa familia funcione peor y que los hijos sufran más?*

— (F): Así es. Las consecuencias de la falta de organización en una casa generan desasosiego, nervios, malhumor, enfados, tensión, impulsividad, desatención, acusaciones injustas, agresividad mal gobernada e incluso está detrás junto a la baja autoestima de muchos episodios de malos tratos.

— (F): ¿Tú que eres experta en organización, ¿en qué momento del día sería más interesante hacer las tareas compartidas o encargos?

— *(P): Depende. Mi experiencia es que va bien fijar un horario general en la casa, por ejemplo, a las 21:00 h se para todo el mundo y en quince minutos se preparan todos los encargos. Luego se cena. Centrar encargos para todos que vayan en beneficio de ese momento final del día en el que cualquier pequeño acto de servicio repercute en un hermano más pequeño o en mamá. Por eso me gusta hablar más de tareas de familia o tareas de casa que de encargos mandados. En casi todas las familias hay unos momentos puntuales: los desayunos y la hora de las cenas en los que se ve la casa en acción. Creo que esos momentos tienen mucho valor humano. Aunque con la flexibilidad de cada familia podría, por ejemplo, establecerse una serie de encargos con un comienzo a la misma hora, por ejemplo 15 minutos antes de cenar. Imaginemos 4 niños y que cada uno hace lo siguiente justo antes de cenar, a las 21:00 h:*

– Responsable 1: ultima la cena y pone la mesa.

– Responsable 2: programa lavadora de mañana y saca la basura.

– *Responsable 3: limpia los zapatos de todos.*

– *Responsable 4: después de cenar, pone el lavavajillas y recoge la cocina.*

Es cierto que hay otro tipo de encargos que se pueden realizar en otros momentos del día, pero en periodo escolar el tiempo queda reducido a las tardes-noches y al fin de semana. Haciendo esto, dejando las habitaciones en orden y añadiendo algo para los fines de semana, sería suficiente para empezar a notar esa colaboración en casa y ese heroísmo del que tanto hablas tú respecto a esta colaboración.

(F) Me encanta. En efecto, estoy convencido de que hacer tareas de la casa es infinitamente más beneficioso y enriquecedor personalmente incluso –no solo familiarmente– que hacer tareas escolares, en caso de incompatibilidad. Se me ocurre, ya que estamos, una curiosidad que me convendría saber cara a mis consejos a adolescentes y niños: ¿Qué es lo que más cansa en una casa?

(P) Desde el punto de vista de un adulto lo que más cansa, como en casi todos los trabajos, es no tener la organización clara porque vas improvisando todo el tiempo y eso es cansadísimo. Desde el punto de vista físico hay que saber que cualquier tarea de casa cansa, pero la puedes controlar muy bien mediante movimientos ergonómicos y pequeñas pausas y, por supuesto, con la colaboración de la familia y la empleada doméstica, si la tienes.

A los niños no les da tiempo a cansarse porque habitualmente serán cosas muy concretas y puntuales en las que no tardarán más de 15 o 20 minutos. Si a esto le añades que serán tareas repetitivas, irán cogiendo hábitos y ritmo y prácticamente no se darán cuenta del tiempo que pasan llenando el lavaplatos, llevando la colada a los cestos, barriendo la terraza o llevando el pañal a la basura.

— *(P): Me preocupa que muchas veces no se tienen claros los canales de comunicación en la familia y la información no llega a todos. ¿Cómo crees que va bien decir las cosas? Repetirlas es muy cansado, pero es que ¡a veces ni siquiera leen lo que escribimos en las notas de la nevera!*

— (F): Hace falta tiempo y serenidad para saber qué hay que comunicar en casa y hacerlo bien. Pero sobre todo hay que saber que la forma de mandar hacer algo influye enormemente en el resultado de aquella tarea: en la obediencia. Cuando menos se grita a un hijo, más obedece. Las indicaciones que se precisen hay que asegurar que llegan al receptor. Que se escuchan y sobre todo que se entienden. Hay también que asegurarle la consecuencia positiva si lo hizo y la negativa –que puede bastar a menudo nuestra insatisfacción en la cara–. Tener en todo caso paciencia, ser positivos a la hora de indicar que aún no se ha logrado algo, pero se espera lograr, y confiar en la mejora del niño, que cuando se confía y él lo sabe, siempre llega.

— (F): ¿Y según tu experiencia, qué es lo que más gusta a los hijos, lo que más les llena: ¿la recompensa gastronómica?, ¿los planes familiares?

— *(P): Depende de cada persona, de la experiencia y de la motivación que haya tenido a la hora de hacer una tarea en casa. No se debe ver como una imposición, por eso hay que tener mucha paciencia, hacerlas comprensibles y amenas para que, sobre todo al principio, las vean como algo asequible, posible, heroico e incluso divertido. Yo creo, sinceramente Fernando, que lo que más les gusta es que estemos acompañándolos en el encargo. Los niños necesitan rozar a los padres.*

— *(P): ¿Es bueno que los niños sepan que esperamos mucho más de ellos? ¿Es una presión o es quererlos?*

— (F): Exigir a un hijo hacer algo o hacerlo mejor es demostrarle que se le considera valioso, útil, mayor, maduro, responsable, fiable, generoso, capaz. ¿Te parece poco? Lo único es que debemos saber que la exigencia y la corrección siempre puede ser amable, adecuada, oportuna, proporcional y firme, pero paciente.

— *(P): Y cuando un hijo no hace bien del todo su tarea de casa, ¿qué es mejor hacer?*

— (F): Creo que lo primero es asegurar que el encargo o la tarea era adecuada y oportuna a su edad, su forma de ser y el momento.

Si así lo es entonces convendrá decirle a solas al hijo que estamos muy orgullosos de que lo haya intentado, que la mayoría de los niños de su edad ni siquiera se plantean intentarlo. Que es de gran ayuda familiar y que ese encargo con su impronta, imposible si no lo hiciera él, será especialmente beneficioso para todos y también para su crecimiento. Que nos encanta como es y que la próxima vez que lo intente, que tenga en cuenta esto y aquello, lo que sea necesario para que tenga más probabilidad de acierto. Pero que las cosas tienen valor incluso cuando no salen perfectas.

Es muy importante controlar el impulso de acabarlo nosotros. Mejor será enseñarle algún detalle sobre cómo perfeccionarlo para la siguiente ocasión, asegurando que percibe nuestra satisfacción ya.

— *(P): ¿Y si lo hace mal?*

— (F): Corregir sin enfados, con esperanza y confianza en que se hará mejor la próxima vez, que surgirá pronto.

(Fernando mira por la ventana del café, y haciendo un dibujo de un hijo de la mano de su padre hace esta reflexión). Hay que tener en cuenta que un hijo aprende mejor un encargo si al principio va de la mano de sus padres o de un hermano mayor. Lo entiende mejor, le hace más feliz, comprende que es un servicio y no una esclavitud, se siente más satisfecho porque el adulto o hermano mayor presencia su actitud y acaba siendo más constante.

Explicar en qué consiste el encargo, despacio, dedicándole tiempo a explicarle lo que se pretende resolver con él, qué debe aprender y qué espera la familia de él. Dejándole al hijo que resuelva muchos de los cómos. Esta libertad le comprometerá e implicará más personalmente: poniendo en juego su inteligencia y su libertad. Nosotros le acompañaremos si hace falta al principio, mientras él ejecuta.

Por ejemplo, si queremos que un hijo o hija limpie los zapatos por las noches, habría que hacerlo los dos primeros días con ellos. Debes tener tiempo o actuar como si lo tuvieras. Explicarle cómo y dónde se debe sentar cómodamente para hacerlo bien, cómo proteger el suelo, dónde está la caja con los productos, cómo se retira el polvo antes y cómo se da la crema, cómo sacarles brillo, etc. ¿Y por qué no, ver un buen vídeo con él antes de empezar?

— *(P): Luego los padres son la pieza clave educativa en la familia. Tengo la experiencia personal de que cuanto más integrados están en las tareas de casa, los niños lo viven como una cosa más natural:*

— (F): Lo más importante es que nos convirtamos en modelos de conducta para nuestro hijo. Tenemos que dar ejemplo. No podemos exigir al niño que se porte bien con los demás, que ayude y colabore, cuando nosotros eludimos este tipo de responsabilidades. Es fundamental que nuestro hijo viva en un ambiente familiar que fomente la cooperación, debe tener unos modelos estables que compartan pertenencias y trabajos, tiempo libre y conversaciones. Si ve que ayudamos a los vecinos o a otros miembros de la familia, y que a su vez ellos responden de la misma manera, tendrá una percepción muy positiva de la colaboración entre las personas.

Cuanto más pequeño es nuestro hijo, más estímulo necesita. Si desde el principio aprende a colaborar y a asumir responsabilidades, entenderá mucho más rápido el significado de la cooperación y sus beneficiosas consecuencias para él. Entenderá por qué es importante hacerse la cama o ayudar en casa. Entenderá que ayudar a los demás es una cuestión de convivencia, de respeto a uno mismo y a los demás. Y experimentará dos de las grandes enseñanzas de la vida: que solo las personas llenan a las personas y que solo poniéndose en juego al servicio de los demás a uno le llenan también los demás, se percibe lo mucho que se recibe y se es feliz.

— *(P): Con el tiempo deberá aprender a hacer, no solo lo que le divierte, sino también lo que le cuesta.*

— (F): Demostrar que son capaces de hacer cosas diversas

aumenta su sentido de la competencia y autoestima. Pero sentirse héroe solo se siente cuando uno ve en sus padres la satisfacción por algo difícil y costoso que ha hecho por su voluntad, con su inteligencia y su libertad. Tenga la edad que tenga.

Yo recuerdo aún alabanzas de mi padre de cuando tenía yo tres años y me operaron de vegetaciones y aguanté como me decían, o cuando iba al campo y no hacía ruido para no espantar y poder ver los pájaros y los conejos: mis heroicidades que llenaban a mis padres son las que me siguen llenando más hoy.

— *(P): Si creces en edad, entonces, aguantas más peso, ¿no?*

— (F): La voluntad crece con la madurez más que con la edad, como lo hace la responsabilidad y la libertad. Es conmovedor para un padre y una madre ver cómo disfruta un hijo haciéndose cada vez más capaz y más fuerte, tolerando así la contrariedad cada vez mayor y disfrutando cada vez más profundamente del éxito y su satisfacción. Es la única forma de aprender a ser feliz.

— *(P): ¿Qué se puede hacer con un adolescente inconstante, que a veces ayuda y otras no lo hace?*

— (F): Dales encargos que estén relacionados con ellos.

— *(P): ¿Crees que a un hijo se le debe remunerar cuando hace su encargo y lo acaba bien?*

— (F): El padre y la madre no cobran por mantener el hogar vivo para todos. Ellos tampoco han de hacerlo. O aprenden a llenarse y sentirse satisfechos con su implicación desinteresada o no aprenderán a amar de verdad nunca.

Otra cosa es que podamos celebrar un trabajo terminado con algo material como, por ejemplo, una cena especial, ver la serie favorita, chucherías u otro extraordinario: pero es una celebración compartida, no un pago.

— *(P): ¿Cómo le puedo enseñar a ahorrar si no tiene dinero? ¿Cómo valorará los gastos que hacen sus padres en ellos si no tienen dinero? ¿Cómo aprenderá a gestionar sus ahorros y sus gastos?*

— (F): Está demostrado que tener paga y querer ahorrar no enseña a ahorrar: muchos niños de carácter novedoso, predominantemente imaginativos, intuitivos, emocionales, es decir, de predominancia del hemisferio cerebral derecho, les cuesta más ahorrar con paga que sin ella. Tener dinero no enseña a emplearlo bien. No tenerlo puede enseñar a apreciarlo más en muchos casos. Los niños deben saber que sus padres cubren sus necesidades y que si necesitan algo pueden pedirlo y el estudio de los responsables económicos de la familia (padre y madre) determinarán o no el gasto. Ellos piden y los padres enseñan lo que es necesario, oportuno, conveniente según el caso, el hijo y el momento. Si se le explica el proceso de decisión de los padres, aprenderán mucho. La posesión de dinero por su parte no ayuda, sino que a menudo incita a un innecesario consumismo por el consumismo, o a la administración ya que se tiene, cuando ni siquiera siente que necesita administrarlo. Otra cosa es que, para una ocasión concreta, como una feria local o una fiesta con puestos, se le puede decir a los hijos, tenéis equis dinero cada uno y podéis gastarlo en las atracciones o en lo que estiméis que os compense: pero una experiencia extraordinaria.

Nos hemos acostumbrado a un hábito, venido de países que llegaron antes que nosotros al sistema del bienestar, que tanto daño ha hecho a la educación de países que no habían caído aún en trampas como esta. Es un mito que surge del afán consumista: acostumbrar a los hijos desde pequeños a administrar su propio dinero y ser ellos mismos precoces consumistas, no obedece a criterios ni fines educativos, como muchos han visto posteriormente.

— *(P): ¿Cómo incentivar entonces?*

— (F): Una pegatina, una lenteja o un punto canjeable es una moneda como otra cualquiera. Con todos los perjuicios educativos de pagar lo que ha de ser voluntario, libre, incentivado por algo mucho mayor que cualquier moneda: la satisfacción profunda que puede recordarse el resto de la vida del hijo, la admiración sincera y la salud emocional de un hijo que descubre en sus padres un concepto muy positivo de él como hijo, cada vez más positivo, que siembra una autoestima que será recia y decisiva. Nada más alejado de las recompensas materiales: sean pegatinas o billetes de diez euros, que todo es igual de erróneo, aunque menos consecuencias tengan las primeras.

Se han de hacer las cosas porque sí, porque se quiere hacer y se quiere a los demás. Con la recompensa inmaterial de sus padres. Es poderosísima esa razón, porque desvela la auténtica valía del hijo y es poderosísimo ese premio, porque es motor de la buena conducta de los mejores hijos.

—(F): Pía ayúdame con un tema, cuando hay empleada del hogar, ¿cómo es mejor que ayuden los hijos?

—*(P): Exactamente como hemos dicho. No podemos enseñar a nuestros hijos que una empleada en el hogar es una persona que les sustituye en sus responsabilidades ni en sus tareas. Cuando hay servicio doméstico me gusta pensar que está para hacer todo aquello a lo que no se llega, por eso, es edificante ver cómo en algunas familias la realización de tareas domésticas sigue su curso igualmente. Ayudan así a la persona que está empleada, igual que hacen con el orden, recogiendo el cuarto de baño al utilizarlo, haciéndose la cama o guardando los juguetes. Son tareas que deben quedar muy claras para evitar confusiones y la actitud colaborativa de los padres es importantísima para los hijos.*

—*(P): Hacer tareas en casa, ¿puede tener un efecto sanador si les ha pasado algo en el colegio?*

—(F): Sí. Sentirse útil en casa cura las heridas de un ambiente hostil como es a menudo la escuela. Además, enseña algo necesario en nuestra cultura: cuando uno vuelve de trabajar, trabaja también en casa. No tiene derecho a descansar hasta que todo no esté como debe para crear un hogar apetecible de estar en él.

— *(P): Si en casa nunca han ayudado, y ya son preadolescentes, ¿crees que se puede comenzar a esa edad a dar encargos concretos?*

— (F): Creo que siempre en educación hoy es el día perfecto para hacer lo que se debió hacer y no se hizo aún: da igual la edad, aunque esta se deba tener en cuenta para la forma que utilicemos al hacerlo. Debemos hacerles sentirse necesarios, porque lo son.

— *(P): ¿Cuál es la mejor edad para comenzar?*

— (F): En cuanto puedan materialmente creer que lo han hecho. Por ejemplo, a los cuatro años hay muchos niños que les encanta hacer su cama si así quedan como hijos mayores, responsables, útiles y valiosos. Aunque el resultado no sea perfecto, ya han empezado a colaborar en casa sin quererlo.

— *(P): Personalmente creo que todos —niñas y niños—, deben pasar por todos los encargos. Fomenta la igualdad desde pequeños y además aprenden a hacer de todo.*

— (F): Por supuesto. No hay tareas de chicos o de chicas: ninguna. Es un anacronismo que los chicos bajen la basura y las chicas laven. Todos tienen manos e inteligencia para lavar y para bajar la basura. La edad es la que dirá si es oportuna ya o aún habrá que esperarse para una tarea concreta. Los hijos que no tenemos hermanas, sino solo hermanos, sabemos que no hay tareas de chicas que no deban hacer los chicos.

— *(P): ¿Y si un hijo no tiene habilidades objetivas para temas de la casa? ¿También debemos hacer que ayude?*

— (F): Nos sorprendería los talentos que cada uno encierra si somos capaces de estimular la puesta en marcha de una técnica y primer paso que permita desarrollarse. No obstante, a cada uno le conviene hacer lo que pueda hacer con éxito y agrado, con o sin ganas, pero con agrado de saber que se enriquece él mismo y a los demás con su aportación personal. Hay que adaptar, por eso, lo que se le pide hacer a quien se le pide, naturalmente y con derroche de amabilidad. No es un ejército, es una familia lo que sacamos adelante entre todos.

Parte del arte está en saber explicar bien por qué puede hacer —si quiere, porque si no quiere, también es libre de no hacerlo, aunque los demás lo hagan: el objetivo no es sacar una casa adelante, sino una familia y la implicación es libérrima, aunque eso no quiere decir que no le cueste a veces—, así como explicarle bien, amable y atractivamente qué beneficios aporta a la familia y especialmente qué le aporta a él mismo.

— *(P): ¿Qué habilidades se desarrollan haciendo tareas en casa?*

— (F): Fíjate si las hay que podríamos estar escribiendo sin parar un buen rato. Por de pronto, te dejo con estas:

- Creatividad.
- Capacidad resolutiva.
- Desarrollo de la inteligencia.
- Desarrollo de múltiples talentos.
- Capacidad de organización.
- Saber qué hacer antes y qué después.
- Manejo de sus propias ideas.
- Personalidad.
- Tolerancia.
- Experimentar la relación entre el éxito y el fracaso y sacar de este una nueva versión de sí mismo y mejor. Remontar los errores, construyendo una nueva forma de hacer las cosas después de haberse equivocado.
- Habilidad manual. Destreza.
- Minuciosidad y concentración.

• Adquisición de criterios para valorar precios, materiales, usos, peligrosidad, prudencia, fragilidad, conservación, temperaturas, condiciones óptimas de mantenimiento…

• Aplicación de conceptos de mecánica, electricidad, fontanería.

• Se despiertan nuevos intereses: se visitan las ferreterías; uno se fija en la sección de jardinería o pintura; aprende a hacer búsquedas del mejor precio online; se descubren nuevas aficiones (tiendas de vajillas, ropa blanca o productos perfumados, etc.).

• Relación con el diseño industrial. La estructura y el volumen de las cosas.

• Relación con el diseño interior. La distribución de los espacios y su organización. Belleza.

• Se pone a prueba el sentido común.

• Descubren que hay un proceso de trabajo en las zonas de trabajo: «No te muevas si no es necesario, pierdes energía, piensa antes».

• Ordenar más para trabajar menos.

• El trabajo en equipo y en serie. Por ejemplo: coordinación entre los que quitan la mesa y los que recogen la cocina. Coordinación entre el que pone la lavadora de las sábanas y los usuarios de cada juego. Coordinación entre el que dobla calcetines y los usuarios de los calcetines.

• Reflexión sobre las cosas. ¿Para qué sirve que aspire entre los cojines del sofá?

• Ritmo al hacer una tarea en casa.

• El control del tiempo.

• Jerarquización: qué hago antes y qué hago después y porqué.

• Se encuentra sentido a servir a los demás: «Si hago esto, mamá descansa».

Cerramos nuestras agendas y nos quedamos un rato en la calle disfrutando de los últimos coletazos de nuestra conversación. Tengo la impresión de que he sido una afortunada por compartir con Fernando Alberca, no solo su inconmensurable experiencia y ciencia, sino también su gran humanidad. Y le agradezco mucho su disponibilidad para charlar conmigo.

Lista de tareas para los hijos

Niñas y niños de 1 a 2 años: colaborar es jugar

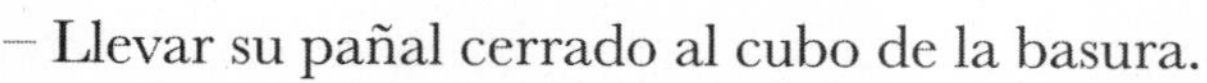

– Llevar su pañal cerrado al cubo de la basura.
– Echar la ropa en el cesto. Mirar cómo cae. Reforzar colores.
– Poner la esponja de la ducha en su sitio. Enseñar a escurrir.
– Ayudar a guardar los cereales desayuno. Debe estar a su altura.
– Colocar el papel higiénico de la compra. Abrirles el plástico y que den tantos paseos como sea necesario. Se lo pasan bien.
– Apagar la luz del cuarto cuando salen.
– Sacar las galletas por las mañanas. Deben estar a su altura.
– Guardar el pijama en su sitio.
– Dejar el babero en su sitio. Si está muy sucio, lo debe llevar al cesto-bolsa de baberos sucios.
– Guardar los juguetes en su sitio. Acompañarlos hasta que lo fijen bien en su rutina.
– Preparar sus zapatos para el día siguiente. Explicar cómo se hace, su posición y dónde deben ponerlos. Les ayuda que se quede la ropa preparada en una silla pequeñita y con los zapatos bien alineados debajo.

Niños y niñas de 3 a 4 años:
colaborar sigue siendo jugar

– Colocar los muñecos en su sitio antes de las duchas y cenas.
– Colgar la toalla después del baño en su gancho bajo.
– Ordenar la ropa después de ducharse.

– Recoger el baño.
– Vestirse solos.
– Guardar sus calcetines emparejados y dentro de la red.
– Ayudar a poner la mesa. Aún no llegan, pero pueden acarrear cosas de plástico, o el mantel, las servilletas, etc.
– Poner las servilletas en la mesa.
– Guardar su servilleta con servilletero.
– Ayudar a sacar la ropa de la lavadora al cesto.
– Ayudar a dar pinzas por colores para colgar la ropa.
– Meter cosas en el lavaplatos que estén a su altura: las cucharillas, tenedores y objetos de plástico. Poner la pastilla de jabón.
– Ordenar los táperes: deben estar a su altura.
– Poner los vasos de plástico por colores.
– Poner el agua a la mascota. Al principio debes facilitárselo.
– Apagar las luces innecesarias de toda la casa. Les encanta.
– Ayudar a colocar algo de la compra: abrir las bolsas, etc...
– Guardar las bolsas de la compra bien.
– Guardar el carrito de la compra y las bolsas buenas.
– Colgar su abrigo y mochila (poner perchas a su altura).
– Poner los cojines del salón bien.
– Tener los zapatos emparejados en su armario.
– Ordenar libros y cuentos por tamaños.
– Prepararse el uniforme en la silla para el día siguiente.

Niñas y niños de 5 a 6 años:
como eres mayor, ya puedes jugar ayudando

– Hacerse la cama completamente.
– Bañarse y vestirse.
– Llevar su ropa sucia a los cestos: color y blanco.
– Colocar sus calcetines en su malla y por parejas.
– Ayudar a tender.

– Coger el teléfono.
– Poner los zapatos en su sitio.
– Reponer papel higiénico y gel en los baños.
– Guardar su ropa planchada en su cajón.
– Regar las plantas.
– Ayudar a vaciar el lavaplatos.
– Ayudar a lavar el coche. Pasar aspiradora a los asientos.
– Ponerle el chupete al hermano pequeño.
– Colocar los libros en su sitio una vez leídos.
– Leer cinco minutos al perro en voz alta.
– Quitar el polvo de los muebles del cuarto de estar.
– Quitar las sábanas y llevarlas al lavadero.
– Llevar las toallas sucias de todos al lavadero.
– Anotar cuando falte algo del desayuno en la lista de la compra.

Preadolescentes de 7 a 10 años:
si sabes jugar a la Play, sabes enchufar una lavadora

– Preparar el desayuno a todos.
– Calentar leche y hacer tostadas.
– Poner y quitar la mesa. Desmanchar el mantel.
– Limpiar los zapatos.
– Subir y bajar persianas.
– Responsable de que todos usen las mallas para calcetines.

– Doblar y colocar su ropa interior y calcetines limpios.
– Revisar el orden de los cajones de los pequeños.
– Poner bombillas si se funden.
– Conectar y preparar el lavaplatos. Revisar aspas. Controlar que haya sal, abrillantador y detergente.
– Poner lavadora de toallas: ya puede recogerlas de los baños, poner la dosis de detergente y suavizante y conectar el programa.
– Tiene edad para saber programar una lavadora. Ánimo.
– Reponer el gel, champú o pasta de dientes.
– Ordenar los DVDs.
– Recoger el correo.
– Leer cuentos a su hermano pequeño.
– Hacer alguna tarea del jardín.
– Sacar la basura, reciclaje. Poner bolsa nueva.
– Orden en el maletero del coche.
– Orden en el armario de deporte y garaje.
– Acompañar a la compra y ayudar en la descarga.
– Hacer las palomitas del sábado noche.

Preadolescentes de 11 a 13 años:
si se descarga una app puede hacer la compra, los baños...

– Orden en los altillos propios.
– Revisar los paraguas y el paragüero.
– Hacer de secretario de papá.
– Hacer las fichas técnicas de las máquinas y actualizarlas.
– Cerrar las puertas de los baños y bajar las tapas.
– Limpiar los baños.
– Botiquín: retirar las medicinas caducadas y mantener en orden.
– Poner la lavadora con la ropa

de deporte de todos. Colgar. Doblar. Distribuir.
– Lavadora de toallas y sábanas. Colgar. Doblar. Guardar.
– Doblar la ropa que no se va a planchar y colocar.
– Revisar y separar si hay algo para coser.
– Preparar 1 día/semana la cena.
– Preparar la lista de la compra según los menús.
– Preparar la mesa con los desayunos la noche anterior.
– Sacar la basura y reciclar. Poner bolsa nueva. Limpiar los cubos y pared.
– Limpieza de cubos, pared cubos y colocación bolsas.
– Mascota. Veterinario. Y ficha de revisiones médicas.
– Ayudar a dar la cena y acostar a los pequeños.

Adolescentes de 14 a 16 años:
si se saca la entrada para un concierto, puede preparar la cena

– Lavadora: control del filtro, gomas y tubos.
– Nevera: retirar y limpiar/una vez al mes.
– Lavaplatos: sal y abrillantador.
– Orden en los altillos propios.
– Lavadora: toallas a 50 °C, colgar, recoger, doblar, guardar.
– Lavadora: sábanas a 40 °C, colgar, recoger, doblar y planchar. Asegurar el cambio semanal de sábanas del resto de la familia.
– Orden, mantenimiento y limpieza en el trastero.
– Coche: limpieza de interiores y exterior.
– Reponer leños (chimenea).
– Limpieza garaje.
– Las cenas. Calentar. Sugerir recetas.
– Conocer y dar la medicación a los hermanos más pequeños.
– Cables de máquinas, PC y lámparas, agrupados y limpios.
– Mantenimiento del ordenador de la casa.

– Búsqueda de promociones.
– Mantenimiento de la casa: todo lo que se rompe se arregla.
– Comprar material mantenimiento.
– Ayudar en la cocina los fines de semana.
– Trabajar los menús de los fines de semana y hacer propuestas. Los ingredientes deben estar en la despensa o en la lista de la compra de la siguiente semana.

Liberados de 17 a 19 años:
colaborar directamente en el mantenimiento de la casa

– Hacer todo lo anterior.
– Limpiar su habitación cada día antes de salir.
– Los sábados a fondo las habitaciones de la casa.
– Limpieza de cristales.
– Confección de menús (con plantillas básicas).
– La compra semanal con descarga. Control de existencias.
– Archivo de tiquetes, facturas y control económico familiar.
– Propuestas de ahorro energético y optimización de consumos.
– Poner lavadoras, colgarlas y recoger. Preparar para plancha.
– Llevar la plancha de la casa.
– Comprar la ropa a los hermanos más pequeños.
– Mayor carga en periodos de vacaciones.

Veinteañeros:
colaborar directamente en el sostenimiento económico de la casa

– Buscar la forma de trabajar para ingresar dinero en casa.
– Poner la factura del teléfono a su nombre.

– Dar clases particulares y reforzar estudios de los pequeños.
– Que paguen sus compras de ropa.
– Pagar la gasolina, los arreglos del coche o moto, etc.

Resumen

Las tareas compartidas son para héroes

Hacer las tareas en familia es una oportunidad para que los hijos vayan aprendiendo poco a poco a cuidarse unos a otros y a entender que la casa es de todos. Con estos pequeños gestos aprenden a demostrarse el cariño, crecen en autoestima y desarrollan el talento. Conseguir que los hijos colaboren con libertad e iniciativa es un arte que necesita paciencia y cierta proyección. Los encargos les ayudan a ser más responsables, aprenden a hacer cosas nuevas, a ser más creativos, a tener rutinas de orden y de limpieza, a diseñar estrategias, a ser más reflexivos, a controlar el tiempo, a ser más generosos… Todo son ventajas.

Bibliografía consultada

Allen, D. *Organízate con eficacia*. Madrid. Empresa Activa, 2017.

Chavarrías, M. *Cómo guardar los alimentos en la nevera*. Obtenido de www.consumer.es: http://fundacioneroski.eus/seguridad-alimentaria/sociedad-y-consumo/2014/01/04/219004.php. 4 de enero de 2014.

Ende, M. *Momo*. Madrid. Santillana Infantil y juvenil, 2017.

Garaulet, M. *Los relojes de tu vida*. Barcelona. Paidós, 2018.

García-Jalón, I. *La higiene de los alimentos. El arte de tratar los alimentos.* Pamplona. CEICID, 1984.

Guitart, C., Ferrando, F. *Acoger con una buena mesa.* Pamplona. CEICID, 2018.

Kondo, M. *La felicidad después del orden*. Barcelona. Aguilar, 2016.

Kondo, M. *La magia del orden*. Barcelona. DeBolsillo, 2017.

OCU, *Suavizantes para la ropa*. www.ocu.org/electrodomesticos/lavadora/informe/suavizantes

OCU, *Limpiar sin lejía, ¿es posible?* https://www.ocu.org/vivienda-y-energia/equipamiento-hogar/consejos/limpiar-sin-lejia

Ohno, T. *El sistema de producción Toyota*. Nueva York. CRC Press, 2015.

Ron, A. *El cuidado de la ropa*. Pamplona. CEICID, 2007.

Sterner, T. M. *The practicing mind*. Canadá. The New World Library, 2012.

Thomas, G. *El arte de ordenar*. Buenos Aires. Quarto Iberoamericana, 2017.

Wolf, F. *New Order. A decluttering handbook for creative folks*. Nueva York. Ballantine Book, 2016.

Código QR
www.piaorganiza.es

Si quieres conocer más acerca de mi trabajo entra ahora desde tu móvil en www.piaorganiza.es

Recuerda que debes tener la aplicación previamente en tu móvil. Ábrela y acércala a este código, oirás un «clic» que te llevará directamente a mi web.

Gracias por seguirme.

Anexos

Anexos

Anexo **01** *Tengo una persona interna toda la semana*

Lo esencial en esta organización es distribuir bien el trabajo en la semana. No limpiar todo todos los días para así centrarnos en lograr que la ropa salga adelante toda en el día. Esa es la clave.

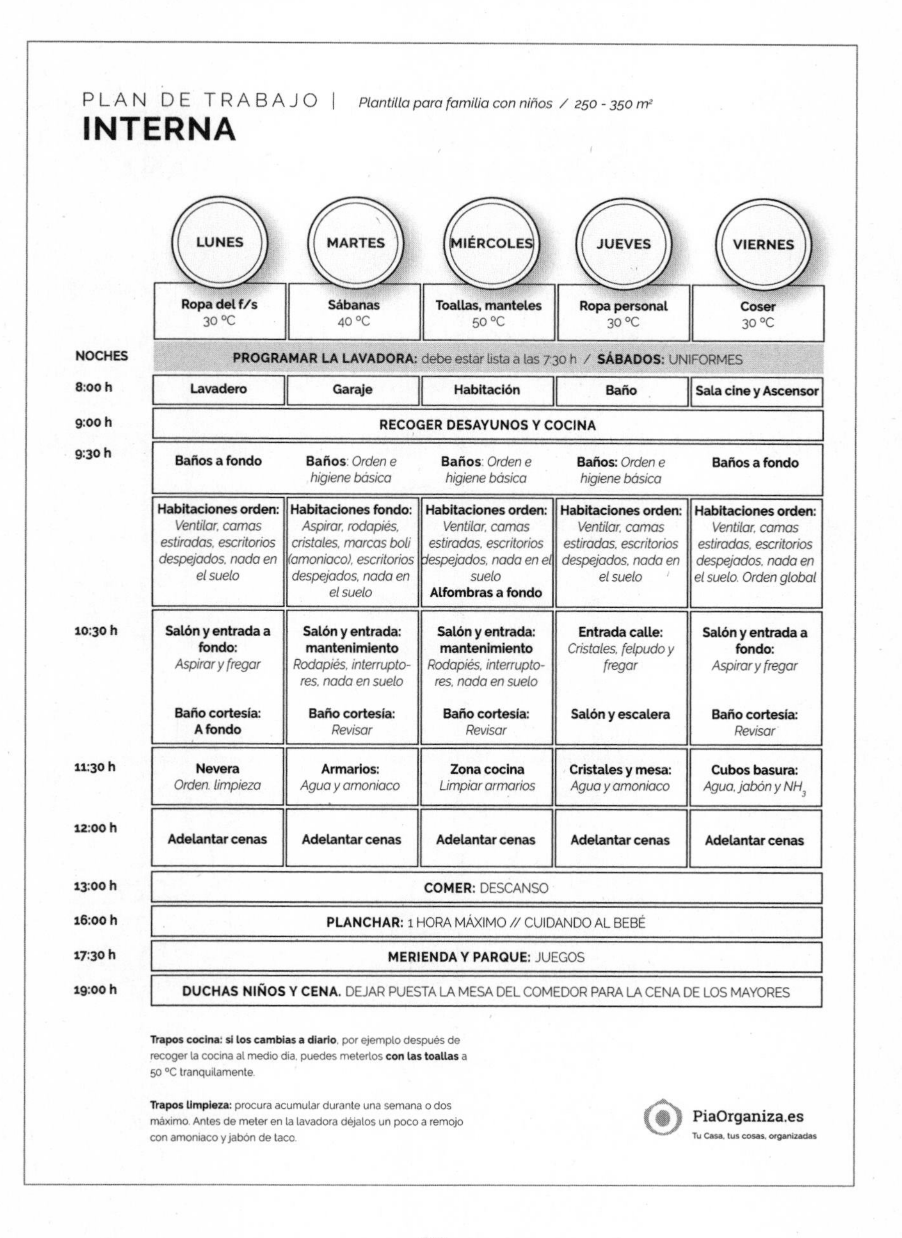

PLAN DE TRABAJO | *Plantilla para familia con niños / 250 - 350 m²*

INTERNA

	LUNES	MARTES	MIÉRCOLES	JUEVES	VIERNES
	Ropa del f/s 30 °C	**Sábanas** 40 °C	**Toallas, manteles** 50 °C	**Ropa personal** 30 °C	**Coser** 30 °C
NOCHES	**PROGRAMAR LA LAVADORA:** debe estar lista a las 7:30 h / **SÁBADOS:** UNIFORMES				
8:00 h	**Lavadero**	**Garaje**	**Habitación**	**Baño**	**Sala cine y Ascensor**
9:00 h	**RECOGER DESAYUNOS Y COCINA**				
9:30 h	**Baños a fondo**	**Baños**: *Orden e higiene básica*	**Baños**: *Orden e higiene básica*	**Baños:** *Orden e higiene básica*	**Baños a fondo**
	Habitaciones orden: *Ventilar, camas estiradas, escritorios despejados, nada en el suelo*	**Habitaciones fondo:** *Aspirar, rodapiés, cristales, marcas boli (amoniaco), escritorios despejados, nada en el suelo*	**Habitaciones orden:** *Ventilar, camas estiradas, escritorios despejados, nada en el suelo* **Alfombras a fondo**	**Habitaciones orden:** *Ventilar, camas estiradas, escritorios despejados, nada en el suelo*	**Habitaciones orden:** *Ventilar, camas estiradas, escritorios despejados, nada en el suelo. Orden global*
10:30 h	**Salón y entrada a fondo:** *Aspirar y fregar* **Baño cortesía: A fondo**	**Salón y entrada: mantenimiento** *Rodapiés, interruptores, nada en suelo* **Baño cortesía:** *Revisar*	**Salón y entrada: mantenimiento** *Rodapiés, interruptores, nada en suelo* **Baño cortesía:** *Revisar*	**Entrada calle:** *Cristales, felpudo y fregar* **Salón y escalera**	**Salón y entrada a fondo:** *Aspirar y fregar* **Baño cortesía:** *Revisar*
11:30 h	**Nevera** *Orden. limpieza*	**Armarios:** *Agua y amoniaco*	**Zona cocina** *Limpiar armarios*	**Cristales y mesa:** *Agua y amoniaco*	**Cubos basura:** *Agua, jabón y NH_3*
12:00 h	**Adelantar cenas**	**Adelantar cenas**	**Adelantar cenas**	**Adelantar cenas**	**Adelantar cenas**
13:00 h	**COMER:** DESCANSO				
16:00 h	**PLANCHAR:** 1 HORA MÁXIMO // CUIDANDO AL BEBÉ				
17:30 h	**MERIENDA Y PARQUE:** JUEGOS				
19:00 h	**DUCHAS NIÑOS Y CENA.** DEJAR PUESTA LA MESA DEL COMEDOR PARA LA CENA DE LOS MAYORES				

Trapos cocina: si los cambias a diario, por ejemplo después de recoger la cocina al medio día, puedes meterlos **con las toallas** a 50 °C tranquilamente.

Trapos limpieza: procura acumular durante una semana o dos máximo. Antes de meter en la lavadora déjalos un poco a remojo con amoniaco y jabón de taco.

PiaOrganiza.es
Tu Casa, tus cosas, organizadas

Anexo **02** *Trabajas todo el día, tu empleada va 5 días, 3 horas*

En esta organización se da prioridad a la limpieza de los lunes para poner la casa al día después del fin de semana. Es a partir del martes cuando se puede entrar de lleno con la ropa y la cocina.

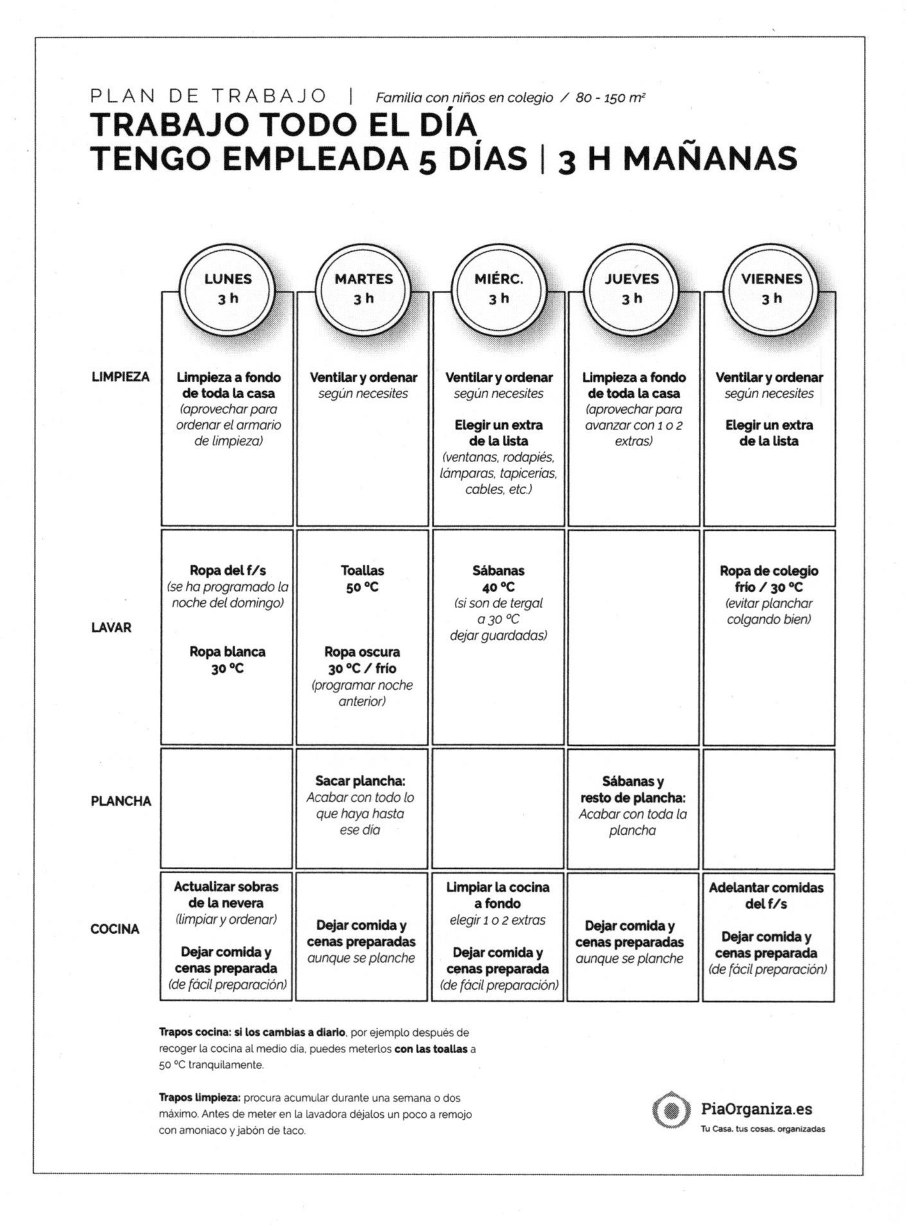

PLAN DE TRABAJO | *Familia con niños en colegio / 80 - 150 m²*

TRABAJO TODO EL DÍA
TENGO EMPLEADA 5 DÍAS | 3 H MAÑANAS

	LUNES 3 h	MARTES 3 h	MIÉRC. 3 h	JUEVES 3 h	VIERNES 3 h
LIMPIEZA	**Limpieza a fondo de toda la casa** *(aprovechar para ordenar el armario de limpieza)*	**Ventilar y ordenar** *según necesites*	**Ventilar y ordenar** *según necesites* **Elegir un extra de la lista** *(ventanas, rodapiés, lámparas, tapicerías, cables, etc.)*	**Limpieza a fondo de toda la casa** *(aprovechar para avanzar con 1 o 2 extras)*	**Ventilar y ordenar** *según necesites* **Elegir un extra de la lista**
LAVAR	**Ropa del f/s** *(se ha programado la noche del domingo)* **Ropa blanca 30 °C**	**Toallas 50 °C** **Ropa oscura 30 °C / frío** *(programar noche anterior)*	**Sábanas 40 °C** *(si son de tergal a 30 °C dejar guardadas)*		**Ropa de colegio frío / 30 °C** *(evitar planchar colgando bien)*
PLANCHA		**Sacar plancha:** *Acabar con todo lo que haya hasta ese día*		**Sábanas y resto de plancha:** *Acabar con toda la plancha*	
COCINA	**Actualizar sobras de la nevera** *(limpiar y ordenar)* **Dejar comida y cenas preparada** *(de fácil preparación)*	**Dejar comida y cenas preparadas** *aunque se planche*	**Limpiar la cocina a fondo** *elegir 1 o 2 extras* **Dejar comida y cenas preparada** *(de fácil preparación)*	**Dejar comida y cenas preparadas** *aunque se planche*	**Adelantar comidas del f/s** **Dejar comida y cenas preparada** *(de fácil preparación)*

Trapos cocina: si los cambias a diario, por ejemplo después de recoger la cocina al medio día, puedes meterlos **con las toallas** a 50 °C tranquilamente.

Trapos limpieza: procura acumular durante una semana o dos máximo. Antes de meter en la lavadora déjalos un poco a remojo con amoniaco y jabón de taco.

PiaOrganiza.es
Tu Casa. tus cosas. organizadas

Anexo **03** *Trabajas todo el día y tu empleada va 2 días, 3 horas*

Os debéis repartir el trabajo: ella limpia cada uno de sus días junto con cocina y plancha. Tú procura adelantar la ropa poniendo lavadoras para que el trabajo de plancha de los jueves le cunda.

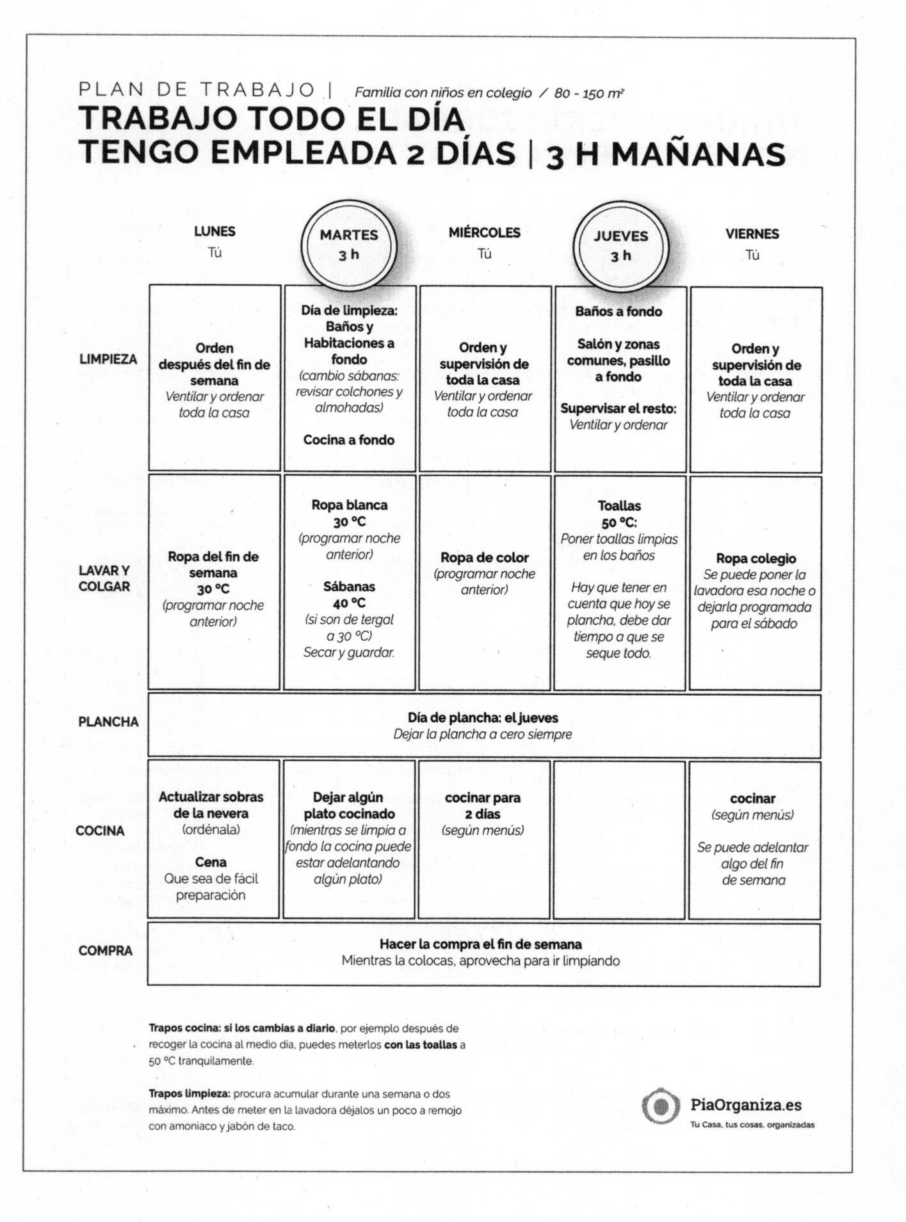

PLAN DE TRABAJO | *Familia con niños en colegio / 80 - 150 m²*

TRABAJO TODO EL DÍA
TENGO EMPLEADA 2 DÍAS | 3 H MAÑANAS

	LUNES Tú	MARTES 3 h	MIÉRCOLES Tú	JUEVES 3 h	VIERNES Tú
LIMPIEZA	**Orden después del fin de semana** *Ventilar y ordenar toda la casa*	**Día de limpieza: Baños y Habitaciones a fondo** *(cambio sábanas: revisar colchones y almohadas)* **Cocina a fondo**	**Orden y supervisión de toda la casa** *Ventilar y ordenar toda la casa*	**Baños a fondo** **Salón y zonas comunes, pasillo a fondo** **Supervisar el resto:** *Ventilar y ordenar*	**Orden y supervisión de toda la casa** *Ventilar y ordenar toda la casa*
LAVAR Y COLGAR	**Ropa del fin de semana 30 °C** *(programar noche anterior)*	**Ropa blanca 30 °C** *(programar noche anterior)* **Sábanas 40 °C** *(si son de tergal a 30 °C)* *Secar y guardar.*	**Ropa de color** *(programar noche anterior)*	**Toallas 50 °C:** *Poner toallas limpias en los baños* *Hay que tener en cuenta que hoy se plancha, debe dar tiempo a que se seque todo.*	**Ropa colegio** *Se puede poner la lavadora esa noche o dejarla programada para el sábado*
PLANCHA	**Día de plancha: el jueves** *Dejar la plancha a cero siempre*				
COCINA	**Actualizar sobras de la nevera** (ordénala) **Cena** Que sea de fácil preparación	**Dejar algún plato cocinado** *(mientras se limpia a fondo la cocina puede estar adelantando algún plato)*	**cocinar para 2 días** *(según menús)*		**cocinar** *(según menús)* *Se puede adelantar algo del fin de semana*
COMPRA	**Hacer la compra el fin de semana** Mientras la colocas, aprovecha para ir limpiando				

Trapos cocina: si los cambias a diario, por ejemplo después de recoger la cocina al medio día, puedes meterlos **con las toallas** a 50 °C tranquilamente.

Trapos limpieza: procura acumular durante una semana o dos máximo. Antes de meter en la lavadora déjalos un poco a remojo con amoniaco y jabón de taco.

PiaOrganiza.es
Tu Casa, tus cosas, organizadas

Anexo **04** *Trabajas media jornada y no tienes empleada*

Deja la casa ordenada antes de salir y concéntrate en sacarle el máximo partido al rato que puedas limpiar. Los lunes, pon lavadoras de ropa que no haya que planchar y, así, encaminarás bien la casa.

PLAN DE TRABAJO | *Familia con niños / 80 - 150 m²*

TRABAJO MEDIA JORNADA
NO TENGO EMPLEADA

	LUNES	MARTES	MIÉRCOLES	JUEVES	VIERNES
LIMPIEZA	**Limpieza a fondo de toda la casa** *cuando llegues del trabajo* *Puedes adelantar algo antes de irte*	**Ventilar y ordenar** *según necesites*	**Ventilar y ordenar** *fíjate un poco más en los baños*	**Ventilar y ordenar** *según necesites*	**Ventilar y ordenar** *de cara al fin de semana*
LAVAR	*Programar domingo por la noche la* **Ropa del fin de semana:** *Secar, doblar y a los armarios el mismo lunes*	**Toallas 50 °C:** *Poner toallas limpias en los baños* **Secar y recoger toallas en el día**	**Sábanas 40 °C** *(Si son de tergal a 30 °C)* *Secar y guardar* **Ropa blanca 30°C** *Preparar para planchar*		**Ropa blanca 40 °C** **Ropa deporte en frío / 30 °C** **Lavar ropa de colegio por la tarde**
PLANCHA				**Día de plancha: todo en 2 horas** Planchar y distribuir	
COCINA	**Actualizar sobras de la nevera** *(ordénala)* **Cena:** *que sea de fácil preparación*	**Organízate como te convenga.** *Antes de entrar en la cocina, la ropa y la limpieza conviene que estén terminadas* **La cocina siempre es lo último**			**Adelantar comida del f/s** **Hacer menús** *de la siguiente semana y la lista compra*
COMPRA	**Hacer la compra el fin de semana** *Mientras la colocas, aprovecha para ir limpiando con una microfibra*				

Trapos cocina: si los cambias a diario, por ejemplo después de recoger la cocina al medio día, puedes meterlos **con las toallas** a 50 °C tranquilamente.

Trapos limpieza: procura acumular durante una semana o dos máximo. Antes de meter en la lavadora déjalos un poco a remojo con amoniaco y jabón de taco.

PiaOrganiza.es
Tu Casa, tus cosas, organizadas

Anexo **05** *Trabajas todo el día y no tienes empleada*

Este caso exige que todos colaboren. Los adultos, con un peso repartido equitativamente y los menores con un poco más del peso que crees que soportarán. Te sorprenderás.

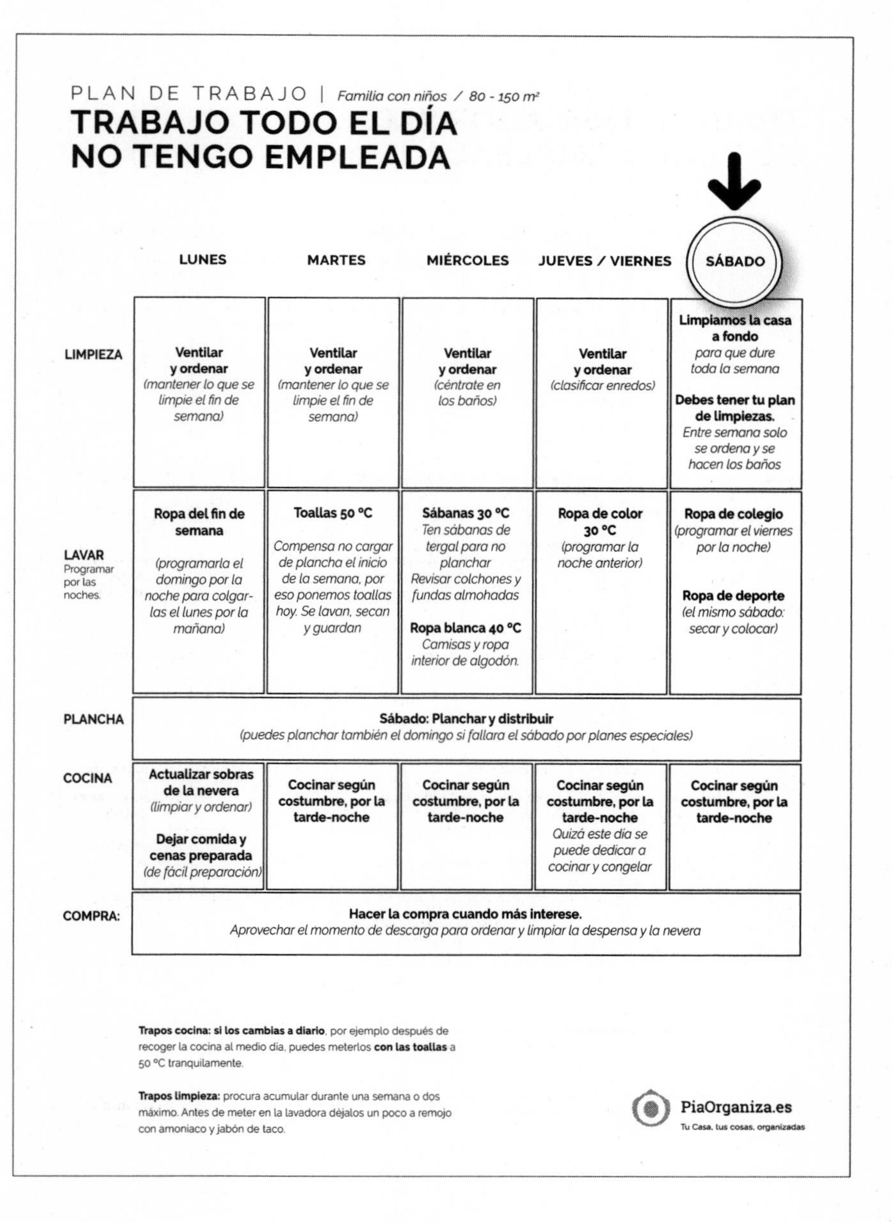

PLAN DE TRABAJO | *Familia con niños / 80 - 150 m²*

TRABAJO TODO EL DÍA NO TENGO EMPLEADA

	LUNES	MARTES	MIÉRCOLES	JUEVES / VIERNES	SÁBADO
LIMPIEZA	**Ventilar y ordenar** *(mantener lo que se limpie el fin de semana)*	**Ventilar y ordenar** *(mantener lo que se limpie el fin de semana)*	**Ventilar y ordenar** *(céntrate en los baños)*	**Ventilar y ordenar** *(clasificar enredos)*	**Limpiamos la casa a fondo** *para que dure toda la semana* **Debes tener tu plan de limpiezas.** *Entre semana solo se ordena y se hacen los baños*
LAVAR Programar por las noches.	**Ropa del fin de semana** *(programarla el domingo por la noche para colgarlas el lunes por la mañana)*	**Toallas 50 °C** *Compensa no cargar de plancha el inicio de la semana, por eso ponemos toallas hoy. Se lavan, secan y guardan*	**Sábanas 30 °C** *Ten sábanas de tergal para no planchar Revisar colchones y fundas almohadas* **Ropa blanca 40 °C** *Camisas y ropa interior de algodón.*	**Ropa de color 30 °C** *(programar la noche anterior)*	**Ropa de colegio** *(programar el viernes por la noche)* **Ropa de deporte** *(el mismo sábado: secar y colocar)*
PLANCHA	**Sábado: Planchar y distribuir** *(puedes planchar también el domingo si fallara el sábado por planes especiales)*				
COCINA	**Actualizar sobras de la nevera** *(limpiar y ordenar)* **Dejar comida y cenas preparada** *(de fácil preparación)*	**Cocinar según costumbre, por la tarde-noche**	**Cocinar según costumbre, por la tarde-noche**	**Cocinar según costumbre, por la tarde-noche** *Quizá este día se puede dedicar a cocinar y congelar*	**Cocinar según costumbre, por la tarde-noche**
COMPRA:	**Hacer la compra cuando más interese.** *Aprovechar el momento de descarga para ordenar y limpiar la despensa y la nevera*				

Trapos cocina: si los cambias a diario, por ejemplo después de recoger la cocina al medio día, puedes meterlos **con las toallas** a 50 °C tranquilamente.

Trapos limpieza: procura acumular durante una semana o dos máximo. Antes de meter en la lavadora déjalos un poco a remojo con amoniaco y jabón de taco.

PiaOrganiza.es
Tu Casa, tus cosas, organizadas

Anexo **06** *Vives solo, trabajas todo el día y no tienes empleada*

Depende de cómo quieras vivir. Dejar la casa ordenada antes de salir o mientras la usas es lo más práctico para que dure la limpieza del fin de semana. Calcula qué día quieres planchar y lava 2 días antes.

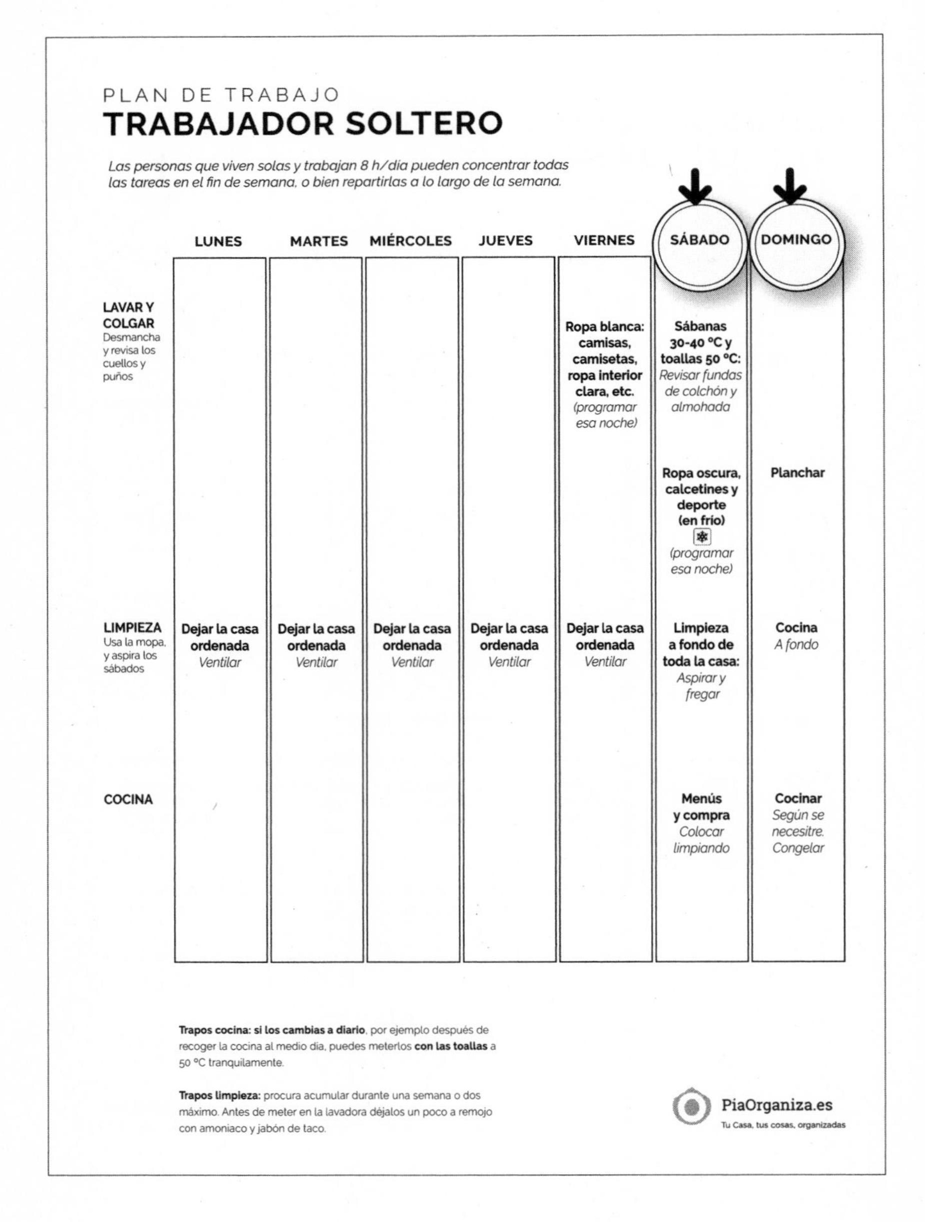

PLAN DE TRABAJO

TRABAJADOR SOLTERO

Las personas que viven solas y trabajan 8 h/día pueden concentrar todas las tareas en el fin de semana, o bien repartirlas a lo largo de la semana.

	LUNES	MARTES	MIÉRCOLES	JUEVES	VIERNES	SÁBADO	DOMINGO
LAVAR Y COLGAR Desmancha y revisa los cuellos y puños					**Ropa blanca: camisas, camisetas, ropa interior clara, etc.** *(programar esa noche)*	**Sábanas 30-40 °C y toallas 50 °C:** *Revisar fundas de colchón y almohada*	
						Ropa oscura, calcetines y deporte (en frío) *(programar esa noche)*	**Planchar**
LIMPIEZA Usa la mopa, y aspira los sábados	**Dejar la casa ordenada** *Ventilar*	**Dejar la casa ordenada** *Ventilar*	**Dejar la casa ordenada** *Ventilar*	**Dejar la casa ordenada** *Ventilar*	**Dejar la casa ordenada** *Ventilar*	**Limpieza a fondo de toda la casa:** *Aspirar y fregar*	**Cocina** *A fondo*
COCINA						**Menús y compra** *Colocar limpiando*	**Cocinar** *Según se necesitre. Congelar*

Trapos cocina: si los cambias a diario, por ejemplo después de recoger la cocina al medio día, puedes meterlos **con las toallas** a 50 °C tranquilamente.

Trapos limpieza: procura acumular durante una semana o dos máximo. Antes de meter en la lavadora déjalos un poco a remojo con amoniaco y jabón de taco.

Anexo **07** *Organizar a la au pair*

Se les acoge a cambio de un trabajo auxiliar. Conviven con la familia receptora como un miembro más, y reciben una pequeña remuneración, así como comida y alojamiento gratuitos.

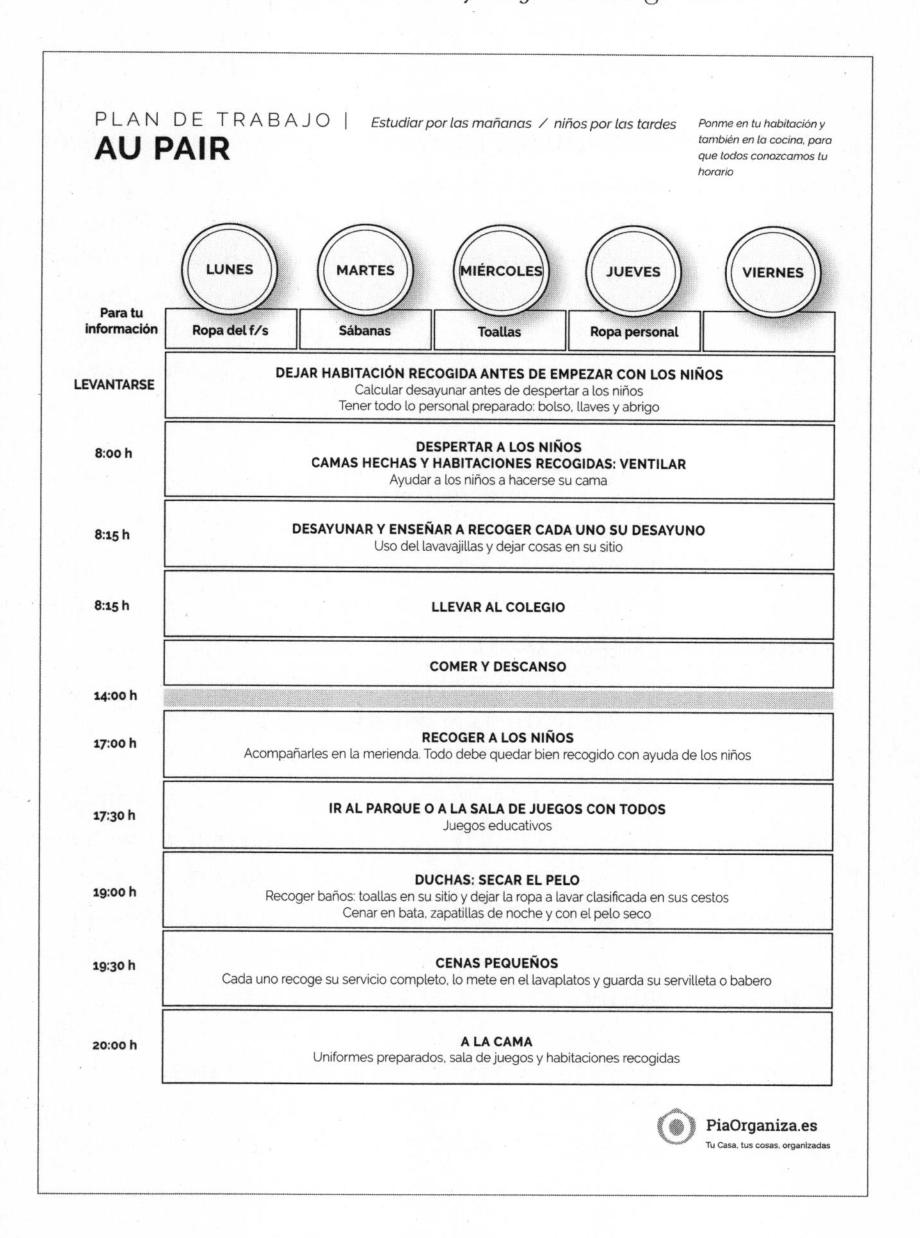

PLAN DE TRABAJO | *Estudiar por las mañanas / niños por las tardes*

AU PAIR

Ponme en tu habitación y también en la cocina, para que todos conozcamos tu horario

	LUNES	MARTES	MIÉRCOLES	JUEVES	VIERNES
Para tu información	**Ropa del f/s**	**Sábanas**	**Toallas**	**Ropa personal**	

LEVANTARSE	**DEJAR HABITACIÓN RECOGIDA ANTES DE EMPEZAR CON LOS NIÑOS** Calcular desayunar antes de despertar a los niños Tener todo lo personal preparado: bolso, llaves y abrigo
8:00 h	**DESPERTAR A LOS NIÑOS** **CAMAS HECHAS Y HABITACIONES RECOGIDAS: VENTILAR** Ayudar a los niños a hacerse su cama
8:15 h	**DESAYUNAR Y ENSEÑAR A RECOGER CADA UNO SU DESAYUNO** Uso del lavavajillas y dejar cosas en su sitio
8:15 h	**LLEVAR AL COLEGIO**
	COMER Y DESCANSO
14:00 h	
17:00 h	**RECOGER A LOS NIÑOS** Acompañarles en la merienda. Todo debe quedar bien recogido con ayuda de los niños
17:30 h	**IR AL PARQUE O A LA SALA DE JUEGOS CON TODOS** Juegos educativos
19:00 h	**DUCHAS: SECAR EL PELO** Recoger baños: toallas en su sitio y dejar la ropa a lavar clasificada en sus cestos Cenar en bata, zapatillas de noche y con el pelo seco
19:30 h	**CENAS PEQUEÑOS** Cada uno recoge su servicio completo, lo mete en el lavaplatos y guarda su servilleta o babero
20:00 h	**A LA CAMA** Uniformes preparados, sala de juegos y habitaciones recogidas

PiaOrganiza.es
Tu Casa, tus cosas, organizadas

Anexo **08** *Los materiales de una casa: cómo limpiarlos*

— Acero inoxidable —

Lo más simple es pasarle una microfibra en seco o muy poco húmeda, pero si llevas tiempo sin limpiarlo usa agua caliente y un jabón neutro o bien con una disolución de agua caliente y vinagre de limpieza. Sécalo siempre siguiendo la dirección del pelo del metal. Hay personas que prefieren utilizar productos específicos que además de limpiar dejan una capa de brillo protector, que facilita que el agua –si es el fregadero– no deje gota. Mi opinión es que la capa final suele ser un poco grasienta y, al final el polvo se pega, aunque no lo veamos (caso de las campanas de cocina, pasamanos de las barandillas, etc.). Mi experiencia es que la mejor opción es usar un producto específico de vez en cuando para eliminar huellas de grasa y que esté brillante.

— Alabastro —

Se limpia con agua jabonosa y un cepillo. Si tienen alguna mancha se puede dar aguarrás y luego agua jabonosa para eliminar los restos y aclarar. Sécalo muy bien.

— Alfombras y moquetas —

Una o dos veces al año, hay que aspirarlas en profundidad, es decir, línea a línea, con paciencia, con la boquilla sin tubos y directa a la alfombra para que sea mayor la fuerza de aspiración. Puedes esparcir bicarbonato la noche anterior combinado con sal gruesa; los olores se reducen considerablemente y la suciedad aflorará mejor.

Prepara un combinado de agua y amoniaco y –si no tienes la Kärcher SE 4002– procede a limpiar a mano, frotando en círculos hacia dentro y hacia fuera, sin dejarte ningún tramo. Importante: no debe traspasar la humedad al suelo por lo que tu cepillo y trapos o microfibras deben estar escurridos. Yo suelo poner alguna toalla de las viejas debajo y levanto la alfombra con ayuda de un táper. Abre ventanas y espera a que salga toda la humedad.

— Aluminio —

El aluminio es un material algo más ligero que el acero y en contacto con la atmósfera se recubre de una fina capa de óxido de aluminio impermeable que lo protege de la oxidación y le da un color plata mate, muy característico; por eso, es mejor no secarlo. Me da pena porque ya casi no quedan utensilios de cocina de aluminio que han sido sustituidos por los de acero o plástico. A cambio se usan tratados, anodizados o lacados, en molduras y cerramientos de ventanas y puertas, consiguiendo una mayor resistencia.

El aluminio se lava muy bien con vinagre diluido o aplicando limón en directo siempre que la superficie esté previamente desgrasada y limpia.

— Azulejos o baldosas cerámicas —

La cara vista está recubierta con esmalte vitrificado con una amplia gama de colores y elementos decorativos. El azulejo, por sus particularidades, grosor y fragilidad, se suele emplear exclusivamente en paramentos verticales. La baldosa cerámica es más recia, por su composición y proceso de fabricación, y por lo tanto la verás tanto en suelo como en paredes.

Limpieza: la mayoría de las baldosas son fáciles de limpiar, tanto la suciedad como las manchas. La limpieza normal puede hacerse con aspiradora o mopa, escoba y bayeta humedecida, con un detergente de limpieza con pH neutro. Es mejor usar limpiadores de origen orgánico como el vinagre para evitar el desgaste y la eliminación del brillo y el esmalte. Los productos para eliminar algunos tipos de manchas son:

– Gotas de pintura para pared: limpiar con el disolvente indicado para la pintura.

– Manchas de vino, cerveza: limpiar con jabón en polvo.

– Manchas de otras bebidas como jugo, té, café: quitar con detergente diluido en agua caliente y luego pasar agua oxigenada.

– Manchas de sangre: limpiar con agua oxigenada.

– Manchas de aceite: quitar con amoniaco (NH_3).

– Quitar grasas: remover con bicarbonato de sodio ($NaHCO_3$) disuelto en agua.

– Manchas de cemento: retirar con vinagre, y si se resisten usar agua fuerte (HCl).

– Huellas de neumáticos o caucho: usar un disolvente orgánico.

– Otras grasas y aceites: limpiar con jabón en polvo diluido en agua caliente.

– Manchas de óxido: quitar con lejía o ácido muriático –muy ácido y corrosivo, ten cuidado, es el salfumán de toda la vida– y dilúyelo al 10% en agua (1 parte de ácido por 9 de agua).

– Mancha de tinta de pluma o betún: retirar con la acetona que usas para las uñas.

— Baldosa hidráulica —

Están hechas a base de cemento, arena, agua y otros materiales. No pueden recibir ningún tratamiento posterior, son fuertes pero requiere conocer cómo tratarlas. Antiguamente estaban en cocinas y baños y formaban parte de la solería de las casas con preciosos dibujos. Hoy día están de nuevo de moda. Son caras. Su instalación requiere de expertos ya que no se pueden pulir, por lo que deben quedar muy bien niveladas y junteadas.

Limpieza: se limpian primero con una aspiradora, escoba o mopa y luego con una fregona con agua y jabón neutro o el producto que aconseje el fabricante. Si hay manchas se podrían quitar frotando con un papel de lija al agua del número 600 en toda la superficie de esa losa, aunque no se asegura que se mantenga intacto el color de la pieza.

Tratamiento: el encerado: la cera siempre protege la baldosa hidráulica, aviva sus colores y deja un suelo satinado muy bonito.

Para su mantenimiento, se podrá añadir mensualmente un tapón de la cera sugerida por el instalador al cubo de agua al fregar el suelo. No tiene más complicación. Con el paso del tiempo adquiere ese aspecto sedoso y agradable.

— Baldosín catalán —

Son más pequeñas que las de barro cocido, no van esmaltadas y tienen una capacidad de absorción alta. Se usa para terrazas, balcones o porches. Necesita de un tratamiento superficial que facilite su limpieza. Es heladizo y muy poroso.

Limpieza: uno de los principales problemas que plantea el gres catalán es su gran porosidad, que hace que la suciedad se incruste en él de forma casi permanente. Para impedir que se manche existen dos métodos, el tradicional, empleando productos de limpieza de uso doméstico, y el método más moderno, que utiliza productos de limpieza industriales.

El método clásico consiste en preparar una mezcla con una parte de aceite de linaza y dos partes de esencia de trementina. Se calienta y aplica sobre el gres bien limpio, con la ayuda de una brocha. Luego, dejaremos que el suelo se seque y lo enceramos con cera líquida.

El método moderno consiste en aplicar un producto especial a base de resinas, que tapan los poros y que impiden tanto la penetración de elementos líquidos como sólidos y facilitan la limpieza de los suelos, al no incrustarse la suciedad.

Debido a su porosidad, incluso teniendo un tratamiento protector, las manchas de agua o grasa pueden penetrar. Para eliminarlas, se impregnan las partes manchadas con un detergente fuerte en polvo disuelto en agua (150 gramos de detergente por cada litro de agua), y se limpia el resto con una solución más rebajada, frotando con un cepillo de raíces.

La limpieza diaria de los materiales artificiales se hace con aspiradora o mopa y semanalmente, limpieza en húmedo con producto específico. Aclara y abrillanta.

— Barro cocido —

Tiene un nivel de absorción de agua medio-alto, por lo que necesita un revestimiento que lo proteja del agua, las manchas y el moho. Lo encontramos con nombre comercial: baldosa de tierra cocida, toba, toba rústica o baldosa de alfarero.

Limpieza: si ha habido obra, para desincrustar el cemento, su limpieza suele ser con productos especiales. Se hace la disolución, se aplica, se frota y se aclara con agua. Se puede utilizar de dos formas: sin protección y con ese efecto natural mate o bien darle un acabado con protector anti-manchas y un producto de brillo, siguiendo las instrucciones del fabricante.

— Cables (dispositivos electrónicos e informáticos) —

Estando en casa de mi hermana –la diseñadora– quise limpiarle la pantalla de su Mac. Y cuando me vio, me sujetó la mano al vuelo, sacó una microfibra seca de su cajón y haciendo movimientos circulares retiró pasmosamente bien todas las huellas y el polvo: «Estas pantallas se limpian con una microfibra seca haciendo movimientos circulares, nada de humedad, ni vaho».

Para el resto del material informático como los teclados, las carcasas de cualquier equipo electrónico y los cables en general, siempre hago lo mismo: usar la bayeta de la limpieza con limpiacristales y no me complico más. Por lo general tienen polvo y grasa. A los teclados es bueno darles la vuelta para que, si hay alguna cosa, un clip o grapa, pueda caer cómodamente. Si le das un golpecito, hazlo apoyándolo en la microfibra para que quede amortiguado. Siempre cae algo.

Una de las cosas más molestas para quién tiene que limpiar zonas de trabajo, es encontrar miles de cables enredados en el suelo o por la mesa. La tentación es pasar de largo porque, a ver quién se mete ahí con los utensilios de limpieza. Por eso hago un simpático llamamiento a que cada uno invente su sistema para que no estén en el suelo. Te aseguro que se puede. Tal vez te motive darle la vuelta a la situación: si yo tuviera que limpiar, ¿cómo me gustaría que estuvieran los cables para poder hacerlo del modo más sencillo posible? Seguro que aciertas. También puedes encontrar muy buenas soluciones en tiendas y viendo vídeos sobre este tema, de gente creativa.

— Caliza, piedra —

Es una roca sedimentaria como el mármol. Dependiendo de su nivel de cristalización será más compacta.

Para la limpieza hay que tener en cuenta que le atacan los ácidos, las bases y los compuestos orgánicos como el alcohol. Se usan más bien para molduras y sillerías. Uno de los más conocidos es el travertino, usado para suelos y paredes, pero la limpieza es delicada. De hecho, en casa de mi madre el suelo de un cuarto de baño es de travertino y la limpieza es una pesadilla. Tanto para este como para cualquier mármol lo recomendado es la mopa en seco siempre si está abrillantado y en húmedo cuando sea necesario.

— Cobre —

Es un metal que se autoprotege en contacto con la atmósfera creando una capa de óxido adherente e impermeable, primero marrón y luego verde. Si lo quieres tener reluciente, con ese color rosado brillante típico, lo puedes limpiar con vinagre y sal gorda. Aclara y seca bien. Quedan perfectos.

– ***Bronce***, es una aleación de cobre y estaño. A diario basta con frotar con un paño para evitar que en contacto con la atmósfera se cree esa película que lo oscurece. En ese caso habría que limpiar con vinagre y bicarbonato sódico, haciendo una pasta y frotándolo. Luego hay que aclarar y secar muy bien.

– ***Latón***, es una aleación de cobre y zinc. Se limpia frotando con un paño suave. Si la suciedad es más vieja, mejor aplicar agua y vinagre que productos comerciales, ya que son muy abrasivos y podrían destrozar la pieza.

— Cristal o vidrio —

Solo te hablaré del vidrio autolimpiable: la innovación del s. XXI. Es un cristal con una película externa especial que junto a la acción combinada del agua de lluvia y de los rayos UV del sol, hace que la suciedad se descomponga. Cuando llueve, el agua corre por el vidrio sin formar gotas y elimina definitivamente los residuos descompuestos por la luz solar. Por eso, simplemente con regarlos ya se auto-limpian. La cara interna ya es otro cantar.

A mí esto me parece una idea fabulosa que ayudará sin duda en la pesada tarea de la limpieza de los cristales de nuestros hogares.

Ventajas del vidrio autolimpiable:

– Menor gasto en detergentes.
– Mayor protección del medioambiente.
– Mejor visión a través del vidrio en días de lluvia.
– Mejora la condensación exterior del vidrio.

— Cuero —

Lo primero que tenemos que saber es si el cuero está tratado o no, con una capa que se le aplica después del curtido y que lo hace resistente a las manchas y le da un acabado brillante.

El cuero tratado hay que frotarlo con un paño de microfibra suave, pero no darle agua ni otros productos porque se cuartea. Una o dos veces al año se le aplica un producto específico para mantenerlo en buen estado. Ante una mancha de bolígrafo en una mesa o sillón se puede intentar dar con un algodón y una pequeñísima cantidad de aguarrás. Y desde luego si se derrama un líquido, hay que usar una bayeta de microfibra tamponando para que no se filtre hacia el interior.

Una amiga me escribió: «Heredé de mis suegros una mesa de comedor con sillas de cuero. Me daba pánico solo de pensar en el mantenimiento. Acudí a un profesional, en plan preventivo, y me aconsejó que, aunque fuera cuero tratado, las protegiera con crema de zapatos incolora de buena calidad. Así evitaría que las manchas penetraran en caso de caer». Y recuerdo que mi padre siempre nos decía el día que nos compraban zapatos nuevos: «antes de usarlos, límpialos con crema y púlelos muy bien, así, si llueve o te cae alguna mancha, los has protegido desde el inicio».

El cuero no tratado es mucho más vulnerable a las manchas de todo tipo y a los roces. La limpieza diaria es retirar el polvo con un paño suave. Para el mantenimiento hay que dar un producto especial siguiendo las instrucciones del fabricante. El final será siempre sacarle brillo.

Y si te vas de vacaciones te recomiendo que los cubras, incluidas las mesas que lleven cuero, con una sábana para protegerlos del polvo y de la humedad.

— Grafeno: el nanomaterial de carbono —

Acabo de hablar con Sole, mi distribuidora de materiales, y me pide que mencione el grafeno porque ya está considerado el material del futuro. Fino, transparente, del tamaño de un átomo, ultraligero, flexible, hidrófugo y resistente al impacto y rayado. Es ya el material más fuerte conocido; al parecer es 200 veces más fuerte que el acero. Por lo tanto, seamos bienvenidos al mundo del grafeno. Empezamos a verlo ya aplicado en platos de ducha, cocinas, encimeras, etc. Con una limpieza más que sencilla a base de agua templada con jabón, sin más. Puedes frotarlo y quedarte tranquilo. No obstante, seguiremos de cerca este nuevo material para ver sus efectos sobre la salud y su comportamiento real.

— Granito —

La más común en construcción es el granito, que puede ser cortado y pulido en tamaño y formas variadas. Es más fuerte que el mármol, más resistente al deterioro, a la corrosión y a la aplicación de los esfuerzos de corrosión. Es la mejor piedra para la construcción por su dureza y duración. Solemos verlo aplicado en suelos y también en encimeras. El gneis es una variación del granito, menos consistente y duradero. Se utiliza para adoquines y en mampostería.

Limpieza: diariamente retirar el polvo con una mopa de microfibra seca o en húmedo –si no está abrillantado–, ya que es poroso, y luego pasar otra mopa para abrillantar. Como en cualquier material hay que actuar enseguida si cae una mancha, porque al ser poroso se absorberá. Cada cierto tiempo se puede pasar la aspiradora. La técnica de mantenimiento es el pulido.

— Gres esmaltado —

Se ha utilizado mucho en las casas por sus características, su bajo precio y fácil colocación, pero está siendo destronado por el gres porcelánico. Tiene una absorción al agua baja, limpia bien y dentro de casa funciona perfectamente en suelo y paredes. Verás que está formado por dos capas: la exterior esmaltada y la base, que suele ser o bien blanca o grisácea dependiendo de los pigmentos.

Limpieza: no es aconsejable para exteriores por ser algo resbaladizo. El único inconveniente que presenta es que suele perder su brillo natural con el tiempo. Es fácil de limpiar debido al esmalte que tiene, excepto si tiene superficie rugosa.

— Gres porcelánico —

Es una baldosa cerámica de muy baja absorción de agua, prensada en seco y generalmente no esmaltada. Es antideslizante y con una gran resistencia a manchas y golpes fuertes. Un acabado muy común es el desgastado imitando a la madera.

Limpieza: es impermeable y de fácil limpieza. Resistente a los cambios de temperatura y a los productos químicos. Se pueden barrer, aspirar o pasar una mopa húmeda para eliminar el polvo. Si hay alguna mancha, normalmente con agua caliente y detergentes neutros se limpian sin problema.

— Gres rústico —

Lo veremos tanto en interiores como exteriores, en pavimentos o en revestimientos verticales. Normalmente no van esmaltados. Tienen buen comportamiento antideslizante y capacidad de absorber agua media-baja.

Limpieza: el gres rústico es más resistente a los arañazos y la abrasión, además de tener fácil mantenimiento y limpieza. No utilizar productos abrasivos porque pueden dañar el acabado.

Evita el uso de elementos punzantes metálicos para eliminar manchas, porque podrías estropear de forma irreversible la superficie. Por eso, si tienes una mancha difícil con volumen, lo mejor es utilizar alguna rasqueta o algo de plástico para retirarla. Y ya sabes, utiliza jabones neutros. Estos suelos de gres se limpian muy fácilmente. Antes de fregar el suelo, quita la suciedad superficial con una aspiradora o escoba. En medio cubo de agua tibia añade el jabón neutro y sumerge la fregona en el cubo y escurre a fondo.

— Hierro —

A lo mejor no tienes dentro de casa el hierro tal cual, pero si vives en el campo, puede ser bastante normal encontrarlo en el formato de hierro forjado, por ejemplo, en rejas, mesas, sillas o barandillas. Si lo tocas verás que es un material áspero y poroso y tiende, en contacto con el aire y la humedad, a corroerse formando ese polvillo marrón tan característico. Para la limpieza: según el nivel de suciedad y deterioro tendremos que aplicar distintas técnicas y productos. De hecho, hay algunos que son específicos y siempre conviene preguntar a un experto. Tengamos en cuenta que podemos estar hablando desde una reja a una puerta. Normalmente funciona bien, si solo hay polvo y marcas de agua:

– Agua tibia y detergente neutro. O con vinagre en lugar de jabón.
– Una esponja o manguera, si es una puerta.
– Una bayeta de microfibra para secar.
– Una lija o estropajo verde, si hace falta eliminar óxido, y un pincel para eliminar los restos.
– Para protegerlo puedes aplicar aceite lubricante o cera de coche una vez que se ha secado.

— Krión —

Es un material de nueva generación gracias al I+d+i. Se ha conseguido una combinación perfecta entre piedra natural y un bajo porcentaje de resinas de gran resistencia que le aportan unas características increíbles: durabilidad, impermeabilidad, anti-bacterias, dureza, facilidad de reparación, escaso mantenimiento y fácil limpieza. Es resistente a todo tipo de manchas y no se altera ante el uso de productos químicos, incluso a los disolventes y ácidos. Sobre todo lo encontramos en superficies y sanitarios. Es ecológico y 100% reciclable.

La primera vez que oí hablar de él fue a la empresaria María Campo, propietaria ya fallecida de la empresa Platos y Pizarras. Estábamos en Madrid Fusión 2016 y me acerqué a su estand maravillada por los distintos platos que tenía para restauración, a base de pizarras. Pero allí estaba también un plato de krión y me explicó, como quien ha descubierto un nuevo Mediterráneo, las bondades de este material. Conectamos enseguida. Me dijo: «Haré la presentación en unos meses; te llamaré. Te va a gustar muchísimo. Mira, tócalo, tiene un tacto como la seda y se limpia muy fácilmente». Al poco, ya muy enferma, le hice una entrevista que publiqué en mi blog, en su papel de empresaria y amante de su casa. Siempre que oigo hablar de la pizarra, inevitablemente me acuerdo de esta mujer imponente, elegante y luchadora.

— Linóleo —

Hasta hace poco, el linóleo era considerado un producto de segunda, una especie de material sin brilloque resultaba económica pero que había que medio ocultar. Pero como a todo pobre le llega su momento, hoy día y gracias a su multitud de estampaciones, vuelve con fuerza al mercado, renovado y con potentes propuestas. Y además, no solo se aplica en grandes superficies sino que ya ha entrado de lleno en nuestras casas, resolviendo con tino solerías, paredes y superficies para trabajo o juego de niños.

Este tipo de suelos artificiales son también flotantes, con lo cual de rápida instalación. Son muy, muy resistentes.

El linóleo es una tela muy fuerte e impermeable. Si le das la vuelta verás un tejido de yute cubierto con una capa muy comprimida de corcho y aceite de linaza. Está hecho de materiales naturales, entre ellos las semillas de lino. Y sorprendentemente, lleva más de 150 años usándose en nuestras casas. Es buen aislante acústico y es muy limpio. Es un material que siempre me ha gustado mucho y que quiero reivindicar ahora.

Limpieza: pues de forma muy sencilla y siempre teniendo en cuenta que es un material orgánico. Después de aspirarlo o barrerlo, friégalo con agua y vinagre blanco. Verás cómo sale un buen brillo estupendo. Si está instalado en la cocina, añade detergente neutro con un poquito de amoniaco –poco– para arrastrar la grasa del suelo y de vez en cuando recupera también el brillo con vinagre.

Mi experiencia es que con el tiempo, si pierde mucho brillo, compensa que le aportes algo de cera líquida estando pendiente de sacarle brillo en seco. Pero, la verdad es que cada dos años hay que llamar al pulidor que pasa la máquina y le da de nuevo su tratamiento. Es lo mejor. En realidad, el linóleo, al ser de origen orgánico, su mantenimiento es más delicado que el PVC o vinílico, que es del todo artificial.

— Mármol —

Se forma sobre la base de la caliza, es más pesado y absorbe menos agua. Su uso es muy frecuente en pavimentos, paredes y decoración. Para la limpieza diaria, si está abrillantado es mejor pasar solo la mopa en seco. Pero en general, se usa una mopa de microfibra humedecida con detergente neutro. Dejar secar al aire. Se puede pasar otra mopa para abrillantar. Como las calizas, el mármol es atacado por los ácidos (el limón, ataca las encimeras de mármol) y hay que tenerlo en cuenta para la limpieza.

— Oro —

Si son piezas pequeñas se limpia con agua jabonosa, se seca y se da brillo. Si son piezas algo mayores, simplemente hay que frotar con una microfibra suave humedecida.

Un apunte práctico: está demostrado que es mejor no usar tejidos naturales para limpiar metales. Hay que saber que las fibras, por su estructura interna, pueden provocarles microfisuras, haciéndoles perder el brillo por los arañazos, cosa que no pasa con la microfibra. Consulté a una tienda experta en objetos de arte y, tras muchos años experimentando cual era el mejor modo de cuidar los metales, han llegado a esta misma conclusión. Si se limpian con una microfibra suave en seco con frecuencia, no se les forma la capa que hace que aparezcan más oscuros.

— Pizarra —

Es una roca foliada de grano extremadamente fino, no heladiza, con una porosidad casi nula. Apenas pesa. Se usa en cubiertas, suelos y revestimientos. Actualmente ha entrado con fuerza en el sector hotelero como soporte para los alimentos de los más variados estilos. Esto ha sido precisamente por sus extraordinarias cualidades. Además, lava muy bien. Retiene el calor. Fue precisamente María Campo quién me explicó que se puede meter en el lavavajillas o lavar a mano. «Una vez seca –añadió– pon un poco de aceite; así se protegen mucho mejor».

— Plata —

En el caso de que tengamos alguna pieza pequeña, se puede limpiar mediante una reacción química en un recipiente de aluminio con agua caliente y sal. Dejar un minuto, frotar con un cepillo de dientes nuevo y muy suave. Secar. No soy partidaria de aplicar productos, por muy buenos que sean; son muy corrosivos y si el objeto tiene una pátina protectora, por ejemplo, contra la humedad, terminará eliminándola y por tanto, termina estropeándose.

En una ocasión pregunté en una tienda de objetos de arte por este tema y me aconsejaron limpieza frecuente con una bayeta de microfibra suave, frotando, para evitar que se forme la capa amarilla. La verdad es que resulta bastante eficaz. También me dijeron que, si me veía en un apuro, se puede diluir una gota de producto limpia-plata en alcohol de limpieza y aplicar en el sentido del pulido. Se aclara con agua caliente y se seca inmediatamente. Lo probé y funcionó; pero mi primera opción sigue siendo frotar con cierta frecuencia.

— Terrazo —

Las baldosas de terrazo son fabricadas a partir de una masa formada por cemento, áridos, agua y otros componentes. En espacios interiores aparecen pulidas, pero el brillo no es permanente y hay que mantenerlo en el tiempo con técnicas y maquinaria especiales. En exteriores se suelen emplear con relieve antideslizante o terrazo lavado.

Limpieza: son muy fáciles de limpiar. La limpieza diaria para retirar el polvo puede ser con una mopa. Depende del uso, se puede fregar dos veces por semana con agua tibia y un detergente de pH neutro. Una vez por semana se le puede añadir al agua un chorrito de cera líquida para mantener el brillo. Cuando esté seco hay que pasar una mopa de microfibra o algodón completamente seca para recuperar el brillo. Si el suelo está mate, pero no sucio, no lo laves: pasa una mopa y recuperarás el brillo enseguida. Ten la precaución de pasar un paño húmedo, inmediatamente, si cae alguna mancha.

Tratamiento: si por el uso pierde el brillo se puede llamar a un profesional para que lo vuelva a tratar utilizando productos especiales. La limpieza es la habitual. Ten en cuenta que cualquier superficie abrillantada debe mojarse poco o nada, por lo que se recomienda pasar la mopa o aspirar. Mi técnico José Manuel suele recomendar la mopa con trapo.

— Textil (superficies con) —

Las superficies textiles son las que forman parte del mobiliario: un sillón, por ejemplo. Su mantenimiento semanal es con la aspiradora, insistiendo muy bien en los rincones y en las juntas de las costuras.

De forma periódica, es necesaria una limpieza más a fondo, levantando los cojines, aspirando ambas caras y todo el sillón. Aprovecharemos ese momento para mirar la tela de los brazos y el cabezal porque si la tapicería es clara, se ven las manchas de grasa que eliminaremos con una microfibra con agua y un poco de detergente neutro, extendiéndolo muy bien para que no quede cerco y secando rápidamente también en círculos.

Si hay manchas hay que actuar rápido con una solución amoniacal, hacia el interior de la mancha, para evitar que se extienda, y aclarar muy bien. Pero solo humedecer. Luego, para que no quede cerco, se puede extender hacia afuera de la mancha con la microfibra húmeda y así unificaremos. Si la tapicería no admite humedad, entonces se aplica una espuma seca, se deja reaccionar, y se cepilla o aspira el polvo. Por precaución probaremos antes en una zona más escondida, por si se decolora. Hay que tener cuidado con estos aerosoles porque al limpiar tan bien el tejido, al retirarlo, podemos encontrarnos con que hay un cambio de color respecto al resto. Al menos una vez al año es necesaria una limpieza profesional para eliminar todos los restos de suciedad.

— Vinílicos (suelos) —

Es el sustituto moderno del linóleo con un comportamiento estupendo frente a manchas; es como si no las retuviera. Es más fácil de limpiar que el linóleo pero hay que hacerlo bien. Hace poco aconsejamos ponerlo en un despacho. Se había incorporado un patio interior a la sala común y había que restar ruido, hacer el espacio acogedor y no pasarse del presupuesto. Decidimos poner un vinílico azul con textura de tejido muy bonito. A modo de moqueta. El resultado fue estupendo, pero a la persona que limpiaba nadie le explicó cómo hacerlo bien. Y aquello cogió un tono sucio en la parte más usada. Un día fui a ver qué tal resultado daba el material y me dijeron: «Muy bien, pero mira qué sucio está». En realidad, solo le faltaba fregarlo a fondo. De hecho, cambiando el producto, su aspecto mejoró. Como nuevo. Y es que son suelos que necesitan su mimo, no mucho, pero sí algo.

Limpieza del vinílico/PVC: con producto específico, con mopa húmeda o escurriendo bastante la fregona y retirando cuanto antes los restos de suciedad (zapatos, arena, barro, porque lo rayan). No añadas cera. No te preocupes por las manchas irremediables. Expertos en la materia, al preguntarles por las manchas en los vinilos, me han dicho esto:

– Primero, que no me estrese.

– Segundo, que si veo que la mancha es densa, haga una disolución de agua tibia con lejía, aguarrás y alcohol de quemar.

– Tercero, que si la mancha persiste y persiste, ponga un poco de lejía diluida durante varios minutos sin frotar y que luego enjuague bien para que no queden restos.

– Y cuarto, que si caen manchas de grasa, bolígrafo o rotulador con un trapo empapado en aguarrás se van. Que no se nos olvide enjuagar siempre, para frenar el efecto del producto.

Anexo **09** *Planificar las limpiezas extraordinarias*

En realidad, puedes organizarte de dos formas: o bien te concentras en hacer a fondo una habitación y al terminar vas a por otra, o bien vas por conceptos: todas las lámparas, todas las ventanas, etc.

LIMPIEZAS
EXTRAORDINARIAS

Cuélgame junto a la Organización Semanal y selecciona qué vas a hacer hoy.

Paredes y techos	
Rodapiés y rincones	
Radiadores	
Roces de muebles	
Techos	
Aspirar paredes	
Suelos	
Juntas y rincones	
Rodapiés	
Interior armarios	
Puertas y armarios	
Puertas: quitar polvo	
Puertas: nutrir	
Manivelas	
Altillos	
Interior cajones armario	
Ventanas y terrazas	
Fregar suelo balcones	
Cristales	
Ventanas y contravent.	
Poyetes ventanas	
Luminarias	
Desagües	
Rejas	
Pared terraza	
Mobiliario y Decorac.	
Cristal cuadros	
Interruptores y teléf.	
Papeleras por dentro	
Patas mesas, sillas	
Tapicerías: aspirar	
Lámparas	
Focos	
Colchones y somieres	
Muebles: nutrir	
Protector sillas: aspirar	
Tapicerías: limp. anual	
Baños	
Luminarias	
Desagüe duchas	
Alcachofa y filtro	
Rejilla A/A	
Cubo higiénico	
Paredes alicatadas	
Mamparas	
WC	
Escobillas	
Armaritos interior	
Cocina	
Campana y filtros	
Lavavajillas y filtro	
Placa cocina	
Horno y Microondas	
Nevera	
Congelador	
Despensa	
Armarios superior	
Armarios inferior	
Ventanas	
Enrollables	
Rejilla ventilación	
Lavadero	
Azulejos-paredes	
Máquinas	
Ventana	
General	
Aspirar rejillas A/A	
Exteriores	
Felpudo	
Ordenador	
Cables	
Lámparas	
Coche:	
Aspirar, ordenar	
Zona mascota	

PiaOrganiza.es
Tu Casa, tus cosas, organizadas

Anexo **10** *Menús de primavera-verano*

Recuerda que lo importante es usar productos de temporada y equilibrar bien los nutrientes. El resto de semanas hasta completar el mes, puedes descargártelas en *www.piaorganiza.es/plantillas/*

MENÚS

PRIMAVERA-VERANO | SEM.01

Primavera: 21 marzo al 21 junio | Verano: 21 junio al 23 septiembre

Modelo de menú para una familia con niños

	DESAYUNOS	COMIDA	MERIENDAS	CENA
L	**Lácteo, cereal o pan, fruta y proteínas** (*Reforzar con un bocadillo con embutido o fiambre* ***para el colegio****. Mejor si es de pan integral)*	Cintas Carbonara Lomo empanado Fruta temporada	**Lácteo, un bocadillo, galletas** *(Puedes sustituir el lácteo por una o dos piezas de fruta enteras o preparadas en macedonia asegurando el aporte diario)*	Ensalada Tortilla francesa Fruta temporada
M		Ensalada de alubias y aguacate Hamburguesa cerdo y tomate Fruta temporada		Gazpacho Pescado horno Fruta temporada
X		Ensalada de arroz Pollo horno, limón Fruta temporada		Crema fría de puerros San Jacobos *(caseros)* Manzana asada
J		Judías verdes Lomos merluza en salsa con patatas Fruta temporada		Zumo de tomate Tosta pavo y queso Yogur
V		Ensalada César: pollo, huevo, bacon, tomate... Fruta temporada		Arroz blanco Pescado, tomate Macedonia de frutas
S		Ensalada pasta, pepino, tomate, atún, queso fresco, aceituna y pescado frito. Fruta temporada		Pizza mixta Ensalada tomate Yogur sabores
D		Paella de verduras Ensalada Fruta temporada o flan casero		*Sandwich* vegetal variado Ensalada ligera Fruta temporada

Lista de la compra para estos menús:

Frutas de temporada:	Melocotón	Ajo	Espinacas
Albaricoque	Melón	Alcachofa	Guisantes
Aguacate	Membrillo	Apio	Habas
Breva	Naranja	Berengena	Lechuga
Ciruela	Níspero	Brecol	Patata
Cereza	Pera	Calabacín	Pepino
Fresa	Sandía	Calabaza	Pimiento
Limón	Uva	Cebolla	Puerro
Manzana	**Verduras**	Coliflor	Tomate
	Acelgas	Espárrago	Zanahoria

PiaOrganiza.es
Tu Casa, tus cosas, organizadas

Anexo **11** *Menús de otoño-invierno*

Recuerda que lo importante es usar productos de temporada y equilibrar bien los nutrientes. El resto de semanas hasta completar el mes, puedes descargártelas en *www.piaorganiza.es/plantillas/*

MENÚS

OTOÑO-INVIERNO | SEM.01

Otoño: 23 sept. al 21 dic. | Invierno: 22 dic. al 21 mar.

Modelo de menú para una familia con niños

	DESAYUNOS	COMIDA	MERIENDAS	CENA
L		Pasta con tomate Carne guisada Fruta temporada		Ensalada Tortilla francesa Fruta temporada
M		Legumbre estofada Hamburguesa cerdo con tomate Fruta temporada		Crema de zanahoria Pescado a la romana Fruta temporada
X	**Lácteo, cereal o pan, fruta y proteínas**	Arroz integral Pollo en salsa con cebolla y almendras Fruta temporada	**Lácteo, un bocadillo, galletas**	Sopa letras Croquetas de pescado Manzana asada
J	*(Reforzar con un bocadillo con embutido o fiambre* ***para el colegio****. Mejor si es de pan integral)*	Berenjenas rellenas carne Ensalada Fruta temporada	*(Puedes sustituir el lácteo por una o dos piezas de fruta enteras o preparadas en macedonia asegurando el aporte diario)*	Ensalada huevos rellenos Pan: tomate, jamón serrano Yogur
V		Guiso de patatas con pollo Tomate Fruta temporada		Ensalada de arroz Pescado en salsa verde Macedonia de frutas
S		Lasaña de verduras, Ensalada Fruta temporada		Pizza mixta Ensalada tomate Yogur sabores
D		Paella mixta, ensalada Fruta temporada o flan casero		Tortilla rellena de atún Ensalada tomate y maíz Fruta temporada

Lista de la compra para estos menús:

Frutas de temporada: Aguacate, Castaña, Caqui, Cidra, Chirimoya, Granada, Kiwi, Mandarina, Mango, Manzana, Membrillo, Naranja, Nuez, Pera, Pomelo

Verduras: Acelgas, Apio, Berenjenas, Boniato, Brécol, Calabaza, Calabacín, Col, Coliflor, Espinaca, Hinojo, Lechuga, Lombarda, Nabo, Pimiento, Puerro, Rábano, Zanahoria

PiaOrganiza.es
Tu Casa, tus cosas, organizadas

Anexo **12** *Menú infantil con tartera*

La esencia de estos menús está en cocinar una sola vez. Lo que cocinas hoy es lo que los niños se llevan mañana en sus tarteras. Pueden quedarse dentro de la nevera, tal cual. Cada cual coge la suya.

SEMANA 01 NIÑOS COMEN EN TARTERA LO COCINADO EL DÍA ANTERIOR | INTENTA ENTRAR EN COCINA SÓLO 1 VEZ AL DÍA.

LUNES	MARTES	MIÉRCOLES	JUEVES	VIERNES
COMIDA NIÑOS – Pechugas plancha – Ruedas tomate con orégano, sal, aceite – Fruta	COMIDA NIÑOS – Cortes de carne picada en molde – Pimientos (horno) – Ruedas (tomate) horno – Fruta	COMIDA NIÑOS – Codillos a la 'alemana' – Fruta	COMIDA NIÑOS – Pescado día anterior desmenuzado– Empanadillas atún – Ruedas de tomate – Fruta y ... ¡tachán!	COMIDA NIÑOS – Lentejas – Tomate picado con orégano, aceite y sal – Fruta
COMIDA – Molde carne picada – Pimientos (horno) – Ruedas de tomate (horno) – Fruta	COMIDA – Codillos a la 'alemana'	COMIDA – Dorada a la 'sal' – Lechuga – Fruta	COMIDA – Lentejas – Tomate picado en cuenco – Fruta	COMIDA – Flamenquines – Tomate picado en cuenco – Fruta **DESCONG. flamenquines el domingo noche para los niños.**
MERIENDA Yogurt con fruta picada: preparar de forma diferente	MERIENDA Leche con galletas	MERIENDA Bocadillo Jamón York con tomate rallado, aceite y sal. Leche	MERIENDA Tostadas con miel y queso	MERIENDA Bizcocho con leche
CENA – Crema de calabacín – Huevo pasado por agua – Fruta STOP Revisar sobras f/s	CENA – Espinacas con jamón y puré de patatas. (Mayores: preguntar si quieren puré) – Fruta	CENA – Puré de zanahorias – Fiambres o empanadillas – Yogurt	CENA – Pechugas pollo – Compota de manzana – Yogurt	CENA – Tortilla patatas – Yogurt **SÁBADO** – Verduras: pisto (freír huevos en el momento)

Molde carne picada:
200 g > bacon lonchas: forrar molde
800 g > Carne picada T/C a partes iguales y mezclada con 2 huevos, mostaza y pimienta.
50 g miga pan remojado en:
1 dl leche
1 dl brandy o coñac
200ºC / 1 hora. PRENSAR

Crema calabacín:
4 calabacines
2 patatas pequeñas
4 quesitos
Agua según nº comensales
Olla a presión. TRITURAR.

Codillos a la 'alemana':
1 cebolla picada + 200 g bacon a dados + 6 salchichas frankfurt troceadas a ruedas + 1/2 L salsa tomate (rehogar todo esto).
60 g / persona de codillos o macarrones (hervir en abundante agua y escurrir bien)
Añadir al final, 30 g queso rallado (gratinar)

Espinacas:
Tocear las espinacas y hervir en olla a presión: 5-10 min.
Saltear jamón en la sartén.
1/2 cebolla caída en aceite + 1 cucharada de harina: revolver y cocer 10 min
Añadir agua o caldo. Hervir hasta 20 min.

Dorada a la 'sal':
Cubrir el horno con papel aluminio.
Hacer un lecho de sal gruesa.
Poner la dorada sin 'escamas' y con el 'ojo'.
Cubrir abundantemente de sal.
Total 2 k.190ºC / 20 min. Servir en el momento.
***Salsa limón**: derretir 1 cuch. de mantequilla y añadir el zumo de 1 limón.*

Puré de zanahorias:
4-6 zanahorias
250 g patatas
250 g cebollas
2 L. caldo verduras o agua (se pueden rehogar antes las zanahorias y la cebolla picada)
Olla a presión. TRITURAR.

Lentejas chorizo y morcilla:
400 g lentejas
1 cebolla
3 morcillas murcianas
200 g chorizo
2 patatas
3 dientes ajo + pimentón+ aceite y sal
Hacer primero las lentejas y patatas. Ver si sobra líquido y añadir resto. HERVIR en olla a presión.

Compota manzana:
1 k manzana Golden
250 g azúcar
Zumo de 1 limón
250 cc de agua (vigilar)
Poner a hervir azúcar + agua + zumo. Cuando hierva echar las manzanas peladas y a gajos. Dejar a fuego suave hasta que estén blandas. Servir a Tª ambiente.

Pisto:
1 kg calabacines
1/2 lata tomate frito de Murcia
500 g pimientos verdes
1 diente ajo
Perejil, aceite, sal.
SARTÉN: Pelar y picar la cebolla. Poner a rehogar. Trocear pimientos sin semillas. Picar ajo. Añadir a la cebolla caída. Calabacín al final. Hacer despacio. Si tarda: tapar.

Tortilla patatas:
6 patatas medianas
5 huevos
1/2 cebolla
Pelar y ruedas de patatas: 1-2 mm de grosor. Meter –por tandas– en el microondas unos 5 min. Al terminar freírlas a fuego lento (cogen menos aceite). Ojo: no deben quedar tostadas. Retirar y escurrir bien aceite. Mezclar con el huevo batido. Verter en sartén sin aceite y a fuego en el 6-7. Dejar cuajar. Dar la vuelta. Debe quedar cremosa por dentro.

LISTA DE LA COMPRA PARA ESTOS MENÚS

Carne picada: T/C: 800 g
Pechugas pollo (ver existencias CONG.)
Flamenquines

Codillos

Dorada u otro pescado
Sal pescado

Jamón York: 200 g
Fiambre para 1 día de cena: guarnición
Bacon lonchas finas: 200 g

Lentejas (ver existencias)
Morcilla (ver existencias)
Chorizo (ver existencias)

Levadura Royal / Harina / Azúcar / miel
Pan: telera desayunos
Galletas (ver existencias)
Leche (ver existencias)
Coñac (ver existencias)

VERDURA
Pimientos rojos: 2 ud
Tomates: 2 kg
Calabacín: 4 ud
Cebollas: 1 kg
Limón (ver existencias)
Zanahorias: 6 grandes
Patatas: 1 kg
Espinacas: 1 manojos

Huevos: 12 ud
Fruta: 6-8 kilos (para 5 personas)

PiaOrganiza.es
Tu Casa. Tus Cosas. Organizadas.

Anexo **13** *La lista de la compra*

Como ves son dos plantillas en una. Recórtalas y ponlas en la nevera. Los grupos de alimentos deberían coincidir con tu ruta dentro del supermercado. Adáptala si quieres optimizar el tiempo.

LISTA DE LA

COMPRA

Colgar cerca de los menús.

Frutas-Verd.	Lomo	Champiñones	Limp-suelo
Naranjas	Filetes	Maíz	Lejía
Manzanas	Embutidos	Garbanzos	Papel hig.
Plátanos	Pescado fres	Alubias	Champú-Gel
Lechuga	Mejillones	**Congelados**	Desodorante
Tomates	**Pasta-Legumbres**	Pescado	Dentífrico
Calabacín	Espaguetti	Judías verd.	Kleenex
Cebollas	Otras pastas	Espinacas	Hig. personal
Ajos	Arroz	Menestra	Tinte
Puerros	Garbanzos	Patatas fritas	**Aperitivos**
Patatas	Lentejas	Carne picada	Patatas fritas
Setas	Alubias	Pescado	Galletas
Zanahorias	Fideos	Langostinos	Palomitas
Lácteos	**Básicos**	Helado	Frutos secos
Leche	Aceite/vinag	**Panadería**	**Bebidas**
Huevos	Azúcar	Pan	Latas
Quesos	Sal fina-grue.	Pan de molde	Zumo
Cuajadas	Harina, etc	Repostería	Agua
Yogur	Especias	Galletas	Vinos
Embutidos	Café	Cereales	Licores
J.York/Pavo	Infusiones	Harina	**Varios**
Paté/Fuet	Cacao	**Droguería**	Mascota
J. Serrano	**Conservas**	Detergentes	
Carne-Pescado	Atún	Suavizante	
Carne guisar	Sardinas	Lavavj-Sal	
Pollo	Aceitunas	Vitro	

Lista de la compra | *Cuélgame en la nevera, junto a los menús*

Frutas-Verd.	Lomo	Champiñones	Limp-suelo
Naranjas	Filetes	Maíz	Lejía
Manzanas	Embutidos	Garbanzos	Papel hig.
Plátanos	Pescado fres	Alubias	Champú-Gel
Lechuga	Mejillones	**Congelados**	Desodorante
Tomates	**Pasta-Legumbres**	Pescado	Dentífrico
Calabacín	Espaguetti	Judías verd.	Kleenex
Cebollas	Otras pastas	Espinacas	Hig. personal
Ajos	Arroz	Menestra	Tinte
Puerros	Garbanzos	Patatas fritas	**Aperitivos**
Patatas	Lentejas	Carne picada	Patatas fritas
Setas	Alubias	Pescado	Galletas
Zanahorias	Fideos	Langostinos	Palomitas
Lácteos	**Básicos**	Helado	Frutos secos
Leche	Aceite/vinag	**Panadería**	**Bebidas**
Huevos	Azúcar	Pan	Latas
Quesos	Sal fina-grue.	Pan de molde	Zumo
Cuajadas	Harina, etc	Repostería	Agua
Yogur	Especias	Galletas	Vinos
Embutidos	Café	Cereales	Licores
J.York/Pavo	Infusiones	Harina	**Varios**
Paté/Fuet	Cacao	**Droguería**	Mascota
J. Serrano	**Conservas**	Detergentes	
Carne-Pescado	Atún	Suavizante	
Carne guisar	Sardinas	Lavavj-Sal	
Pollo	Aceitunas	Vitro	

PiaOrganiza.es
Tu Casa, tus cosas, organizadas

Anexo **14** *Las manchas una a una: cómo quitarlas*[16]

Siempre que nos ponemos ante una mancha nos gustaría que desapareciera de forma fácil. Me propongo demostrarte con este *Manual para organizar tu casa* que es más sencillo de lo que parece. Lo importante son dos cosas: la naturaleza de la mancha antes de aplicar el producto y que nos vamos a mover entre detergentes para manchas no solubles y solubles al agua. Y así, por ejemplo, ante una mancha de leche en un mantel, nos debemos preguntar:

– ¿Características del textil? Poliéster.
– ¿Tipo de suciedad? La leche es grasa.
– ¿Qué producto uso? Un desengrasante o jabón neutro.
– ¿Y a qué temperatura? A 30 °C, no lo dudes.

El capítulo de los detergentes y productos –pág. 194 y siguientes– te ayudarán mucho a distinguir y a acertar.

— Alquitrán —

Si el alquitrán se ha adherido al traje de baño (fibra sintética), trata de despegarlo con suavidad y a continuación frota con aceite hasta que te lo lleves. Si te quedara mancha, insiste con más aceite y repite este tratamiento estrenando cada vez un trozo de trapo limpio. Si persistiera la mancha negruzca, puedes usar disolvente. Al final, lavar con agua caliente, un poco de amoniaco y jabón desengrasante. Si se nos ha manchado un tejido no-lavable, ablanda la mancha con glicerina y frota con un poco de aguarrás directamente en la mancha. Luego con gasolina retira la grasa que ha dejado el aguarrás. Ventila bien la prenda.

— Amarilleamiento del tiempo o de la lejía —

Aprender a blanquear lo amarillo tiene una parte muy gozosa que

---

[16] He trabajado este apartado teniendo como referencia lo aprendido en el CEICID, además de mi propia experiencia. También he consultado www.guia.tintorerias.com

es la de ver resultados rápidamente, además te pringas de agua jabonosa hasta los codos y huele a casa de pueblo. Un verano vi a mi madre blanqueando todas las sábanas de mi hermana, la verdad es que tenía razón: a veces, somos descuidadas, lavamos sin ton ni son y no pensamos en los jabones que utilizamos. Mi madre en bata blanca de laboratorio estaba ahí enjabonando las partes centrales de las sábanas y de las almohadas con jabón de taco, sin extralimitarse en el esfuerzo, la verdad, dejando todo a remojo no demasiado tiempo –dice que a veces exageramos con los remojos–, un par de horas, y conectando lavadoras en programas a 40° C normales. Las extendía al sol. Cuando estaban un poco secas, las regaba una y otra vez, con manguera y nuevamente más sol. Me decía: «El truco es regar constantemente. – Serena lo hacía así: las dejaba en los arbustos, ahí reposando tranquilamente y, de vez en cuando, nuevas palizas de agua y sol»–. El impacto de ver fundas de almohadas amarillas completamente recuperadas fue impresionante. En una mañana hizo unos 10 juegos completos.

Por lo tanto: impregna las prendas en jabón de taco, añádele perboratos o algún blanqueante si lo prefieres, frótalas con algún cepillo, deja a remojo –una o dos horas–, y después mira cómo sale el agua que es un placer. Conecta la lavadora a 40/50 °C, y no centrifugues pues te interesa que sea el sol quien retire el agua. Repite este proceso hasta que las dejes blancas. No queda otra. Mi madre lo hacía siempre en verano, tiene su sentido.

— Baberos —

Conforme termina de comer, coge el babero, retira el pegote de comida y pon una gota generosa de jabón de lavar a mano los platos. Si no tienes prevista una lavadora, frota, enjuaga, escurre y cuelga para secar. Ya está. El día que pongas lavadora de algodón claro, y te quede hueco, si te acuerdas, coge todos los baberos y lávalos todos de golpe menos uno.

— Barniz —

Mi consejo es que si está «tierna» la mancha le pongas polvos de talco justo encima, tampones con un disolvente y frotes ligeramente hasta que la disuelvas. Lo que hace el talco es evitar que el disolvente se extienda y haga un cerco de difícil solución. Lava la prenda en ese momento a mano o a máquina.

Lo ideal es trabajar con ropa más vieja cuando se usa barniz, pintura, esmaltes, etc., ya que dependiendo del tejido sobre el que nos caiga será un verdadero problema eliminar esa mancha y con un poco de previsión lo podemos resolver.

— Barro —

Lo primero: debes leerte la etiqueta. Lo segundo: el barro siempre se quita. Deja que se seque y elimina los restos con un cepillo. Si le das por detrás verás que se desprende muy bien. Pon jabón líquido directamente en la mancha y ¡no añadas agua aún! Déjalo reposar unos 15 minutos. Pasado ese tiempo moja el cepillo –no la prenda– y con ayuda del jabón dale a ambas caras de la mancha (trata de no mojar la prenda). Verás que desaparece. Luego métela en la lavadora en el ciclo que le corresponda todas las veces que sea necesario y no la metas en la secadora porque si quedara algún resto te lo fijará.

¿Y qué hago si la mancha de barro está ya ahí desde hace tiempo? Puedes hacer lo mismo, pero antes de meterla a lavar, prueba a dejarla una hora con gel sanitizante o alcohol en gel. Sí, el de los hospitales.

— Bebidas con alcohol —

Empezaría con dejar la prenda a remojo una hora en agua fría. Si no se ha ido, entonces repite con agua y alcohol diluida a partes iguales aplicado con una esponja. En tejidos no-lavables puedes aplicar alcohol un poco rebajado en agua.

— Bebidas edulcoradas (vino, tónica, refrescos, etc.) —

Cuando una de estas bebidas nos cae sobre la prenda, puede que aparezca o no la mancha y puede ser que esté ahí y no la puedas ver. Una vez que la mancha se ha expuesto al aire, el azúcar se oxida y deja una mancha invisible que finalmente se vuelve amarilla porque sí que estaba ahí. Te recomiendo tratarlas siempre antes de que se sequen. Agua fría rápido para que no se fijen los azúcares.

— Betún —

Ablandar la mancha antes con glicerina y frotar a continuación con aguarrás y aclarar. En tejidos lavables, lavar la prenda manchada con agua y jabón.

— Bronceador —

Mete la visera, el pareo, las toallas… en agua tibia con vinagre hasta que desaparezca. Normalmente entre media y una hora. Luego lava todo en su programa normal. El tejido del traje de baño es más delicado, usaría alcohol del botiquín.

— Caca de niño —

Retirarla al chorro de agua fría quitando todos los restos con un cepillo de uso exclusivo. Aplicar jabón de taco. Insistir en las costuras y recovecos. Después, lavar como de costumbre y revisar si necesitas usar blanqueante.

— Caca de pájaro —

Después de quitarla –mejor si es del revés y algo seca– y reírte un poco, el agua oxigenada es lo mejor. Antes prueba en algún lateral de la prenda, sobre todo si es un abrigo, gabardina o de color. Si ves que persiste, igual usaría algún compuesto enzimático porque nunca se sabe qué llevan esos excrementos. Cuando la retires debes proceder a lavar la prenda según marque su etiqueta.

— Café —

En tapicerías cubre cuanto antes la mancha con jabón de taco durante unos minutos e intenta absorberlo con una esponja. En la ropa, frota suavemente la mancha con vinagre y alcohol a partes iguales, deja secar y lava de modo habitual con agua fría siempre.

— Cera —

Las manchas de cera hoy no son las mismas que hace años. De hecho se despegan perfectamente tanto de los suelos como de los tejidos. El cerco graso que te quede puedes frotarlo con algún disolvente o aplicar jabón de taco en seco e ir aclarando muy poco a poco añadiendo gotas de agua primero y después aclarándolo bien. Otra forma es usar alcohol puro: impregnando muy bien por ambas caras la mancha y esperando de 10-15 minutos a que actúe y puedas frotar con las manos hasta su disolución.

— Chicle —

El objetivo es lograr congelar el chicle para que al endurecerse se despegue con comodidad. Por tanto, puedes congelar directamente la prenda o aplicar un cubito de hielo sobre el chicle. Ya retirado, el resto lo puedes eliminar aplicando un poco de alcohol 90° con un paño. Si el tejido es lavable, se irá bien con agua caliente y si no lo es, deberás ayudarte de algún disolvente, siempre a discreción. La acetona o el benzol pueden darte resultados.

— Chocolate —

El problema del chocolate es sobre qué tipo de fibra cae. Si es de algodón nos costará más que si es sintética. Sobre algodón: dejaría secar el chocolate y retiraría los restos con un cuchillo plano. Aplicaría jabón de taco en seco e iría humedeciendo lentamente. Sobre sintéticos aplicar por ambas caras un poco de glicerina pura y absorberla, después con papel de cocina. También funciona si aplicas alcohol de 90° diluido a partes iguales en agua.

— Coca-Cola —

La soda, la casera o el alcohol diluido a partes iguales me ha funcionado bien. Luego lavas la prenda como tengas costumbre. Lo importante es aclararla muy bien.

— Colonia —

Diluye 1 cucharada agua oxigenada en 2 de agua y ayúdate de un cepillo para frotar la zona manchada. A continuación, enjuaga la mancha en vinagre blanco y después, procede a lavar la prenda de modo habitual.

— Desodorante —

Como sabes, el amoniaco y el vinagre diluidos en agua tibia pueden con todo. También puedes dejar la mancha sumergida en una mezcla de zumo de 1 limón en un litro de agua tibia o hacer una pasta con un blanqueante y agua tibia. Va a depender del tiempo que lleve esa mancha y del tipo de tejido. Si la prenda no la puedes lavar pásate al alcohol. Y si es de lana al agua con sal.

— Esmalte de uñas —

Lógicamente aplicaremos acetona o quitaesmalte y lavaremos la prenda. He de comentar que las fibras de acetato no resisten este tratamiento. Por ello, revisaremos antes de empezar la etiqueta del fabricante.

— Fruta —

Por lo general, con agua fría y un poco de amoniaco si son frutas ácidas. Una vez trabajada la mancha, lava normalmente. Si ves que está seca, lávala con agua jabonosa tibia y aclara bien. Si la mancha ha caído sobre lana, basta con frotar con alcohol de 90º. Si ha caído sobre seda, con alcohol rebajado.

— Frutos rojos —

Primero reblandece la mancha con agua fría. Llena un recipiente con agua tibia a 30º y añade un chorrito de detergente líquido para ropa y una cuchara sopera de vinagre blanco. Espera unos 15-20 minutos antes de enjuagarla con agua fría de nuevo. Si queda algún resto de mancha puedes depositar vinagre blanco directamente y sin diluir sobre la mancha, esperar otros 15-20 minutos y volver a enjuagar. Verás cómo va atenuándose. Si te quedaran contornos, puedes tamponar con un trapo blanco y alcohol. Lavar la prenda normalmente.

— Gasolina —

Si se acaba de caer, lo primero es tratar de absorber todo lo que puedas de gasolina con un trapo de toalla seca y limpia. Aplica detergente sin diluir directamente y deja reposar. Lavar la prenda en la lavadora o a mano, pero sola, usando gel con oxígeno activo.

— Grasa —

Por lo general, si te cae una mancha y no estás en casa, lo mejor es ponerle talco encima y dejar que absorban la grasa durante horas. Al llegar a casa, retira lo que te haya quedado de talco y pásale un limón por encima; o usa jabón de taco con poca agua o coges el espray habitual desengrasante de ropa y se lo aplicas siguiendo las instrucciones. Generalmente salen al lavarlas.

Para manchas de grasa en fibras sintéticas, el aguarrás es una buena solución, pero no te olvides de hacer una prueba previa en el costado del tejido. Lavar después, de modo habitual.

— Hierba —

Tienes tres formas de hacerlo:

– Con alcohol y agua tibia a partes iguales. Deja empaparse la mezcla y al cabo de unos 10-15 minutos ya puedes aclarar. Lavar la prenda de modo habitual.

– También puedes aplicar bicarbonato o perborato diluido con un cepillo y dejar reposar.

– Pulverizando vinagre blanco sobre la mancha. Espera un ratito y lava.

— Humedad —

– Un chorrito de amoniaco disuelto en 1 litro de agua.

– También puedes mezclar vinagre y bicarbonato sódico.

– O dejar la prenda en leche un par de horas (es caro).

– Si el tejido es resistente, puedes probar con una mezcla de zumo de limón hervido en el microondas al que añades polvos de talco para que frote mejor y arrastre bien esos restos de humedad.

– Y ya sabes que, para el cuero, el aguarrás es la solución: hazlo con cuidado y tanteando. Salen perfectas.

— Kétchup —

Es una mancha de origen orgánico. Con un quitamanchas enzimático saldrá perfectamente. Moja la mancha en agua fría, aplica el quitamanchas enzimático y déjalo en reposo unos 15 minutos y luego lava en agua fría con tu detergente líquido habitual. Se puede sustituir el detergente por amoniaco si la mancha persiste.

— Leche —

La verdad es que suele salir bien y siempre con agua tibia jabonosa. Si añades un poco de perborato te aseguras el resultado. Si la prenda es sintética, no te preocupes y lávala con una cucharada de agua oxigenada y otra menor de amoniaco (por litro de agua). Deja actuar. Después, aclara varias veces en agua limpia.

— Maquillaje —

Yo normalmente tengo vinagre blanco junto a la lavadora y lo meto en un bote de espray. Lo aplico al cuello o a la mancha y dejo actuar mientras sigo metiendo prendas en la lavadora. Salen perfectas.

— Mermelada —

Retirar los restos con una cucharilla y limpiar con agua y jabón neutro. Si la mancha persiste aplicar bórax sobre la mancha y dejar que actúe. Si se trata de ropa blanca, se puede utilizar lejía en el lavado.

— Mora —

Dos soluciones eficaces: la primera, frotar la mancha con un tomate maduro o vinagre y dejar actuar varias horas. Después, lava la prenda como de costumbre. La otra solución es mojar la zona con leche agria y dejarla reposar un rato. Luego, lava la prenda con agua caliente.

— Mostaza —

Primero retira todo lo que puedas con un cuchillo. Enjuaga con agua fría hasta que se empape el tejido. Deja detergente líquido amasado con esa humedad restante y al ratito lava la prenda como tengas costumbre.

— Nicotina —

No hay nada como diluir la mancha en alcohol y aclararla. Si la prenda es de color, haz previamente una prueba en el dobladillo. Si es una prenda blanca, puedes añadir al detergente de la ropa un par de medidas de bicarbonato para potenciar el blanco.

— Óxido —

El zumo de limón con sal gruesa da buenos resultados. En realidad, es un ácido por lo que el vinagre también funciona. Aclara en agua fría y lava normalmente.

— Pegamento —

Suele ser bueno dejar secar la gota y retirarla con ayuda de una hoja de afeitar –cuidando con no cortar o pelar el tejido– o cuchillo. Dependiendo del tipo de pegamento podrás enfrentarte a él con glicerina líquida, acetona o alcohol. Deja actuar unos minutos, frota y disuelve lo que quede con acetona. Aclara todo con agua tibia y lava normalmente.

— Pintalabios —

Dale con un trapo de algodón o papel de cocina –si es pequeña– y alcohol. Sale perfecta.

— Pintura —

– Pintura al agua: con agua tibia. Pero cuando ya se han secado prueba con aceite de trementina. Si logras que desaparezca, pre-enjuaga la prenda con jabón de taco añadiendo agua poco a poco y luego, lava normalmente.

– Pintura oleosa: limpiar enseguida con un trapo blanco y limpio de algodón empapado con disolvente. Tampona la mancha con ayuda de un trapo absorbente, sin frotar. Retira el disolvente con ayuda del jabón de taco y agua tibia. Lavar normalmente. La pintura seca normalmente ya no se quita.

— Pís —

Dejar en remojo con agua fría y vinagre. Antes, puedes tratar de diluir la mancha con alcohol o amoniaco diluido. Y al acabar, si es blanca la prenda, añade un par de medidas de blanqueante en polvo al detergente de la lavadora. Notarás que sale perfecta.

— Protector solar —

Lo mejor es repasar con jabón de taco todos los trajes de baño seguidos, te pones un limón cerca y vas frotando todo lo que pilles, aclaras con agua tibia y secas al aire, pero a la sombra, si puedes. Al terminar, esos limones abiertos mételos en el lavavajillas para que te huela bien.

— Resina —

No mojes la prenda hasta que la hayas eliminado. Va bien tratar de diluirlas con aceite, sí, sí, aceite. Si no te resulta, la acetona o aguarrás es la solución. Al acabar, jabón de taco mojando con agua poco a poco. Y lava normalmente cuanto antes.

— Salsa de tomate —

No te agobies si los baberos, servilletas y pecheras de camisas están moteadas con salsa de tomate, sale fácilmente. Si está recién caída pon sal gorda encima para que la absorba y luego retírala con una cuchara, por ejemplo. Cuando puedas, prepara agua fría con un poquito de vinagre y pon la prenda a remojo mientras preparas una lavadora. Si la prenda es blanca y persiste, ponle blanqueante, déjala reposar unos minutos y aclara poco a poco hasta que veas que desaparece. A continuación lavar a máquina. Repetir hasta que desaparezca.

— Sangre —

El *quid* es el agua fría y si persiste y la prenda es blanca, tampona con un poco de agua oxigenada. Si está muy seca y el tejido crees que lo soportará, reblandécela dejándola a remojo –si es necesario toda la noche– en una solución de detergente bioactivo con un poco de amoniaco. Si es antigua usa perborato. Si quieres quitarla de tapicerías, mi consejo es diluir en agua fría unas gotas de amoniaco, e ir tamponando poco a poco sin frotar. Seca con una toalla para ayudar a que no quede cerco.

En lana: usa aspirina diluida en agua y deja un rato. Obsérvala de cerca para evitar que se te olvide. Luego lávala en un programa especial para lana.

— Silicona —

Lo mejor es esperar a que quede seca porque podrías conseguir retirarla sin apenas dejar rastro, a modo de pegamento elástico que se retira bien. Hay siliconas que pueden retirarse rápidamente con agua fría. El resto, con acetona, poco a poco y probando previamente en un dobladillo.

— Suciedad abundante —

Cuando tienes algo muy sucio, mucho, por ejemplo, unos visillos de un piso de alquiler o unas fundas del coche, o la de la sillita de los niños, trapos blancos de cristales pasados por una limpieza extra de persianas, etc., lo mejor es el remojo, el jabón de taco, el prelavado y el uso perfecto de la temperatura de los programas. Y recuerda, es mejor lavar dos veces que subir la temperatura. Termina una lavadora, empieza la misma otra vez. Hazlo por la noche que la luz es más barata.

— Sudor —

Cepillar con vinagre o alcohol diluido o bicarbonato, es lo más básico, pero hay que hacerlo con cierta frecuencia. Una vez secas son difíciles de eliminar, pero puedes lograrlo de varias formas: mete la sisa de la camisa durante media hora en una solución de un litro de agua tibia, amoníaco (cuchara sopera) y detergente de lavavajillas (1/2 cuchara sopera). Aclarar luego con agua. Si no se quita, introdúcela de nuevo en un litro de agua con vinagre (cuchara sopera) durante una hora. Aclara y pon a secar. Las prendas de lana hay que tenerlas toda la noche en agua fría con unas gotas de vinagre blanco.

— Té —

Agua tibia con un poco de jabón líquido de ropa y un chorrito de vinagre para que la prenda no pierda color. Al final, prueba a lavarla con ayuda de algún blanqueante en el lavado normal.

— Tinta de rotulador —

El vinagre blanco, la leche tibia o yogur, son los básicos. Pero si te cae en una alfombra puedes disolver la mancha en una mezcla de alcohol y vinagre blanco. Limpiar posteriormente con champú para alfombras. En las prendas sintéticas puedes frotar la mancha con medio tomate, aclarar generosamente y luego lavar.

— Tinte del pelo —

Tienes dos opciones que funcionan si reaccionas rápido ante la mancha: o bien la sumerges en leche durante 12 horas o bien mezclas dos cucharadas de amoniaco en un vaso de agua fría y con un trapo limpio tamponas para expulsar la mancha. Seguidamente debes lavar la prenda.

— Tomate —

El tomate crudo se puede quitar espolvoreando bastante sal sobre la zona afectada. Se deja actuar unos minutos y luego, se lava con agua fría.

— Vino blanco —

Aclarar enseguida con agua fría y lavar a continuación normalmente.

— Vino tinto —

Tamponar ambas caras con papel absorbente para retirar el máximo de vino. Tratar localmente la mancha con jugo de limón y lavar rápido. También puedes derramar vino blanco encima o agua mineral con gas. En general, tras desmanchar va bien aplicar algo de amoniaco diluido.

— Vómitos —

Una vez retirado el vómito con ayuda de una espátula y dependiendo del tipo de tejido, sigue estos pasos: si es lavable ponlo a remojo –1 hora– con agua fría y vinagre. Luego lávalo normalmente. Si no fuera lavable, debes retirar rápidamente la suciedad y con una microfibra limpia y muy escurrida en agua/vinagre o agua/bicarbonato, limpia despacio desde el exterior al interior de la mancha. Esperar. Secar. Repetir tantas veces como sea preciso.

— Yema de huevo —

Lavar con agua jabonosa tibia. Si queda mancha, frotar suavemente con agua oxigenada diluida en agua. Dejar secar y cepillar fuertemente para quitar los restos. Tratar inmediatamente con un disolvente. En las prendas delicadas habrá que someterlas a una mezcla de 2/3 de agua y 1/3 de amoníaco.

— Yogur —

Ni te preocupes. La dejas secar, y cuando vayas a conectar la máquina cepillas con agua tibia. Si ves que persiste, tapona con un poco de amoníaco diluido a partes iguales o con alcohol. A veces cojo el extremo del babero, lo pongo en la boca del bote de amoniaco y a la lavadora.

— Zapatillas de deporte de lona y tejido —

Aquí lo importante es que entren en la lavadora sin cordones, sin barro, pre-cepilladas con jabón líquido y solas. Solo así, desmanchadas podrían entrar junto a otras prendas fuertes de deporte (se evitan desgarros). Programa a 30 °C y sin fuerza en la centrifugación. Se secan en plano y preferentemente que no les dé sol, aunque sean blancas.

— Zumo de fruta —

Se pueden eliminar por completo estas manchas utilizando bastante agua y amoníaco. En caso de que no fuesen recientes, se puede aplicar perborato de sosa cáustica diluido en agua. Puedes disolver previamente la mancha con un poco de alcohol.

Anexo **15** *Cómo lavar y planchar algunas prendas de vestir*

Camisas de hombre

No te compliques en exceso. Por lo general son de algodón, al menos las de caballero y también las nuestras suelen serlo. Las de seda, lana o acetato es mejor derivarlas a la tintorería.

Lavar una camisa de hombre

Suelo lavar las camisas justo un día antes de planchar, es decir, lavo jueves, plancho todos los viernes en 30 minutos. Así llego al fin de semana liberada y con todo vacío. Pero según tus circunstancias convendrá hacerlo más hacia el centro de la semana, detrás de toallas y sábanas.

Del lado derecho y con un espray, desengrasa cuello, puños y axilas. Aplica amoniaco y jabón de taco si ves que se resisten. Recuerda lo que hablamos en el capítulo de manchas (sudor). No falla.

Un programa de algodón, corto –40 °C y a 1.000 (rpm)– de unos 50 minutos. Y si no están muy sucias, pongo un programa de ropa sintética y noto que salen menos, mucho menos arrugadas. Puedes añadir las tuyas, junto con algo de ropa interior de algodón. Al terminar las paso por la secadora unos 40 segundos y enseguida a una percha que cuelgo hasta ser planchada. Ya no las muevo de ahí. Las voy colgando por color y por dueño.

Planchar una camisa de hombre: puedes ver el vídeo www.piaorganiza.es

Yo tengo centro de planchado, lo cual me evita tener que humedecerlas. No creo que sea muy necesario, pero si el algodón es un poco basto, quizá lo necesitarás.

– El cuello por la parte vista, será normalmente suficiente. Pero si lo necesita puedes hacerlo por ambas caras, embebiendo las arrugas de la cara interna con la punta de la plancha. Recuerda presionar y no arrastres la plancha.

– Puños: lo mismo que el cuello, asentando las costuras. Yo solo los plancho por dentro, avanzando hacia la flecha y me quedan perfectos. Recuerda no bailar la plancha y dejar que la humedad penetre lentamente. Ya no pasas más por ahí.

– Mangas: planchar sin velocidad por la cara de la flecha, para que no tengas que hacer la cara b. Gírala y mira si necesita repaso. Lo ideal es no marcar ni la manga ni el puño, pero si haces la raya a la manga, por favor, NO marques con raya el puño.

– Pechera uno: cara exterior. Una pasada lenta con vapor.

– Pechera dos: cara exterior. Otra pasada lenta con vapor.

– Espalda: coges las dos costuras laterales y haciendo un «globito» la dejas caer del revés sobre la tabla. Bien extendida la divides visualmente en dos grandes rectángulos. Empieza por el más cercano a tu cuerpo y subes al canesú. Hazlo con ayuda de la mano. Al acabar, haz el rectángulo más alejado repasando el canesú y las costuras del hombro.

– Repaso opcional de pecheras: si te queda tiempo, dales un toque, pero solo la parte del pectoral: es un toque mágico que ayuda a que el tejido, el bordado de sus iniciales o logotipo quede perfecto.

– Cuélgala en su percha y cierra el primer botón del cuello. Acumula todas, agrúpalas por colores y personas. Déjalas enfriar unos minutos para que no se arruguen. Este sistema sirve también, para cualquier camisa o blusa, batas de trabajo, casacas, uniformes, etc.

– Tiempo: 3 minutos.

— Pantalones con raya —

Lavar cualquier pantalón

Me gusta lavarlos del revés, después de comprobar que no hay manchas o rozaduras de zapatos. Este sistema va bien con los que se han de planchar, porque me facilita bastante la plancha. Luego entenderás mi sistema, por si te ayuda.

Revisa los bolsillos. O haz lo que hace mi hermana: «He llegado a un punto en el que ya no le doy la vuelta a nada, que lo haga cada cual. Es decir, que si echas tu ropa a lavar la revisas tú, la giras tú y la preparas tú». Y lo ha logrado hasta con los calcetines.

En una pila o lavabo, humedezco con los dedos los bajos y aplico el espray anti-grasa para eliminar roces de betún en la costura interior. Además, siempre tengo un cepillo de uñas blanco con jabón de taco, que me regala mi hermana. Lo hacen en el pueblo de su marido.

Un programa de sintético/mezcla, reducido –30 °C y a 800 (rpm)– de unos 40 minutos es correcto. Al terminar los paso por la secadora unos 40 segundos y enseguida a una percha de pinzas por la parte superior o cintura que cuelgo hasta ser planchados. Ya no los muevo de ahí. Los voy colgando por color y por dueño.

Planchar un pantalón de vestir con raya: puedes ver el vídeo www.piaorganiza.es

Son muy sencillos de planchar porque la parte más complicada, la raya, viene marcada de fábrica. ¿Qué hemos de tener en cuenta para planchar un pantalón de vestir de caballero?

– Que puedes empezar por las piernas y luego pasar a la caja o a la inversa.

– Que para evitar brillos, necesitarás o bien una suela de teflón o bien un paño de algodón grande de uso exclusivo para planchar.

Yo soy mas de paño pues la suela de teflón no logro que se ajuste bien a mi centro de planchado con lo cual se mueve y me resulta algo incómoda.

– Y, finalmente, que se planchan mejor del derecho.

Si elegimos la opción de empezar por las piernas, tendremos en cuenta lo siguiente:

– Con una mano une las dos trabillas delanteras que están a ambos lados de la cremallera.

– Con la otra mano, haz coincidir las cuatro costuras de los bajos del pantalón. Estíralo con un golpe seco, y colócalo lo mejor que puedas sobre la tabla. Coge el paño de algodón.

– Retira la pierna de arriba plegándola en dos hacia atrás y plancha la pierna que te queda extendida por su cara interna o entrepierna. Usa el trapo blanco. Haz sus dos rayas. Para la entrepierna eleva la tela y dispara vapor. La humedad hará el resto.

– Deja caer la pierna que habías retirado al inicio y dale la vuelta al pantalón de golpe. Sin dudar.

– Haz, ahora, la misma maniobra con la segunda pierna. Retira la de arriba plegándola en dos hacia atrás y plancha la pierna que ves con ayuda del trapo blanco hasta acabar marcando sus rayas y vaporizando la entrepierna.

– No vamos a planchar las otras caras de las piernas porque el vapor cubre ese esfuerzo.

– Para las caderas puedes hacerlo de dos formas: la más sencilla es elevando el tejido y descargando potentes descargas de vapor. La segunda, es introducir una toalla enrollada, a modo de ovillo, o una manopla con lo cual podrás planchar la caja con más detalle si ves que el tejido se resiste.

– Al terminar, cuélgalo de una percha con pinzas por la parte de arriba y por dentro, como en las tiendas, para que no quede marca y pueda airearse muy bien.

– Tiempo: 2 minutos aproximadamente y siempre dependiendo del tejido.

— Americana sin forro —

Lavar una americana sin forro

La verdad es que la primera vez que me lancé sabía que me la jugaba. Las americanas que no van entreteladas se pueden mantener perfectamente en casa siempre y cuando tengas una buena plancha, la verdad. Las otras, las de invierno, podemos mantenerlas en casa –cepillo y agua con chorrito de amoniaco– pero de vez en cuando habrá que llevarlas a la tintorería, para una limpieza en seco.

Dales la vuelta y revisa si hay manchas. Pon un puñado de sal gruesa en el bombo y mete las chaquetas de una en una, sobre todo si es tu primera vez.

Programa sintético/mezcla –30 °C– es mejor; detergente neutro sí o sí y prepara un chorrito de vinagre para echar durante el aclarado. No centrifugues, por favor. Solo cuando haya parado, dale un centrifugado corto. Sácala, pásala un minuto por la secadora si el tejido lo permite y cuélgala en una percha grande, de americanas; para que no se deforme la hombrera.

Planchar una americana sin forro:
puedes ver el vídeo www.piaorganiza.es

– Ármate de valor, de vapor, de un manguito y ten paciencia. No es tarea sencilla. Como suelen ser chaquetas de hilo o de algodón lo más importante es que estén húmedas para que, junto con el vapor de la plancha, nos quede perfecta. Los pasos a seguir son:

– El cuello: mejor del revés para evitar dejar marcas de brillo.

– Coloca la espalda con el revés hacia tí, deja caer las pecheras a ambos lados.

– Plancha con la punta las costuras y llega al hombro y las sisas.

– Repasa el medio forro del canesú ahora o al final.

– Haz los dobladillos de las dos aperturas y ayúdate de la punta para rematar bien las entretelas y los bolsillos.

– Asienta el primer delantero con el revés hacia tí, es decir, gira sobre la tabla la prenda tal y como la tienes, y engancha sin piedad el hombro en sentido forzado. No le pasa nada a esa hombrera. Se trata de tensar un poco la tela.

– Plancha tranquilamente, llevando la tela desde el borde exterior hacia la costura que baja de la sisa. No marques la solapa. La dejaremos para el final para evitar arrugas y trabajar el doble.

Las mangas las vamos a hacer en tres pasos:

- Zona de la costura. Yo la marco para hacer bien la costura y luego la desmarco con el manguito. Es opcional.
- Trasera.
- Central con manguito, para no dejar raya.

Primero se planchan las dos caras y al final, seguidas, las dos partes centrales de ambas mangas con ayuda del manguito. Recuerda que se trata de manipular la prenda lo menos posible para que no se arrugue.

– Si la plancha no llegara hasta el hombro, haz un ovillo con una toalla e introdúcela para que se planche bien.

– Llevar bien marcadas las solapas es muestra de elegancia, pero no aplastadas, simplemente insinuadas es suficiente.

– Al final, cuélgala en una percha de chaqueta, con forma, y haz varias descargas potentes de vapor en aquellas zonas donde lo necesite. Y no te preocupes de más porque el vapor será el encargado de que después de unos minutos, la chaqueta quede perfecta.

– Tiempo: 3 minutos y 30 segundos.

Ropa de bebé

En general, todo lo que compres para el bebé es recomendable lavarlo antes de estrenarlo, y al menos durante los 6 meses primeros dedicarle una atención especial. Quizá todo lo de algodón que está más en contacto con el cuerpo, personalmente, lo lavaría a mano, con un jabón especial de fragancia suave y eso sí, enjuagaría hasta la saciedad.

Si ves que alguna prenda está muy sucia, selecciona un programa delicado que ya marcará su propia temperatura y tendrá un ciclo de centrifugado también suave. Quizá tendría en cuenta, equilibrar la dosis de jabón con la cantidad de ropa que estás metiendo. Si no la llenas, aprovecha para lavar sus sabanitas, fundas del colchón de la cuna, su almohada, etc.

Importante: no uses suavizante. El motivo es que la aplicación de suavizantes generalmente se hace después del aclarado de la prenda, con lo cual quedan sustancias químicas adheridas al tejido. Esos restos pueden irritar la piel del bebé o pasar a su boca.

Cuelga las prendas con mimo y en la sombra mejor. No necesitan plancha, aunque hay opiniones que lo aconsejan. Haz lo que quieras.

— Ropa de enfermos —

Cuidar el aspecto externo tiene su importancia en todas las etapas de la vida, pero más aún cuando la persona está enferma o tiene que permanecer en cama. Puede ser una ayuda para mantener la autoestima y mejorar el estado de ánimo del enfermo. Hace poco hice un curso sobre la atención a personas mayores de la mano de mi gran amiga Sonia Vicario. Transcribo algunas ideas de aquel curso que también se han publicado en www.ceicid.es.

Consejos generales

– Procurar que se vista a la misma hora todos los días, para que se convierta en parte de la rutina diaria.

– Animar a que se vistan solos, siempre que sea posible.

– Planearlo con suficiente tiempo para que no haya prisas.

– Según su grado y tipo de enfermedad: es bueno para ellos

permitirle escoger las prendas (en caso de Alzheimer: reducir el nº de opciones).

– Dejarle preparada la ropa la noche anterior, en el orden en que se la debe poner.

– Eliminar de su armario las prendas y objetos que no utilice habitualmente para acceder a lo que usa de forma rápida y simple.

– Intentar que mantenga su propio estilo a la hora de vestirse y arreglarse, y que lleve los complementos y objetos con los que se sienta identificada (pañuelos, collares, anillos, reloj, cinturón, gorra).

Lavado de la ropa de enfermos

Habitualmente será necesario lavar toda la ropa a diario. Las personas enfermas se manchan con facilidad en las comidas y como pierden visión, es probable que no lo detecten. Por ello, les suele facilitar las cosas el tener un cubo en el baño para dejar su propia ropa sucia y así evitar olores. Ellos lo agradecerán.

¿Qué les ayuda a ponerse y quitarse la ropa con facilidad?

– Reponer lo necesario en vez de «recoser» pues hiere la piel.
– Elegir prendas de algodón, son más confortables.
– Cambiar cinturillas de pantalón por gomas.
– Quitar corchetes y botones; poner velcro.
– Prendas con cremalleras son difíciles de manejar. Evítalas.
– Mejor cuellos abiertos, puños sin botones.
– Poner velcro en lugar de cordones en los zapatos.
– El pijama: transpirable, mejor de algodón y ancho para que no le moleste. Si es una persona dependiente y que usa pañal: puede convenir un camisón abierto por la espalda.
– Si pasa muchas horas en cama, es conveniente proteger los pies y los codos con protectores de tobillos y talones: son cómodos, no dan calor ni frío, se cierran con velcro y al ir acolchados o con borreguito protegen la piel y se previenen las úlceras.

Anexo **16** *Cómo lavar y planchar algunas piezas de ropa blanca*

— Toallas —
Lo primero de la semana: el martes, el mejor día

Me encantaría tener un carrito que se pudiera mover cómodamente por casa, que fuera un seudo-armario blanco, con buenas ruedas grandes de goma, y ventilado –quizá con lamas menorquinas– de forma que me cupieran las toallas y los juegos de cama de toda la casa. Un armario-carro que esté en la zona de plancha y me sirva para almacenar sin moverme y repartir sin esfuerzo. Es mi sueño dorado.

Bueno, pero ¿cómo lavo las toallas?

Las toallas se lavan holgadas. Si tienes muchos juegos, lava primero las grandes y en la siguiente lavadora, las pequeñas. ¿Por qué? Porque saldrán antes las que tardan más en secar.

– Revisa las de manos y/o cara de las chicas por las manchas de máscara de ojos, restos de sombras o maquillaje, etc. Ponlas previamente a remojo, mientras lavas las grandes, o frótalas con jabón de taco o con tu espray mágico. Yo ya no froto nada. Hay productos maravillosos.

– Lavar a 50 °C máximo, centrifugado alto y ver si compensa suavizante. Ten en cuenta que, en algún tipo de rizo, el suavizante lo que hace es evitar que sequen bien. ¡Ojo!

– Cuando salgan de la lavadora, si puedes, dáles un toque corto en la secadora –2 o 3 minutos para que esponjen– y cuélgalas bien, todas las grandes seguidas para recogerlas de una vez. Haz lo mismo con las de mano: todas seguidas. Ten en cuenta que secan antes.

– No se planchan a no ser que te apetezca o sean de lino y tengas tiempo. Y todo sea dicho, quedan más agradables al taco. A mí, la vida solo me da para repasar las de invitados; las compré en Portugal, llevan tiras bordadas y me gusta verlas bien. ¡Debilidades!

— Las sábanas —
Los miércoles, justo detrás de las toallas

Muchas veces me preguntáis cómo podemos gestionar esos tres primeros días de la semana hasta superar el cambio de sábanas porque: «Es que se repite cada semana».

Y esta es la respuesta: Imaginemos que cambias las sábanas los miércoles por la mañana. El martes, cuando vas dejando a cada cual su juego de toallas en su cama o en el baño, debes dejar también un juego de sábanas sobre su cama. Al día siguiente, cuando se despiertan todos, se hacen la cama con sábanas limpias y ellos mismos llevan al lavadero las sucias.

«Ya, Pía, pero si quiero dejar las lavadoras programadas por la noche no me sirve». Sí te sirve. Pasas la maniobra al lunes: ya sabéis que los lunes los suelo reservar para poner la casa al día, lavar y sacar de un tirón la ropa del fin de semana, evitando cocinar.

Lavar sábanas:
recuerda que las almohadas tienen otro tipo de suciedad

Como sabes la suciedad de las sábanas es diferente a la de las almohadas y si me apuras, diría que las bajeras se asemejan más a la de las almohadas.

– Si puedes, agrupa bajeras y almohadas, y lávalas a la vez a unos 40 °C. Puedes subir hasta los 50 °C si ves que hay mucha grasa. Antes va bien rociar las almohadas con espray anti-grasa o frotarlas con jabón de taco dejándolas a remojo de vez en cuando. La diferencia es importante, especialmente si hay manchas biológicas. Actúa igual con las bajeras y protectores de cochón que lo necesiten, pero fíjate muy bien y no dejes pasar manchas.

– Si son blancas de algodón, refuerza con algo de oxígeno activo y azulete o bien comprueba que tu detergente contenga blanqueantes ópticos y perboratos.

– Sácalas de la lavadora y dales un toque de un par de minutos en la secadora para que las fibras se estiren. Cuélgalas y si son de tergal, las doblas y guardas directamente.

Planchar sábanas en 2 minutos:
puedes ver el vídeo www.piaorganiza.es

– Sábanas no-ajustables: si son de algodón hay que pasar por el toque de plancha. Y dependiendo de cómo hayas lavado, el tiempo de secado o la forma en la que las hayas colgado, tendrás que dedicarle más o menos tiempo, pudiendo plancharlas en tan solo 2 minutos por juego. Dóblalas a lo ancho dos veces. Coloca la cara A encima de la tabla. Añade una silla enfrente para ir dejando caer la parte planchada. Plancha la cara B. Dobla a lo largo y dale el tamaño del armario.

– Sábanas ajustables: son cómodas de colocar pero incómodas de planchar. Un día las vi preparar en una lavandería que servía a varios hoteles en Barcelona e incorporé su sistema. Mete las manos en el interior de las esquinas por el tramo estrecho de la sábana. Introduce las otras dos esquinas dentro de las anteriores y plancha enganchándolas en la cabecera de la tabla. Pliégala ahora en tres partes y gira ese bloque. Vuelve a plegar en otras tres partes buscando la medida de tu armario o cajonera.

Formas de guardar las sábanas

– Por separado: este sistema es ideal para familias con muchos miembros y con todos los juegos iguales. Permite la improvisación; usar tantas bajeras como necesites cambiar, o tantas almohadas a la semana como incidencias tengas.

– Por juegos completos: es un sistema más habitual y que suelen elegir familias con menos miembros o con juegos de cama diferentes entre sí. La encimera abraza a la bajera e incluye dentro la funda de la almohada.

– Los armarios de la ropa blanca son mi debilidad, por eso procuro que estén siempre perfectos cuidando, aunque sean pequeños, hasta los últimos detalles. Lo más importante es pensar en las medidas y tratar de adaptar, como te decía, el modo de doblar la ropa para que quepa bien. Procura que todos los dobleces te queden hacia dentro, y simétricamente colocados. Al quedarte la parte sin dobleces hacia ti, es más fácil coger la ropa y que no se vuelquen.

— Edredones —

La mejor época para lavar toda la ropa de cama de abrigo es entre primavera y verano ya que secan más rápido. Al lavarlos evitamos que acumulen olores desagradables fruto del uso.

Tipos de edredones:

– ***Con relleno sintético***: lavar en casa. Este tipo de edredones tienen un relleno de fibras de poliéster que imitan bastante bien el efecto de las plumas. Usa siempre un ciclo corto, agua fría y bajas revoluciones.

– ***Con relleno natural***: nórdico de pluma (más barato). Lavar en casa. No se emplean solo plumas, sino también cálamo, que es la parte de la pluma rígida y que hace que pese más y que abrigue menos.

– ***Con relleno natural***: nórdico de plumón (más caro). Lavar en casa. Son los modelos de mejor calidad del mercado, tienen más porcentaje de plumón que el resto, transpiran estupendamente y aíslan mejor que los anteriores. Pero al ser de materiales naturales, pueden provocar alergias.

Antes de proceder a lavarlos acuérdate de consultar las instrucciones de lavado que incluye la etiqueta, y revísalos para verificar que no tenga ningún roto ni descosido, porque evitarás que pueda romperse más o perder parte del relleno. Y aunque se puedan lavar en casa haciendo lavados de temporada, se recomienda un lavado en seco cada tres o cuatro años, para garantizar la máxima durabilidad del nórdico.

Lavar el edredón y secado con secadora

Mete el edredón en la lavadora con un programa delicado, jabón suave y agua fría. Programa un aclarado extra para evitar que los restos de jabón se acumulen en las plumas. A continuación, introdúcelo en la secadora con dos o tres pelotas de tenis nuevas, que permitirán que el relleno no se apelmace. Asegúrate de que esté totalmente seco antes de retirarlo de la secadora.

Lavar el edredón con secado al aire

En este caso, lo mejor es que esperes a que haga buen tiempo para que se seque lo más rápido posible y las plumas no se deterioren.

– Introduce el edredón en el tambor sin ninguna otra prenda y añade dos o tres pelotas de tenis envueltas en calcetines y que ayudarán a mover el relleno. Utiliza jabón suave, un programa delicado, sin suavizante, y consulta la temperatura que recomienda el fabricante. Si dudas, prográmalo con agua fría para evitar riesgos.

– Al terminar, no te preocupes si el edredón ha quedado grisáceo y muy aplastado, al secarse volverá a su aspecto original. Tiéndelo en un lugar bien ventilado donde no dé directamente el sol. Agita y sacude el relleno de vez en cuando para que no se apelmace.

Almacenamiento de edredones

– Una vez lavados: Guardar en bolsas de almacenaje al vacío. Son muy económicas y con un solo toque de aspirador te permiten reducir el grosor a más de la mitad. Además, evitan que los olores se acumulen en la ropa durante los meses de calor.

– Cuando llegue el invierno: Airéalos antes de su uso. Asegúrate de que no queden húmedos para evitar los malos olores y que pudieran deteriorarse las fibras.

– Y recuerda: cuida el aspecto y color de tus edredones. Si ves que amarillea, no te acostumbres, revísalo cada semana cuando se cambien y lávalo adecuadamente. No hay nada como el olor a «rico» cuando te acuestas.

— Mantas —

Es cierto que cada vez se usan menos las mantas, pero para todos aquellos que aún no han dado el salto al edredón, recordaremos los pasos a dar.

Lavar una manta en la lavadora

Hoy en día se pueden lavar perfectamente en lavadora todas las mantas, si es que te caben. Desde luego con las de algodón, las de lana y las sintéticas, si eliges el programa adecuado, no tendrás problema. Utiliza detergente para prendas delicadas y centrifuga a 800 rpm.

Aspirar las mantas

Es otra opción, pero yo no lo he hecho todavía; me lo recomendó un asistente a una de mis conferencias. Probablemente no le cabrían en su lavadora y no quería hacer el gasto de la tintorería. Estaba contento con los resultados, aunque me reconoció que, como era cansado, esperaba al fin de semana para tener ayuda y que le fuera más fácil sugetarla y girarla. Veo un sistema poco práctico.

— Manteles y servilletas —

Normalmente, en todas las casas solemos tener manteles de uso cotidiano y otros para ocasiones especiales. Vamos a ver cómo lavar manteles de algodón y manteles de poliéster o de mezcla de poliéster con algodón, porque son las combinaciones más habituales y las que todos manejamos.

– El *quid*: antes de quitar el mantel de la mesa, elimina una a una las manchas de grasa y vino. Las verás bien y podrás ir con muchísima agilidad.

– El *kit*: un desengrasante y si hay manchas de vino o café usa vinagre o un producto específico para manchas con taninos. Añade un paño blanco y un recipiente con agua.

Lavar manteles y servilletas

Tras desmanchar, elige bien tu programa y mete servilletas y manteles abiertos. Habitualmente uno a 40 °C y 800 rpm es correcto para cualquier tipo de mantel.

Planchar manteles de poliéster

No planches los manteles y servilletas de poliéster. Procura que salgan casi secos de la secadora –calor medio– o recógelos del tendedero en su punto exacto. Las doblas perfectamente, pasas las manos asentando los dobleces y ya está. El peso de otros manteles y servilletas harán el resto.

El secreto está en que la secadora no seque en caliente. Debe ser calor medio. Por lo tanto, si al sacar el mantel sale hirviendo, nos hemos confundido. Buscaremos las instrucciones y afinaremos para la siguiente secadora. Esas arrugas provocadas por el exceso de calor se eliminan humedeciendo un poco el mantel, y dejándolo un ratito al aire libre. Pliégalo y a su cajón. A veces, tendrás que pasarle la plancha a vapor por la cara A despacio y luego por la cara B, también despacio y plegado, sin complicarte.

Planchar manteles de algodón:
puedes ver el vídeo www.piaorganiza.es

Repasa los manteles y servilletas de algodón. En este caso, tienes que calcular bien el día que planchas para lavarlos esa mañana. Déjalos un poco húmedos, doblados en cuartos algo grandes. Al llegar el momento de plancharlos decide si empiezas sin vapor o si le aplicas vapor dependiendo de cómo hayan llegado. Empiezas: Cara A: lentito; cara B: lentito, y metes plancha por aquí y por allí, haces un par de dobleces, los aireas un rato y al cajón. Rapidito. Sin contemplaciones.

Planchar un mantel de hilo:
puedes ver el vídeo en www.piaorganiza.es

Y llegó el momento de saber si dominas tres conceptos: presión, humedad y tiempo.

– El mantel debe estar húmedo. Si vas a tardar en plancharlo, enróllalo en una toalla blanca.

– Antes de empezar, asegúrate de que el suelo está barrido y fregado ya que el mantel caerá al suelo sí o sí.

– Ponte dos sillas, o una mesa o un carrito con ruedas delante de la tabla de planchar: son un aliado para ir recogiendo el mantel planchado en un sentido y en el otro.

– Dale la vuelta al mantel: plancharás por la cara B. El hilo te quedará perfecto y si hay bordados, quedarán mullidos y preciosos.

– Pon la plancha en el 2. Como hay que secar el hilo al 100%, si pasamos por la misma zona varias veces, lo podríamos tostar.

– Plancha poco a poco, despacio, muy despacio, con orden y sin dejar la marca de la forma de la plancha. No arrastres la plancha;

plancha y levanta; siguiente, plancha y levanta y así sucesivamente.

– Cuando termines puedes darle un repaso por la cara A, sin tocar los bordados para no aplastarlos y que salgan brillos.

– Por favor, dobla con la mano –tanto el mantel como las servilletas–. Es más elegante. Si no es necesario, evita marcarlos con la plancha.

– Y cuando lo pongas sobre la mesa, si te da tiempo, es muy agradable no ver las marcas de los dobleces, pero dependerá de en qué país vivas y de lo que esté de moda en ese momento.

– Un truco sencillo: Pon el mantel, pulveriza con agua, coloca los platos, vasos y cubiertos. Al terminar dale unos pequeños estirones desde la parte que cae del mantel alrededor de toda la mesa. Verás que desaparecen las arrugas por la humedad y el peso.

— Visillos —

Es de las piezas más agradables de lavar. Una vez que los has descolgado y marcado para no confundirte al colgarlos (pon un imperdible en los de la derecha), sigue estos pasos:

– Si están muy sucios, los meto en la lavadora en un programa de ropa delicada y a 30 °C. A veces les doy dos lavados, siempre sin centrifugar, y le añado algo de bicarbonato. Los saco y cuelgo en su sitio mojados. Aportan un olor durante días fabuloso. Y siempre me digo que por qué no lo haré más veces. En fin.

– Ideas: si el visillo no llega al peso que la lavadora necesita, añade una toalla blanca.

– En lugar de suavizante puedes añadir vinagre blanco. Queda espectaculares. No huelen.

— Estores y enrollables —

Si son de tela y fáciles de desmontar se lavan en la lavadora. Pero si es complicado, entonces hay dos posibilidades:

– Si son de tela, y no podemos lavarlos a máquina, entonces aplicamos una espuma, se deja reposar y la retiramos según instrucciones del fabricante.

– Si se pueden lavar, entonces a la lavadora sin temperatura, con detergente para prendas delicadas y sin centrifugar; funcionan casi igual que los visillos. Quedan ideales. Luego, tendrás que tener algo de paciencia para volverlos a montar.

– Si son de materiales plásticos o *screens*, entonces con una microfibra y con el mismo líquido que usamos para los inodoros, quedan muy limpios.

– Si has elegido tenerlo de lamas de madera o metalizadas, se debe ir de una en una retirando previamente el polvo acumulado por ambas caras y posteriormente pasándoles una microfibra muy limpia humedecida. Es un sistema muy bonito pero que absorbe mucho de nuestro tiempo. Así que mucha paciencia porque los resultados valen la pena.

Anexo **17** *Hacer el presupuesto anual* *(plantilla de 2 páginas)*

Esta plantilla me ha funcionado bien a lo largo de los años y que puedes adaptar a tus gastos y obligaciones. Lo importante es tener conciencia de gasto y valorar lo que queremos afrontar en el año.

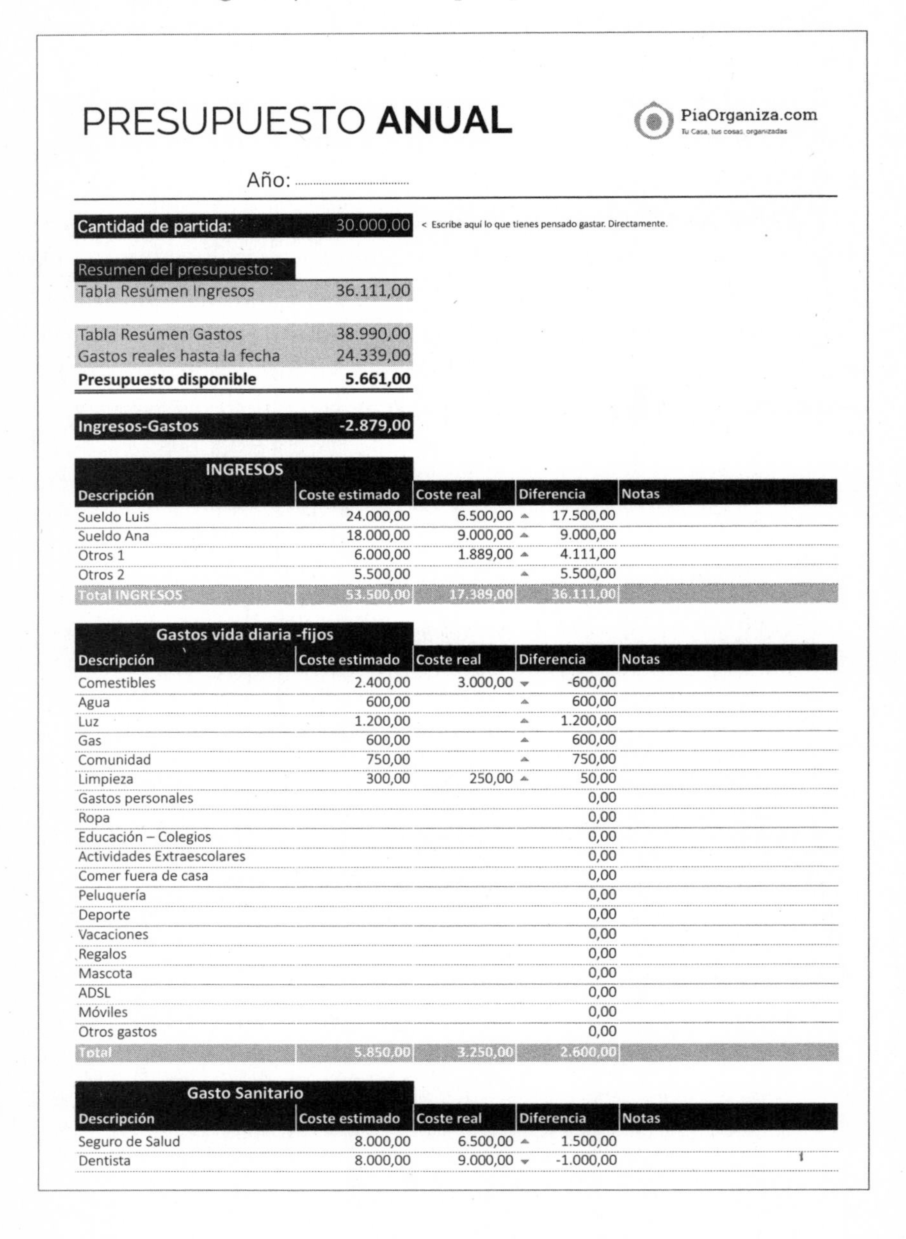

PRESUPUESTO **ANUAL**

PiaOrganiza.com
Tu Casa, tus cosas, organizadas

Año: ....

Cantidad de partida:	30.000,00

< Escribe aquí lo que tienes pensado gastar. Directamente.

Resumen del presupuesto:	
Tabla Resúmen Ingresos	36.111,00
Tabla Resúmen Gastos	38.990,00
Gastos reales hasta la fecha	24.339,00
Presupuesto disponible	**5.661,00**

Ingresos-Gastos	**-2.879,00**

INGRESOS				
Descripción	**Coste estimado**	**Coste real**	**Diferencia**	**Notas**
Sueldo Luis	24.000,00	6.500,00	▲ 17.500,00	
Sueldo Ana	18.000,00	9.000,00	▲ 9.000,00	
Otros 1	6.000,00	1.889,00	▲ 4.111,00	
Otros 2	5.500,00		▲ 5.500,00	
Total INGRESOS	53.500,00	17.389,00	36.111,00	

Gastos vida diaria -fijos				
Descripción	**Coste estimado**	**Coste real**	**Diferencia**	**Notas**
Comestibles	2.400,00	3.000,00	▼ -600,00	
Agua	600,00		▲ 600,00	
Luz	1.200,00		▲ 1.200,00	
Gas	600,00		▲ 600,00	
Comunidad	750,00		▲ 750,00	
Limpieza	300,00	250,00	▲ 50,00	
Gastos personales			0,00	
Ropa			0,00	
Educación – Colegios			0,00	
Actividades Extraescolares			0,00	
Comer fuera de casa			0,00	
Peluquería			0,00	
Deporte			0,00	
Vacaciones			0,00	
Regalos			0,00	
Mascota			0,00	
ADSL			0,00	
Móviles			0,00	
Otros gastos			0,00	
Total	5.850,00	3.250,00	2.600,00	

Gasto Sanitario				
Descripción	**Coste estimado**	**Coste real**	**Diferencia**	**Notas**
Seguro de Salud	8.000,00	6.500,00	▲ 1.500,00	
Dentista	8.000,00	9.000,00	▼ -1.000,00	

Presupuesto anual: página 2/2

Descripción	Coste estimado	Coste real	Diferencia	Notas
Gasto en medicinas	2.000,00	1.889,00	111,00	
Seguro de vida			0,00	
Otros gastos			0,00	
Total Gasto Sanitario	18.000,00	17.389,00	611,00	

Mantenimiento				
Descripción	Coste estimado	Coste real	Diferencia	Notas
Carpintería	4.000,00		4.000,00	
Fontanería	3.540,00		3.540,00	
Instalaciones	2.000,00	1.000,00	1.000,00	
Transporte	400,00	200,00	200,00	
Otros gastos			0,00	
Total	9.940,00	1.200,00	8.740,00	

Gastos de transporte				
Descripción	Coste estimado	Coste real	Diferencia	Notas
Coche – seguro	400,00	600,00	-200,00	
Coche – ITV	3.000,00		3.000,00	
Coche – Combustible	800,00	650,00	150,00	
Coche – Revisión	1.000,00	1.250,00	-250,00	
Autobús-taxi-metro-avión			0,00	
Reparaciones coche			0,00	
Otros gastos			0,00	
Total	5.200,00	2.500,00	2.700,00	

Cargas				
Descripción	Coste estimado	Coste real	Diferencia	Notas
Hipoteca			0,00	
Seguro Hogar			0,00	
IBI casa			0,00	
Impuestos			0,00	
Préstamo 1			0,00	
Otras cargas			0,00	
Total	0,00	0,00	0,00	

Ahorro				
Descripción	Coste estimado	Coste real	Diferencia	Notas
Fondo de emergencia			0,00	
Cuantía del ahorro			0,00	
Jubilación			0,00	
Inversiones			0,00	
Educación			0,00	
Otros			0,00	
			0,00	
Total	0,00	0,00	0,00	

PiaOrganiza.com
Tu Casa, tus cosas, organizadas

Anexo **18** *Llevar la contabilidad mensual* *(plantilla de 3 páginas)*

CONTABILIDAD **MENSUAL**

PiaOrganiza.com
Tu Casa tus cosas organizadas

Resumen Presupuesto Doméstico	ENE	FEB	MAR	ABR	MAY	JUN	JUL	AGO	SEP	OCT	NOV	DIC	TOTAL	MEDIA
Cantidad de partida	0,00 €	0,00 €	0,00 €	0,00 €	0,00 €	0,00 €	0,00 €	0,00 €	0,00 €	0,00 €	0,00 €	0,00 €	0,00 €	0,00 €
Ingresos totales	0,00 €	0,00 €	0,00 €	0,00 €	0,00 €	0,00 €	0,00 €	0,00 €	0,00 €	0,00 €	0,00 €	0,00 €	0,00 €	0,00 €
Gastos totales	0,00 €	0,00 €	0,00 €	0,00 €	0,00 €	0,00 €	0,00 €	0,00 €	0,00 €	0,00 €	0,00 €	0,00 €	0,00 €	0,00 €
Resultado neto (Ingresos - Gastos)	0,00 €	0,00 €	0,00 €	0,00 €	0,00 €	0,00 €	0,00 €	0,00 €	0,00 €	0,00 €	0,00 €	0,00 €	0,00 €	0,00 €
Resultado	0,00 €	0,00 €	0,00 €	0,00 €	0,00 €	0,00 €	0,00 €	0,00 €	0,00 €	0,00 €	0,00 €	0,00 €	0,00 €	0,00 €

INGRESOS	ENE	FEB	MAR	ABR	MAY	JUN	JUL	AGO	SEP	OCT	NOV	DIC	TOTAL	MEDIA
Salario	0,00 €	0,00 €	0,00 €	0,00 €	0,00 €	0,00 €	0,00 €	0,00 €	0,00 €	0,00 €	0,00 €	0,00 €	0,00 €	0,00 €
Ingresos por intereses	0,00 €	0,00 €	0,00 €	0,00 €	0,00 €	0,00 €	0,00 €	0,00 €	0,00 €	0,00 €	0,00 €	0,00 €	0,00 €	0,00 €
Dividendos	0,00 €	0,00 €	0,00 €	0,00 €	0,00 €	0,00 €	0,00 €	0,00 €	0,00 €	0,00 €	0,00 €	0,00 €	0,00 €	0,00 €
Alquileres	0,00 €	0,00 €	0,00 €	0,00 €	0,00 €	0,00 €	0,00 €	0,00 €	0,00 €	0,00 €	0,00 €	0,00 €	0,00 €	0,00 €
Otros	0,00 €	0,00 €	0,00 €	0,00 €	0,00 €	0,00 €	0,00 €	0,00 €	0,00 €	0,00 €	0,00 €	0,00 €	0,00 €	0,00 €
Total ingresos	**0,00 €**	**0,00 €**	**0,00 €**	**0,00 €**	**0,00 €**	**0,00 €**	**0,00 €**	**0,00 €**	**0,00 €**	**0,00 €**	**0,00 €**	**0,00 €**	**0,00 €**	**0,00 €**

RESÚMEN DE GASTOS													TOTAL	MEDIA
Gastos fijos del hogar	0,00 €	0,00 €	0,00 €	0,00 €	0,00 €	0,00 €	0,00 €	0,00 €	0,00 €	0,00 €	0,00 €	0,00 €	0,00 €	0,00 €
Gastos de transporte	0,00 €	0,00 €	0,00 €	0,00 €	0,00 €	0,00 €	0,00 €	0,00 €	0,00 €	0,00 €	0,00 €	0,00 €	0,00 €	0,00 €
Gasto sanitario	0,00 €	0,00 €	0,00 €	0,00 €	0,00 €	0,00 €	0,00 €	0,00 €	0,00 €	0,00 €	0,00 €	0,00 €	0,00 €	0,00 €
Gastos vida diaria	0,00 €	0,00 €	0,00 €	0,00 €	0,00 €	0,00 €	0,00 €	0,00 €	0,00 €	0,00 €	0,00 €	0,00 €	0,00 €	0,00 €
Gastos en entretenimiento	0,00 €	0,00 €	0,00 €	0,00 €	0,00 €	0,00 €	0,00 €	0,00 €	0,00 €	0,00 €	0,00 €	0,00 €	0,00 €	0,00 €
Destinado al ahorro	0,00 €	0,00 €	0,00 €	0,00 €	0,00 €	0,00 €	0,00 €	0,00 €	0,00 €	0,00 €	0,00 €	0,00 €	0,00 €	0,00 €
Total gastos	**0,00 €**	**0,00 €**	**0,00 €**	**0,00 €**	**0,00 €**	**0,00 €**	**0,00 €**	**0,00 €**	**0,00 €**	**0,00 €**	**0,00 €**	**0,00 €**	**0,00 €**	**0,00 €**

Gastos fijos														
Cuota hipoteca/Alquiler	0,00 €	0,00 €	0,00 €	0,00 €	0,00 €	0,00 €	0,00 €	0,00 €	0,00 €	0,00 €	0,00 €	0,00 €	0,00 €	0,00 €
Seguro del hogar	0,00 €	0,00 €	0,00 €	0,00 €	0,00 €	0,00 €	0,00 €	0,00 €	0,00 €	0,00 €	0,00 €	0,00 €	0,00 €	0,00 €
Electricidad	0,00 €	0,00 €	0,00 €	0,00 €	0,00 €	0,00 €	0,00 €	0,00 €	0,00 €	0,00 €	0,00 €	0,00 €	0,00 €	0,00 €
Gas	0,00 €	0,00 €	0,00 €	0,00 €	0,00 €	0,00 €	0,00 €	0,00 €	0,00 €	0,00 €	0,00 €	0,00 €	0,00 €	0,00 €
Agua	0,00 €	0,00 €	0,00 €	0,00 €	0,00 €	0,00 €	0,00 €	0,00 €	0,00 €	0,00 €	0,00 €	0,00 €	0,00 €	0,00 €
Teléfono	0,00 €	0,00 €	0,00 €	0,00 €	0,00 €	0,00 €	0,00 €	0,00 €	0,00 €	0,00 €	0,00 €	0,00 €	0,00 €	0,00 €
Televisión de pago	0,00 €	0,00 €	0,00 €	0,00 €	0,00 €	0,00 €	0,00 €	0,00 €	0,00 €	0,00 €	0,00 €	0,00 €	0,00 €	0,00 €
Internet	0,00 €	0,00 €	0,00 €	0,00 €	0,00 €	0,00 €	0,00 €	0,00 €	0,00 €	0,00 €	0,00 €	0,00 €	0,00 €	0,00 €
Muebles/Aparatos	0,00 €	0,00 €	0,00 €	0,00 €	0,00 €	0,00 €	0,00 €	0,00 €	0,00 €	0,00 €	0,00 €	0,00 €	0,00 €	0,00 €
Mantenimiento/Suministros	0,00 €	0,00 €	0,00 €	0,00 €	0,00 €	0,00 €	0,00 €	0,00 €	0,00 €	0,00 €	0,00 €	0,00 €	0,00 €	0,00 €
Mejoras en el hogar	0,00 €	0,00 €	0,00 €	0,00 €	0,00 €	0,00 €	0,00 €	0,00 €	0,00 €	0,00 €	0,00 €	0,00 €	0,00 €	0,00 €

Otros gastos	0,00 €	0,00 €	0,00 €	0,00 €	0,00 €	0,00 €	0,00 €	0,00 €	0,00 €	0,00 €	0,00 €	0,00 €	0,00 €	0,00 €
Total Gastos Fijos	**0,00 €**	**0,00 €**	**0,00 €**	**0,00 €**	**0,00 €**	**0,00 €**	**0,00 €**	**0,00 €**	**0,00 €**	**0,00 €**	**0,00 €**	**0,00 €**	**0,00 €**	**0,00 €**
Gastos de transporte														
Cuota del préstamo del vehículo	0,00 €	0,00 €	0,00 €	0,00 €	0,00 €	0,00 €	0,00 €	0,00 €	0,00 €	0,00 €	0,00 €	0,00 €	0,00 €	0,00 €
Seguro del vehículo	0,00 €	0,00 €	0,00 €	0,00 €	0,00 €	0,00 €	0,00 €	0,00 €	0,00 €	0,00 €	0,00 €	0,00 €	0,00 €	0,00 €
Combustible	0,00 €	0,00 €	0,00 €	0,00 €	0,00 €	0,00 €	0,00 €	0,00 €	0,00 €	0,00 €	0,00 €	0,00 €	0,00 €	0,00 €
Autobús/Taxi/Tren/Avión	0,00 €	0,00 €	0,00 €	0,00 €	0,00 €	0,00 €	0,00 €	0,00 €	0,00 €	0,00 €	0,00 €	0,00 €	0,00 €	0,00 €
Reparaciones	0,00 €	0,00 €	0,00 €	0,00 €	0,00 €	0,00 €	0,00 €	0,00 €	0,00 €	0,00 €	0,00 €	0,00 €	0,00 €	0,00 €
Otros gastos	0,00 €	0,00 €	0,00 €	0,00 €	0,00 €	0,00 €	0,00 €	0,00 €	0,00 €	0,00 €	0,00 €	0,00 €	0,00 €	0,00 €
Total gastos de transporte	**0,00 €**	**0,00 €**	**0,00 €**	**0,00 €**	**0,00 €**	**0,00 €**	**0,00 €**	**0,00 €**	**0,00 €**	**0,00 €**	**0,00 €**	**0,00 €**	**0,00 €**	**0,00 €**
Gasto sanitario														
Seguro de salud	0,00 €	0,00 €	0,00 €	0,00 €	0,00 €	0,00 €	0,00 €	0,00 €	0,00 €	0,00 €	0,00 €	0,00 €	0,00 €	0,00 €
Dentista	0,00 €	0,00 €	0,00 €	0,00 €	0,00 €	0,00 €	0,00 €	0,00 €	0,00 €	0,00 €	0,00 €	0,00 €	0,00 €	0,00 €
Gasto en medicinas	0,00 €	0,00 €	0,00 €	0,00 €	0,00 €	0,00 €	0,00 €	0,00 €	0,00 €	0,00 €	0,00 €	0,00 €	0,00 €	0,00 €
Seguro de vida	0,00 €	0,00 €	0,00 €	0,00 €	0,00 €	0,00 €	0,00 €	0,00 €	0,00 €	0,00 €	0,00 €	0,00 €	0,00 €	0,00 €
Otros gastos	0,00 €	0,00 €	0,00 €	0,00 €	0,00 €	0,00 €	0,00 €	0,00 €	0,00 €	0,00 €	0,00 €	0,00 €	0,00 €	0,00 €
Total gasto sanitario	**0,00 €**	**0,00 €**	**0,00 €**	**0,00 €**	**0,00 €**	**0,00 €**	**0,00 €**	**0,00 €**	**0,00 €**	**0,00 €**	**0,00 €**	**0,00 €**	**0,00 €**	**0,00 €**
Gastos vida diaria														
Comestibles	0,00 €	0,00 €	0,00 €	0,00 €	0,00 €	0,00 €	0,00 €	0,00 €	0,00 €	0,00 €	0,00 €	0,00 €	0,00 €	0,00 €
Gastos personales	0,00 €	0,00 €	0,00 €	0,00 €	0,00 €	0,00 €	0,00 €	0,00 €	0,00 €	0,00 €	0,00 €	0,00 €	0,00 €	0,00 €
Ropa	0,00 €	0,00 €	0,00 €	0,00 €	0,00 €	0,00 €	0,00 €	0,00 €	0,00 €	0,00 €	0,00 €	0,00 €	0,00 €	0,00 €
Limpieza	0,00 €	0,00 €	0,00 €	0,00 €	0,00 €	0,00 €	0,00 €	0,00 €	0,00 €	0,00 €	0,00 €	0,00 €	0,00 €	0,00 €
Educación	0,00 €	0,00 €	0,00 €	0,00 €	0,00 €	0,00 €	0,00 €	0,00 €	0,00 €	0,00 €	0,00 €	0,00 €	0,00 €	0,00 €
Comer fuera de casa	0,00 €	0,00 €	0,00 €	0,00 €	0,00 €	0,00 €	0,00 €	0,00 €	0,00 €	0,00 €	0,00 €	0,00 €	0,00 €	0,00 €
Peluquería	0,00 €	0,00 €	0,00 €	0,00 €	0,00 €	0,00 €	0,00 €	0,00 €	0,00 €	0,00 €	0,00 €	0,00 €	0,00 €	0,00 €
Mascota	0,00 €	0,00 €	0,00 €	0,00 €	0,00 €	0,00 €	0,00 €	0,00 €	0,00 €	0,00 €	0,00 €	0,00 €	0,00 €	0,00 €
Otros	0,00 €	0,00 €	0,00 €	0,00 €	0,00 €	0,00 €	0,00 €	0,00 €	0,00 €	0,00 €	0,00 €	0,00 €	0,00 €	0,00 €
Total gastos vida diaria	**0,00 €**	**0,00 €**	**0,00 €**	**0,00 €**	**0,00 €**	**0,00 €**	**0,00 €**	**0,00 €**	**0,00 €**	**0,00 €**	**0,00 €**	**0,00 €**	**0,00 €**	**0,00 €**
Gastos en entretenimiento														
Videos/DVDs	0,00 €	0,00 €	0,00 €	0,00 €	0,00 €	0,00 €	0,00 €	0,00 €	0,00 €	0,00 €	0,00 €	0,00 €	0,00 €	0,00 €
Musica	0,00 €	0,00 €	0,00 €	0,00 €	0,00 €	0,00 €	0,00 €	0,00 €	0,00 €	0,00 €	0,00 €	0,00 €	0,00 €	0,00 €
Juegos	0,00 €	0,00 €	0,00 €	0,00 €	0,00 €	0,00 €	0,00 €	0,00 €	0,00 €	0,00 €	0,00 €	0,00 €	0,00 €	0,00 €
Cine/Teatro	0,00 €	0,00 €	0,00 €	0,00 €	0,00 €	0,00 €	0,00 €	0,00 €	0,00 €	0,00 €	0,00 €	0,00 €	0,00 €	0,00 €
Conciertos	0,00 €	0,00 €	0,00 €	0,00 €	0,00 €	0,00 €	0,00 €	0,00 €	0,00 €	0,00 €	0,00 €	0,00 €	0,00 €	0,00 €
Libros/Revistas	0,00 €	0,00 €	0,00 €	0,00 €	0,00 €	0,00 €	0,00 €	0,00 €	0,00 €	0,00 €	0,00 €	0,00 €	0,00 €	0,00 €
Deporte	0,00 €	0,00 €	0,00 €	0,00 €	0,00 €	0,00 €	0,00 €	0,00 €	0,00 €	0,00 €	0,00 €	0,00 €	0,00 €	0,00 €
Juguetes/Gadgets	0,00 €	0,00 €	0,00 €	0,00 €	0,00 €	0,00 €	0,00 €	0,00 €	0,00 €	0,00 €	0,00 €	0,00 €	0,00 €	0,00 €
Vacaciones	0,00 €	0,00 €	0,00 €	0,00 €	0,00 €	0,00 €	0,00 €	0,00 €	0,00 €	0,00 €	0,00 €	0,00 €	0,00 €	0,00 €
Otros	0,00 €	0,00 €	0,00 €	0,00 €	0,00 €	0,00 €	0,00 €	0,00 €	0,00 €	0,00 €	0,00 €	0,00 €	0,00 €	0,00 €
Total gastos en entretenimiento	**0,00 €**	**0,00 €**	**0,00 €**	**0,00 €**	**0,00 €**	**0,00 €**	**0,00 €**	**0,00 €**	**0,00 €**	**0,00 €**	**0,00 €**	**0,00 €**	**0,00 €**	**0,00 €**

Contabilidad mensual: página 3/3

Ahorro	ENE	FEB	MAR	ABR	MAY	JUN	JUL	AGO	SEP	OCT	NOV	DIC	TOTAL	MEDIA
Fondo de emergencia	0,00 €	0,00 €	0,00 €	0,00 €	0,00 €	0,00 €	0,00 €	0,00 €	0,00 €	0,00 €	0,00 €	0,00 €	0,00 €	0,00 €
Cuantía de ahorro	0,00 €	0,00 €	0,00 €	0,00 €	0,00 €	0,00 €	0,00 €	0,00 €	0,00 €	0,00 €	0,00 €	0,00 €	0,00 €	0,00 €
Jubilación	0,00 €	0,00 €	0,00 €	0,00 €	0,00 €	0,00 €	0,00 €	0,00 €	0,00 €	0,00 €	0,00 €	0,00 €	0,00 €	0,00 €
Inversiones	0,00 €	0,00 €	0,00 €	0,00 €	0,00 €	0,00 €	0,00 €	0,00 €	0,00 €	0,00 €	0,00 €	0,00 €	0,00 €	0,00 €
Educación	0,00 €	0,00 €	0,00 €	0,00 €	0,00 €	0,00 €	0,00 €	0,00 €	0,00 €	0,00 €	0,00 €	0,00 €	0,00 €	0,00 €
Otros	0,00 €	0,00 €	0,00 €	0,00 €	0,00 €	0,00 €	0,00 €	0,00 €	0,00 €	0,00 €	0,00 €	0,00 €	0,00 €	0,00 €
Total ahorro	**0,00 €**	**0,00 €**	**0,00 €**	**0,00 €**	**0,00 €**	**0,00 €**	**0,00 €**	**0,00 €**	**0,00 €**	**0,00 €**	**0,00 €**	**0,00 €**	**0,00 €**	**0,00 €**

Resumen Presupuesto Doméstico	ENE	FEB	MAR	ABR	MAY	JUN	JUL	AGO	SEP	OCT	NOV	DIC	TOTAL	MEDIA
Cantidad de partida	0,00 €	0,00 €	0,00 €	0,00 €	0,00 €	0,00 €	0,00 €	0,00 €	0,00 €	0,00 €	0,00 €	0,00 €	0,00 €	0,00 €
Ingresos totales	0,00 €	0,00 €	0,00 €	0,00 €	0,00 €	0,00 €	0,00 €	0,00 €	0,00 €	0,00 €	0,00 €	0,00 €	0,00 €	0,00 €
Gastos totales	0,00 €	0,00 €	0,00 €	0,00 €	0,00 €	0,00 €	0,00 €	0,00 €	0,00 €	0,00 €	0,00 €	0,00 €	0,00 €	0,00 €
Resultado neto (Ingresos - Gastos)	0,00 €	0,00 €	0,00 €	0,00 €	0,00 €	0,00 €	0,00 €	0,00 €	0,00 €	0,00 €	0,00 €	0,00 €	0,00 €	0,00 €
Resultado	0,00 €	0,00 €	0,00 €	0,00 €	0,00 €	0,00 €	0,00 €	0,00 €	0,00 €	0,00 €	0,00 €	0,00 €	0,00 €	0,00 €

Pía organiza

tu casa, tus cosas, tus tiempos

Pía Nieto

ORGANIZADORA PROFESIONAL DE CASAS

25 AÑOS DE EXPERIENCIA